O ENSINO UNIVERSITÁRIO

Z12e Zabalza, Miguel A.
	O ensino universitário: seu cenário e seus protagonistas / Miguel A. Zabalza ; tradução Ernani Rosa. – Porto Alegre : Artmed, 2004.
	240 p. ; 23 cm.

	ISBN 978-85-363-0214-0

	1. Educação – Ensino superior. I. Título.

	CDU 378.1.37

Catalogação na publicação: Mônica Ballejo Canto – CRB 10/1023

O ensino universitário
seu cenário e seus protagonistas

Miguel A. Zabalza

Tradução:
Ernani Rosa

Consultoria, supervisão e revisão técnica desta edição:
Rogério de Castro Oliveira
Doutor em Educação. Professor Titular da UFRGS.

Reimpressão 2007

artmed®

2004

Obra originalmente publicada sob o título
La enseñanza universitaria: el escenario y sus protagonistas

© Narcea S.A. de Ediciones, 2002
Madrid

ISBN 84-277-1376-2

Capa:
Gustavo Macri

Preparação do original
Márcia da Silveira Santos

Leitura final
Karine Quadros da Silva

Supervisão editorial
Mônica Ballejo Canto

Projeto gráfico e editoração eletrônica
Alexandre Müller Ribeiro

Reservados todos os direitos de publicação, em língua portuguesa, à
ARTMED® EDITORA S.A.
Av. Jerônimo de Ornelas, 670 - Santana
90040-340 Porto Alegre RS
Fone (51) 3027-7000 Fax (51) 3027-7070

É proibida a duplicação ou reprodução deste volume, no todo ou em parte, sob quaisquer formas ou por quaisquer meios (eletrônico, mecânico, gravação, fotocópia, distribuição na Web e outros), sem permissão expressa da Editora.

SÃO PAULO
Av. Angélica, 1091 - Higienópolis
01227-100 São Paulo SP
Fone (11) 3665-1100 Fax (11) 3667-1333

SAC 0800 703-3444

IMPRESSO NO BRASIL
PRINTED IN BRAZIL
Impresso sob demanda na Meta Brasil a pedido de Grupo A Educação.

Sumário

INTRODUÇÃO 7
    Estudar a universidade 7
    Em busca de um modelo para a análise 8
    Pontos de referência: autor, currículo e qualidade 13
    Orientações para abordar este livro 16

1. A UNIVERSIDADE: CENÁRIO ESPECÍFICO E ESPECIALIZADO DE FORMAÇÃO ... 19
    Transformação da universidade 21
        Mudanças no sentido social atribuído às universidades 22
        A massificação 25
        Controle social da universidade (qualidade e padrões) 27
        Novo conceito de formação contínua 27
        Impacto nas exigências aos professores 30
    Sentido formativo da universidade 34
        Sentido da formação 38
        Conteúdos da formação 40
        Dilemas que a formação apresenta 45
    A formação contínua 52
    Posição da universidade na "sociedade do conhecimento" 58
        O estabelecimento de uma nova cultura universitária 59

2. ESTRUTURAS ORGANIZACIONAIS DAS INSTITUIÇÕES UNIVERSITÁRIAS 67
    As organizações em geral: instituição, organização e organograma 68
    Democracia e autonomia: grandes aspirações institucionais 74
    Democracia e estruturas de participação na universidade 74
        Autonomia e identidade institucional 76
    A universidade como sede de uma cultura organizacional específica ... 79
        Cultura e identidade das universidades 81
        Cultura, dinâmica de conflitos e mudanças 84
        Cultura e modelos de atuação apropriados 86
    Liderança e gestão dos recursos humanos na universidade 92
    A universidade como organização que aprende 96
        Condições da aprendizagem institucional 98
        Aprender e desaprender da universidade 102

3. OS PROFESSORES UNIVERSITÁRIOS 105
  Dimensão profissional do docente universitário 107
    A docência como atividade profissional 109
    Função formativa dos professores 114
    Dilemas da identidade profissional dos docentes universitários 117
  Novos parâmetros da profissionalização docente 125
    Reflexão sobre a própria prática 126
    Trabalho em equipe e cooperação 126
    Orientação para o mercado de trabalho 127
    Ensino planejado a partir da aprendizagem e da didática 128
    Recuperação da dimensão ética de nossa profissão 129
  Dimensão pessoal do docente universitário 131
    Satisfação pessoal e profissional 132
    Carreira docente 135
  Dimensão profissional do docente universitário 142

4. FORMAÇÃO DO DOCENTE UNIVERSITÁRIO 145
  Questões básicas na formação dos professores universitários 146
    Sentido e relevância da formação: formação para quê? 146
    Conteúdos da formação: formação em quê? 152
    Destinatários da formação: formação para quem? 158
    Agentes da formação: quem deve ministrá-la? 160
    Organização da formação: que modelos e metodologias são mais eficazes? 164
  Grandes desafios da formação dos professores universitários 169
    Passagem de uma docência baseada no ensino
    para a docência baseada na aprendizagem 169
    Incorporação das novas tecnologias 172
    O estágio prático 173
    Flexibilização do currículo universitário 175
    Busca da qualidade através da revisão das práticas docentes 176
  Conclusão 178

5. OS ALUNOS UNIVERSITÁRIOS 181
  Os estudantes como membros da comunidade universitária 182
    Processo de massificação 182
    Aumento da participação feminina 183
    Processo de seleção 184
    Os estudantes universitários como sujeitos adultos 187
  Os alunos como aprendizes 188
    Aprender na universidade 190
    Referenciais cognitivos da aprendizagem 197
  Conclusão 222

REFERÊNCIAS BIBLIOGRÁFICAS 227

Introdução

ESTUDAR A UNIVERSIDADE

A primeira sensação que temos ao abordar o tema da universidade é a de que esta será uma tarefa irrealizável. São tantos e tão complexos os elementos a serem considerados, que não parece possível enfrentá-los com suficiente coerência e sistematicidade.

Por isso, certamente, são numerosas as aproximações setoriais ao mundo universitário: a universidade vista pelo ângulo das políticas de financiamento, ou da adequação de seus planos de estudos às demandas da sociedade, ou dos sistemas de seleção e promoção de professores, ou da imagem social, ou das características dos alunos que têm acesso aos estudos universitários. Enfim, é abundante a produção sobre a universidade, mas continuam faltando visões de conjunto que permitam, ao menos a quem nela trabalha, fazer uma idéia completa e precisa do sentido e da dinâmica da universidade.

Nesse aspecto, surge, sem dúvida, a primeira grande dificuldade, algo como uma primeira emenda à totalidade. Seria viável uma aproximação desse tipo à complexidade social e cultural que caracterizam as universidades atuais? Não será, sobretudo, um empenho ingênuo de alguém demasiado narcisista para se dar conta de que se trata de uma opção impossível? Podemos, de fato, falar em "universidades" como um conceito unitário, ou será que as universidades se transformaram em realidades tão diversas entre si que já não pertencem à mesma categoria institucional? O que há em comum entre uma universidade inglesa tradicional, um centro superior chileno, uma escola superior francesa ou um centro de estudos superiores através da internet?

Essa dificuldade existe e apresenta sérios problemas a quem deseja abordar o ensino universitário de modo amplo e multidimensional. Porém, é preciso ser realista. Por esse motivo, não vou fazer elucubrações sobre a natureza integral dessa análise. Não pretendo apresentá-la como uma visão válida para qualquer realidade universitária, nem minha experiência nem meus conhecimentos correspondem a uma pretensão tão elevada. Meu ponto de referência será as universidades espanholas (onde trabalho há mais de um quarto de século) e, em certos casos, as latino-americanas e algumas européias com as quais também tive freqüentes contatos nos últimos anos. Tomei conhecimento das demais informações por meio de conversas e da abundante bibliografia existente no contexto internacional.

Em todo caso, o objetivo deste livro é uma *reflexão panorâmica* sobre a forma como ver a universidade e o trabalho formativo que nela se realiza. Misturarei, nessa reflexão, elementos de minha própria experiência com subsídios de outros autores que já trabalharam com o tema, isto é, *biografia e bibliografia* são os elementos com os quais construirei essa colaboração aos colegas universitários. Somente estudando, analisando e debatendo a realidade da universidade, estaremos em condições de ter idéias mais claras em relação ao modo como podemos melhorar a qualidade do trabalho universitário.

EM BUSCA DE UM MODELO PARA A ANÁLISE

Voltando ao ponto de partida, isto é, à *complexidade* das instituições universitárias, parece óbvio que qualquer tentativa de se aproximar de sua análise e de seu crescimento implica o uso de um modelo ou de uma linha de análise que permita, pelo menos, identificar tanto suas dimensões básicas como as relações que existem entre elas.

Goodlad (1995, p.11 e ss) sintetiza algumas das aproximações realizadas ao mundo universitário:

- *Estudos históricos* que abordaram tanto a natureza variável das instituições de educação superior como suas ideologias e orientações.

- *Estudos fenomenológicos* sobre a atuação concreta das universidades e sobre sua contribuição (reprodutora ou modificadora) para a construção das sociedades às quais elas pertencem.

- *Estudos com uma orientação economicista* que trataram de estabelecer a relação entre custos e benefícios dos estudos tanto para os Estados (a formação como investimento) como para os indivíduos.

– *Estudos de impacto* que visaram avaliar as mudanças de conhecimentos e atitudes derivadas da experiência universitária.

Obviamente, nem todas essas modalidades de estudos estão de igual maneira comprometidas em apresentar apenas uma descrição das instituições, mas sobretudo uma proposta de melhora delas.

Neste livro, trataremos tanto de descrever como de propor alternativas de crescimento. Isso apresenta uma série de condições básicas, e a primeira delas tem relação com a necessidade de começarmos por um esquema compreensivo das diferentes vertentes a partir das quais se pode chegar a um melhor entendimento da docência na universidade. No quadro a seguir, há um modelo que, apesar de sua necessária simplicidade, é capaz de dar uma visão suficientemente completa e rica da universidade e dos seus componentes principais.

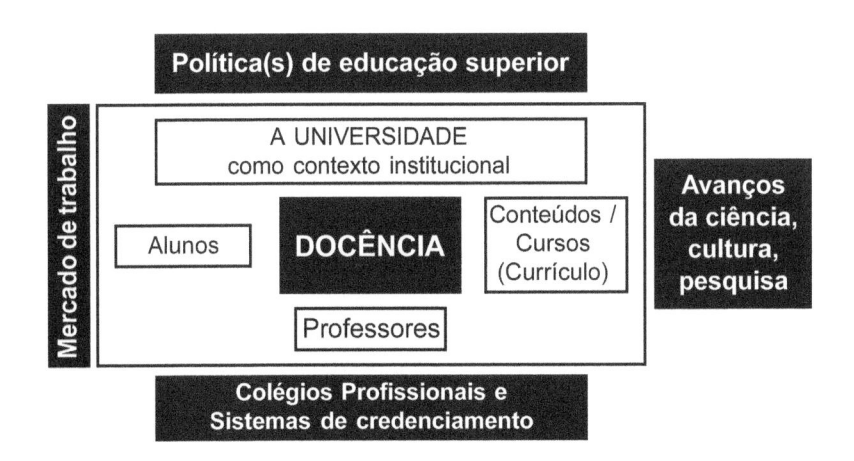

```
┌──────────────────────────────────────────────────────────┐
│              Política(s) de educação superior            │
│  ┌────────────────────────────────────────────────────┐  │
│M │              A UNIVERSIDADE                        │A │
│e │          como contexto institucional               │v │
│r │  ┌─────────┐  ┌──────────┐  ┌──────────────┐      │a │
│c │  │ Alunos  │  │ DOCÊNCIA │  │  Conteúdos / │      │n │
│a │  └─────────┘  │          │  │    Cursos    │      │ç │
│d │               │          │  │  (Currículo) │      │o │
│o │               └──────────┘  └──────────────┘      │s │
│  │               ┌────────────┐                      │  │
│  │               │ Professores│                      │  │
│  │               └────────────┘                      │  │
│  └────────────────────────────────────────────────────┘  │
│           Colégios Profissionais e                       │
│           Sistemas de credenciamento                     │
└──────────────────────────────────────────────────────────┘
```

Seja no quadro, seja no desenvolvimento posterior dos diversos capítulos do livro, a universidade é considerada um espaço de *tomada de decisões formativas*. Devo insistir no fato de que não abordarei outros aspectos também relevantes da vida universitária (financiamento, pesquisa, administração, relações externas, etc.), a menos que eles afetem de forma direta à docência e à formação de estudantes e professores universitários.

No cenário formativo universitário, entrecruzam-se diversas dimensões, como agentes, condições, recursos, fontes de pressão, etc. Nesse sentido, são identificados quatro grandes eixos estruturadores da atuação formativa. Além disso, essa atuação vem marcada por um duplo espaço de referência: um *espaço interno* (que corresponderia, digamos assim, ao que se chama "universidade" ou o "mundo universitário" considerado de um modo geral) e um *espaço externo* (que corresponderia às dinâmicas de diversos tipos, externas à universidade, mas que afetam seu funcionamento).

Como se observou no quadro anterior, o contexto institucional, os conteúdos dos cursos, os professores e os alunos constituem os quatro vetores do cenário didático universitário em uma visão "interna" da universidade. Por sua vez, as políticas de educação superior, os avanços da ciência, a cultura e a pesquisa, os colégios profissionais e o mercado de trabalho são os quatro eixos "externos" que incidem de maneira direta na definição do significado e na administração do "mundo universitário". Em cada um dos quatro eixos, entrecruzam-se as influências internas e externas. Embora tenhamos mencionado ambos os espaços, este estudo vai se centrar principalmente no espaço interno.

Vista dessa maneira, a universidade constitui-se como um cenário complexo e multidimensional, no qual incidem e se entrecruzam influências dos mais diversos tipos. Por isso, qualquer consideração que se queira fazer sobre os processos que ocorrem na universidade exige uma contextualização nesse marco mais amplo.

O quadro poderia ser entendido da seguinte maneira:

- O **eixo 1 (universidade – política universitária)** é o marco institucional dos estudos universitários, que é formado pela universidade como instituição social à qual se atribui uma missão específica. Como qualquer instituição, a universidade é uma realidade histórica; portanto, possui uma identidade própria e única (sua estrutura e dinâmica institucional), a qual condicionará o modo de enfrentar essa missão. Nesse caso, refiro-me à universidade em seu conjunto (o "mundo universitário"), embora, em análises mais qualitativas e/ou detalhadas, pudesse me referir também a cada uma de suas instituições (cada uma delas possui uma história e um presente sem cuja consideração fica incompreensível a "cultura" institucional de cada um dos centros universitários, ou seja, o que acontece em seu interior).

  Em contrapartida, esse marco institucional interno não funciona de uma maneira autônoma nem está em um vazio social ou institucional. Ao contrário, vê-se condicionado por um conjunto de influências externas que poderíamos identificar com a "política universitária". Os dois eixos que mais o influenciam são a própria legislação sobre a universidade e a concessão de recursos financeiros para seu funcionamento.

Muito do que se pode fazer hoje em dia na universidade passa pelos filtros desta dimensão: exigem-se mudanças, mas não se proporcionam novos recursos; exige-se uma melhora sensível da qualidade, mas ainda são mantidos grupos com grande número de alunos, sistemas burocratizados de organização e baixo nível de recursos técnicos.

Enfim, não adianta teorizar ou prescrever o que a universidade *deve fazer* ou o nível de qualidade que deve alcançar. A consideração não se completa caso não seja introduzida, ao mesmo tempo, a idéia de que a universidade é uma instância limitada e dependente. Além disso, no melhor dos casos, ela *é "capaz" de fazer* somente o que está a seu alcance, partindo dos conhecimentos reais em que se articula.

- O **eixo 2 (materiais de currículo – ciência e tecnologia)** é dado pelo componente cultural e técnico: os conhecimentos e as habilidades profissionais que são ensinadas ou aprendidas na universidade. Na maioria dos sistemas universitários, esse é o eixo central da definição dos *cursos*: constitui a substância formativa do trabalho universitário. Por sua vez, esse eixo interno vê-se desestabilizado pela pressão externa proveniente do *status quo* da ciência, da tecnologia e da cultura em geral. Nesse caso, a influência é, na maioria das vezes, indireta, por meio da própria legislação e da orientação normativa (que presumivelmente visa adaptar a estrutura dos cursos ao desenvolvimento atual da ciência e da cultura, assim como às demandas da sociedade e do mercado de trabalho).

- O **eixo 3 (professores-mundo profissional)** é formado pelos professores ou *staff* das universidades e pelos grupos ou pelas associações profissionais dos diversos campos científicos. Somado a isso, os professores universitários apresentam características culturais próprias (na forma de construir o conhecimento e de apresentá-lo a seus alunos; na forma de conceber seu trabalho e sua carreira profissional), muitas vezes, derivadas do processo de seleção adotado e de sua própria socialização como "professores universitários". Nenhuma inovação é pensável à margem dos que a tenham de realizá-la: os professores transformam-se sempre nos mediadores e agentes básicos das inovações na universidade (sempre como aplicadores e, com freqüência, como instigadores e mentores das mudanças).

Além disso, nesse eixo, ocorre uma clara influência externa por meio dos círculos profissionais (agremiações profissionais, por exemplo) e das associações culturais de todos os tipos que contribuem para a legitimação dos conhecimentos e das habilidades exigidos pela profissão, controlando, assim, a estrutura dos cursos. Em alguns casos, não faltam ainda as influências externas direcionadas à preservação de uma certa visão da profissão e das condições para exercê-la (número de anos de estudos, limitação de diplomados, condições para o exercício profissional, etc.).

- O **eixo 4 (estudantes-mercado de trabalho)** é o dos alunos universitários. Por seu nível de maturidade (trata-se de indivíduos adultos com um forte *background* escolar e com algumas opções profissionais definidas) e por suas características sociais particulares, este é um público claramente diferenciado e capaz de condicionar, ao menos em parte, o trabalho a ser feito na universidade.

    Nesse caso, o mercado de trabalho constitui o marco de influência externa: não apenas como definidor das expectativas de emprego (incluindo a facilidade de "se colocar", mas também a "imagem social" da profissão e do nível dos salários), como também das condições de acesso ao emprego e das necessidades de formação (básica, especializada e complementar). Tudo isso direciona os interesses e as demandas dos alunos. Sua influência será ainda maior quanto mais se estenda o nível de opções.

O que foi dito anteriormente deve servir para deixar claro que as aulas ministradas na universidade não são a universidade nem o é a organização dos cursos, e sim todo um complexo em cujo centro se entrecruzam dimensões dos mais diversos tipos que interagem entre si, condicionando cada um dos aspectos de seu funcionamento interno. Deve-se considerar, entretanto, que estamos nos referindo apenas à faceta docente da universidade, deixando de fora dessa análise todo o campo da pesquisa e o da gestão institucional. A idéia, por fim, é que o ensino universitário é uma realidade cujo conhecimento exige ampliar o marco de análise para considerar aqueles fatores que mais substancialmente condicionam seu desenvolvimento (o desenvolvimento da universidade e da formação que se espera e que se desenrola em sua rotina).

É a partir dessa perspectiva que abordaremos o ensino universitário. Espero ter feito uma opção adequada, que permita movermo-nos com a necessária agilidade nesse percurso analítico (porque, afinal, se trata de um modelo simples e manejável) e com a profundidade indispensável (de modo que não deixemos escapar aspectos importantes da realidade universitária).

PONTOS DE REFERÊNCIA: AUTOR, CURRÍCULO E QUALIDADE

É comum dizermos que é importante, na introdução, dar algumas dicas para a leitura dos textos, ou seja, fornecer pistas necessárias para que seja possível saber sob qual perspectiva e com que bagagem se está escrevendo. Os leitores não têm motivos para conhecer o autor nem para saber quais são suas manias. Mesmo que seja pouco provável que nós, autores, estejamos dispostos a essa espécie de *striptease* inicial, parece razoável e honesto informar aos possíveis leitores nossas características pessoais e doutrinárias (pelo menos, aquelas que podem ter relação com o conteúdo do texto que é oferecido a eles). Nas conferências e nos cursos, é comum que se faça isso no momento da apresentação do orador. Como agora se trata de um livro, não me parece inadequado incluir esse tópico na introdução. Desse modo, ninguém tem motivo para embarcar em um engano.

Quanto a mim, posso situar este trabalho sob três pontos de referência. O primeiro deles tem ligação com minha própria experiência como professor universitário, enquanto os outros se referem a dois eixos centrais a partir dos quais tratei de construir este trabalho: a perspectiva *curricular* e o tema da *qualidade da docência*.

Em um parágrafo anterior, eu dizia que este livro surgia como um tecido construído sobre elementos da biografia e da bibliografia. Certamente, não poderia ser de outra maneira. Não me resignaria, a essa altura da vida, a redigir um texto baseado em noções e discursos alheios. Não gosto dessas obras, infelizmente demasiado comuns, em que seus autores se escondem e se legitimam por trás da cortina das citações e das referências de outros autores, os quais quanto mais estrangeiros melhor.

Procurarei, sobretudo, não detalhar demais as histórias pessoais, porque, para quem as lê, às vezes, elas carecem do sentido e da importância que lhes pretende atribuir quem as viveu; no entanto, não renunciarei a elas. Embora se corra o risco de transmitir uma certa imagem narcisista (uma espécie de fantasia "copernicana", como se a realidade analisada girasse em torno de nós mesmos), essas histórias possuem elementos que dão vida ao texto, encarnando-os em alguns indivíduos, em um espaço e em um tempo que são reais. Além disso, às vezes, elas servem para amenizar o tom doutrinário e para introduzir um pouco de humor e realismo (sair do "deve ser" para o "ser" da vida universitária).

Completando essas observações sobre as referências pessoais, parece lógico comentar que o que posso oferecer como reflexão sobre a universidade vem muito condicionado por minha própria formação e pelo exercício docente a que estive vinculado. Sobre isso, devo dizer que sou psicólogo e pedagogo e que trabalhei sempre na área da educação. Isso inevitavelmente condiciona o tipo de visão que se tem sobre a universidade e sobre a particular distribuição de seus componentes entre figura e fundo (isto é, entre elementos importantes e elementos acessórios). Essa diferença de perspectiva e linguagem evidencia-se de imediato em qualquer reunião ou debate sobre temas universitários. Quando alguém proveniente da área da pedagogia começa a falar, ficam evidentes, em seguida, os olhares e os sorrisos que os colegas trocam. "Lá vêm os pedagogos com suas fantasias", parecem pensar. No começo, observam-lhes com uma certa surpresa; depois, vão perdendo a paciência (um de nossos defeitos é que falamos bastante) e, ao final, não sentem escrúpulo algum em demonstrar sua irritação e seu desejo de passar a questões mais relevantes.

Pode ser igualmente esclarecedor o fato de reconhecer-me como professor de uma "antiga" universidade, a de Santiago de Compostela, a qual já ultrapassou seus 500 anos de existência. É possível que isso também afete (tanto positiva como negativamente) a forma como analiso certos problemas atuais e o valor que atribuo a certas condições e dinâmicas do funcionamento institucional. A importância que certas tradições universitárias têm entre nós (no que se refere, por exemplo, às culturas institucionais de algumas faculdades, à organização dos estudos, aos recursos didáticos empregados, aos modos de relação com os alunos, etc.); a percepção do papel dos professores universitários como estando vinculados não somente à docência como também à pesquisa; o tipo de relações com a sociedade, etc. vem muito marcado por toda a história percorrida pela instituição.

Estar tão envolvido em um certo estilo de "fazer universidade" costuma comportar grandes dificuldades de entendimento quando se deve trabalhar com colegas de outros países e, por sua vez, com outras tradições. Os problemas enfrentados por nossos colegas de outros países têm pouco em comum com os problemas que enfrentamos. O que vivenciamos no exercício da docência universitária é incrivelmente distante. Por isso, cada leitor deste livro deve ajustar suas considerações à situação particular em que exerce seu trabalho.

O segundo ponto de referência sobre mim que desejaria comentar é que, mesmo tendo trabalhado, pesquisado e escrito sobre os mais diversos argumentos (quase trinta anos de universidade é um tempo considerável), sempre o fiz sob uma perspectiva curricular, que é muito centrada na docência e em suas condições. Pertenço à área de conhecimento de Didática e Organização Escolar (algo que talvez não diga quase nada a colegas de outros países, mas que, na Espanha, constitui uma espécie de ecossistema de especialidades vinculadas entre si, em cujo cerne se produzem os processos de promoção e de seleção de novos professores), o que, com o tempo, vai criando uma rede de relações e dependências tanto doutrinárias como pessoais.

Ressaltarei nos próximos capítulos o sentido que essa visão da docência universitária a partir do currículo tem para mim. Sendo assim, basta dizer que, ao fazê-lo, estabelecemos como figura da análise o que a universidade tem de *instituição formadora* e deixamos em segundo plano outros aspectos que sob outras perspectivas teriam um valor mais central (as políticas universitárias, o financiamento, as relações de trabalho, etc.).

Nesse contexto, gostaria de destacar a importância que tem, na minha visão de universidade, o tema da *qualidade*. Apesar das múltiplas críticas que foram feitas aos enfoques modernos sobre a qualidade, à sua pertinência e aos interesses de outrem que, segundo alguns, se encerram em suas proposições, estou convencido de que esta é a grande responsabilidade de nossos tempos e que devemos aceitá-la como um desafio que as universidades deveriam enfrentar, queiram ou não, na próxima década.

Ambas as perspectivas (a do currículo e a da qualidade) completam-se. Stenhouse (1989) comentava, fazendo um balanço do que proporcionara à Inglaterra uma década de movimento curricular, que o mais importante tinha sido o fato de transformar o currículo em um problema, em algo sobre o qual é válido falar. Com a qualidade do ensino na universidade acontece o mesmo. Há duas décadas, o que mais se discutia (talvez porque eram os eixos de interesses do mundo universitário naquele momento, ou seja, o que era conceituado como importante para a universidade) era o número de estudantes e professores, a seleção e a categoria dos professores, os novos planos de estudo, as alternativas profissionais, etc.

Na visão de muitas pessoas, o que importa, de fato, na universidade é ganhar um título, um diploma. Parece importar menos saber a que corresponde esse título, se a formação recebida foi ou não realmente boa. Como conseqüência disso, está acontecendo na universidade o mesmo que aconteceu no mundo profissional, isto é, em momentos de excedente, de demanda, não é tão importante levar em consideração a qualidade. Como, de uma maneira ou de outra, é preciso colocar nas aulas milhares de estudantes, até mesmo os cursos e as universidades com a pior fama vêem suas previsões de candidatos ultrapassadas.

Felizmente, os parâmetros mudaram bastante. Desenvolveu-se uma nova consciência social sobre o direito a uma boa formação. Essa pressão, somada à pressão exercida pelos governos e à própria assunção de responsabilidades por parte das instituições universitárias e dos professores, elevou o tema da qualidade a um dos princípios básicos de atuação institucional. Ao menos, isso é o que figura nas declarações e nos documentos oficiais. Outro fator a ser considerado é se essa filosofia tem conseguido impregnar realmente as práticas docentes de nossas instituições, mas esse é justamente nosso desafio e o que justifica livros como este.

Enfim, discutir a universidade e refletir sobre o trabalho que fazemos nela como professores constitui um processo imprescindível para melhorar o nível de conhecimento sobre nosso aluno e sobre nosso compromisso com a qualidade. Tentei fazer isso com as armas que possuo. Espero que, apesar das limitações que minha própria biografia e minha condição profissional me impõem, tenha conseguido elucidar algumas idéias úteis para entender melhor a universidade e abrir caminhos para seu crescimento.

ORIENTAÇÕES PARA ABORDAR ESTE LIVRO

Tentei fazer um texto em que se fossem combinando considerações mais teóricas ou conceituais com outras mais práticas, isto é, de fácil aplicação a nosso trabalho. Às vezes, fui surpreendido por dúvidas sobre se o livro não estaria me detendo em colocações demasiado práticas. Nós, professores universitários, formamos um grupo mais propício a aceitar grandes doutrinas (as quais, por outro lado, afetam pouco nossa prática docente diária) do que análises simples do cotidiano. Nesse caso, as divergências aumentam e, como se trata de questões que todos nós conhecemos e sobre as quais temos experiência pessoal, cada um está legitimado a manter seu próprio ponto de vista.

Não me sentirei frustrado se a leitura dos próximos capítulos causarem controvérsias e dissensões. Parece-me muito interessante a possibilidade de provocar reflexões e tomadas de posições sobre os diferentes assuntos que vão sendo abordados. Nada é mais distante de meu propósito e de minhas possibilidades do que tentar fechar a questão em um tema tão complexo como a docência universitária e os fatores que a afetam. Eu mesmo me senti hesitante em relação a muitos dos pontos que analisei e quase sempre fui absolutamente consciente de que algumas conclusões poderiam ser colocadas sob outros pontos de vista. Sobretudo, espero que outros autores abordem temas próximos a esses partindo de outras perspectivas.

Por outro lado, tenho consciência de que um de nossos problemas principais tem relação com a falta de tempo. Por isso, é pouco provável que os possíveis leitores (nem sequer meus mais fiéis amigos) tenham tempo ou paciência para ler o livro completo ou para seguir seus diversos capítulos um a um. Busquei organizá-lo de tal maneira que é possível ter acesso livre aos diferentes capítulos. Cada um deles aborda um tema específico e tem um desenvolvimento relativamente autônomo. Se em vez de um livro fosse um CD-ROM, teria introduzido alguns *links* entre temas discutidos em alguns trechos separados e outros. No entanto, como isso não é possível, o que fiz foi mencionar que determinado tema, ou alguma nuance dele, já fora abordado em algum capítulo anterior ou ainda será em um posterior.

1 A universidade: cenário específico e especializado de formação

Encontramo-nos em um momento em que ocorreram mudanças profundas tanto na estrutura do ensino na universidade como em sua posição e sentido social. Todavia, essa situação de mudança não é novidade para ela, pois, ainda que externamente transmita a imagem de algo sólido e pouco variável (alguém disse que tentar inovar na universidade é como tentar mover um elefante), durante seus vários séculos de história, as universidades estiveram modificando sua orientação e sua projeção social. Contudo, essa dinâmica de adaptação constante às circunstâncias e às demandas da sociedade acelerou-se tanto nesse último meio século, que é impossível um ajuste adequado sem uma transformação profunda das próprias estruturas internas das universidades. Estamos incorporando, em ritmo de marcha forçada, mudanças na estrutura, nos conteúdos e nas dinâmicas de funcionamento das instituições universitárias com o objetivo de colocá-las em condição de enfrentar os novos desafios que as forças sociais lhes obrigam a assumir. Tais mudanças, em sua maioria, não alcançaram ainda uma consolidação firme; a situação delas é, em alguns casos, bastante confusa: novas estruturas de tomadas de decisões políticas e técnicas sobre a universidade; revisão do *status* jurídico da universidade (uma autonomia universitária que não seja incompatível com o controle político); nova estrutura organizacional das universidades (surgimento de novos órgãos de direção, transformação dos existentes); reconfiguração de centros acadêmicos com fusão de uns e subdivisão de outros; assentamento de estruturas internas (como os departamentos, os institutos, as oficinas e os programas especializados, etc.); novos mecanismos internos de representação e participação dos diversos grupos no funcionamento da universidade; novos planos de estudos e assim por diante.

Enfim, o mundo universitário é um foco de dinâmicas que se entrecruzam e que estão provocando o que alguns não vacilam em descrever como uma autêntica "revolução" da educação superior. A própria legislação foi modificando, nos últimos anos, a gama de atribuições e expectativas sobre a universidade: o que deveria ser, os novos desafios sociais a que deverá responder, as condições sob as quais se supõe que tem de funcionar. Dessa maneira, a imagem mais habitual de vê-la como uma instituição dedicada a ministrar um "alto ensino" para formar os líderes tanto do mundo social como do científico e do artístico foi modificando-se.

A legislação espanhola resume em quatro grandes objetivos os compromissos que as universidades têm de assumir:

1. Criação, desenvolvimento, transmissão e crítica da ciência, da técnica e da cultura;

2. preparação para o exercício de atividades profissionais que exijam a aplicação de conhecimentos e métodos científicos ou para a criação artística;

3. apoio científico e técnico para o desenvolvimento cultural, social e econômico, tanto nacional como das comunidades autônomas;

4. difusão da cultura universitária.

De modo sucinto, está se dizendo às universidades que não se contentem em apenas transmitir a ciência, mas que a criem (isto é, elas devem combinar a docência e a pesquisa); que dêem um sentido prático e profissionalizante para a formação que oferecem aos estudantes; que façam tudo isso sem se fechar em si mesmas: façam-no em contato com o meio social, econômico e profissional com cuja melhora devem colaborar.

Esses grandes desafios para a universidade refletem, se os olhamos com mentalidade positiva, o bom conceito que a sociedade tem dessa instituição e a forte confiança em sua capacidade de influência no desenvolvimento social, cultural e científico dos países.

Essas elevadas expectativas costumam conviver com uma visão muito menos prestigiosa e estimulante de universidade. Para alguns, ela é a instância social que "dá títulos" e habilita profissionalmente (não importando tanto a qualidade da formação oferecida e sua adequação às demandas sociais como o próprio fato de que a freqüentar é um trâmite inevitável para o "credenciamento profissional"). Além disso, tampouco deixa de ser uma perversão ver a universidade como o "lugar privilegiado e fechado" dos acadêmicos, como uma forma interessante de se ganhar a vida e de se manter algum poder e prestígio social (também, nesse caso, a missão da instituição passa a situar-se em uma posição secundária).

Parece-me muito interessante iniciar nossa aproximação com o cenário formativo universitário situando o tema no marco mais geral das funções sociais: a "missão" da universidade. Embora este livro enfoque a docência, são várias as dimensões e as características do "ser" e "fazer" universitário que têm sentido analisar aqui. Portanto, em primeiro lugar, como contexto para todos os outros pontos, é preciso ressaltar o *novo sentido* atribuído à universidade e as profundas *modificações* que tal instituição vem sofrendo desde a virada de século e de milênio. A fim de nos atermos a alguns pontos básicos, gostaria de referir-me, em particular, às características e à problemática que as universidades atuais apresentam em relação a três aspectos de grande importância: a *transformação do próprio cenário* universitário ao sabor das fortes mudanças políticas, sociais e econômicas das últimas décadas; o *sentido formativo* da universidade e dos atuais dilemas e das contradições para cumprir essa missão; finalmente, a *estrutura organizacional e a dinâmica de funcionamento* das universidades como instituições. Os três aspectos constituem pontos de referência fundamentais para podermos entender o sentido da docência universitária e nosso papel como docentes. Nenhum dos próximos capítulos teria sentido se não fossem mencionadas previamente essas coordenadas gerais como contexto de significação.

TRANSFORMAÇÃO DA UNIVERSIDADE

Alguns afirmam que a universidade experimentou, nesses últimos vinte e cinco anos, mudanças mais importantes do que as experimentadas ao longo de toda a sua história. Ainda que eu tenha feito parte dela durante todo esse período de tempo, nem minha experiência nem meu conhecimento permitem-me fazer uma afirmação assim. No entanto, por certos indicadores objetivos e por todo o conjunto de movimentos e transformações que vivemos dia após dia (e, às vezes, inclusive, ao mesmo tempo), esta talvez não seja uma afirmação exagerada. Não resta nenhuma dúvida de que a universidade em que se formou minha geração (final dos anos 1960, começo dos 1970) evoluiu muito, para bem e para mal, em relação à geração atual.

Naquela época, não existia a forte pressão social pelo emprego, e nossas prioridades e as de nossos professores construíam-se à margem dessa obsessão. Não era preciso competir para se ter a melhor média; era possível estudar e interessar-se por algo nem sempre ligado à vida profissional (daí a grande proliferação nos campi de livros sobre política, história, arte, psicanálise ou literatura; as várias reuniões e assembléias por qualquer motivo; as maratonas cinematográficas, etc.). Os cursos eram mais generalistas e permitiam aos estudantes universitários ter uma visão ampla do mundo da cultura. Por outro lado, como o número de alunos era menor, era mais fácil se relacionar com pessoas de outras áreas, conhecer melhor os professores e, inclusive, passar mais tempo nas faculdades.

Havia também o lado obscuro: a polícia "secreta" (mesmo que quase todos nós soubéssemos quem era quem), menor possibilidade de participação nas decisões institucionais e, pelo menos, formalmente, menor poder de nosso setor estudantil.

Não sei como os professores de então avaliariam aquele contexto e que opinião teriam em relação ao contexto atual caso comparassem um com o outro. Entretanto, todos nós concordaríamos com o fato de que as mudanças afetaram não somente os estudantes, como também a universidade de um modo geral. Além disso, eles assistiram às profundas mudanças de seu papel docente e das condições para desempenhá-lo.

Dedicar-se à análise detalhada dessas mudanças seria uma tarefa desmedida e descontextualizada. Irei me referir, então, apenas àqueles aspectos cujo reflexo no desenvolvimento da docência universitária é mais forte.

Mudanças no sentido social atribuído às universidades

Houve muitas alterações na educação superior durante esses últimos anos: da massificação e progressiva heterogeneidade dos estudantes até a redução de investimentos; da nova cultura da qualidade a novos estudos e a novas orientações na formação (fundamentalmente a passagem de uma orientação centrada no ensino para uma orientação centrada na aprendizagem[1]), incluindo a importante incorporação do mundo das novas tecnologias e do ensino a distância. Tudo isso repercutiu de forma substancial no modo como as universidades organizam seus recursos e atualizam suas propostas de formação. Brew, A. (1995, p. 2-3) assinala os seguintes aspectos como características definidoras do atual mundo universitário, as quais se encontram na base das mudanças internas que estão acontecendo:

– Vivência à margem da sociedade que o rodeia (foi deixado nas mãos dos acadêmicos decidir o que era importante ensinar e com que propósito), o que implicava uma escassa relação com a atividade econômica da nação.

- Crescente ansiedade dos governos por controlar o emprego do dinheiro público e a conseqüente introdução de sistemas de avaliação e controle.

- Progressiva heterogeneização das instituições, diversificação do conceito de universidade e dos formatos contratuais dos professores.

- Mudanças significativas nas demandas do mundo produtivo e dos empregadores; já não se exige apenas um grande cabedal de conhecimentos ou algumas competências técnicas muito especializadas: solicita-se também outras habilidades (alguém que saiba como aprender, que seja capaz de tomar decisões, que seja consciente de si mesmo, que saiba se comunicar); além disso, a formação é colocada como tarefa ao longo de toda a vida.

- Maior envolvimento das empresas e dos empregadores na formação acadêmica.

- Progressiva massificação e a conseqüente heterogeneização dos estudantes; tal massificação foi seguida de um decréscimo nos investimentos financeiros, motivo pelo qual as instituições e os professores se viram obrigados a responder a novos compromissos sem poder contar com os recursos necessários para fazê-lo.

- Grande indiferença em relação à formação para a docência; os aspectos importantes para o bom funcionamento dos processos formativos tiveram pouca atenção (coordenação, desenvolvimento de metodologias, avaliação, incorporação de novas tecnologias, novos sistemas de ensino como o semipresencial, a formação no trabalho, etc.).

- Internacionalização dos estudos superiores e das expectativas de mobilidade no trabalho.

- Crescente escassez dos recursos financeiros e uma insistência maior na busca de caminhos diversificados de autofinanciamento.

- Sistema de gestão que se aproxima cada vez mais ao modelo das grandes empresas.

Como se pode ver, essas modificações são abrangentes e afetam dimensões de grande importância no funcionamento institucional das universidades e das instituições de educação superior. De qualquer modo, os processos de mudança nas universidades estão se submetendo à dialética de duas forças contrapostas. Por um lado, há a pressão da *globalização* e *internacionalização* dos estudos e dos pontos de referência (estabelecem-se muitos pontos de referência comuns entre todas elas: sistemas de avaliação, níveis de referência, políticas de pessoal, condições de credenciamento e reconhecimento das titulações, mobilidade dos estudantes, estratégias para competir em pesquisas e em captação de alunos, etc.); por outro lado, cada vez há mais consciência da importância do *contexto* como fator determinante do que ocorre em cada universidade e das dificuldades para a aplicação de regras ou de critérios gerais. Na verdade, cada universidade é responsável pelas condições idiossincrásicas que a caracterizam. O que acontece em cada instituição é muito condicionado pelo contexto político, social e econômico em que cada uma desenvolve suas atividades: localização, características da região, sistemas de financiamento de suas atividades, nível de autonomia, cultura institucional gerada em seu meio (incluindo, sobretudo, a particular visão que se tenha do papel a ser desempenhado pela universidade), conexão com as forças sociais e econômicas da região, etc.

É muito interessante constatar como vai se tornando constante, na "auto-apresentação" que as universidades fazem de si mesmas, a necessidade de situar-se nesse marco geral da *globalização* como instituições de prestígio reconhecido internacionalmente. A Universidade de Cambridge define-se da seguinte maneira:

> A estratégia a longo prazo desta Universidade é promover e desenvolver a excelência através de um campo de conteúdos nos diversos níveis de estudo para reafirmar sua posição como uma das universidades líderes no mundo e para continuar desempenhando o grande papel intelectual e cultural que vem caracterizando suas atividades durante séculos. (Universidade de Cambridge, Inglaterra: página web da universidade)

A Copenhagen Business School (CBS), uma das mais prestigiosas instituições de formação econômica da Europa, é um exemplo de orientação explícita para a internacionalidade:

> A CBS quer estar entre as melhores instituições de educação superior na Europa e, por isso, tem o objetivo de transformar-se em uma entidade que faz contribuições do máximo nível ao mundo dos negócios e à sociedade, que forma alunos capazes de competir vantajosamente no mercado internacional de trabalho e que desenvolve novos conhecimentos e novas pesquisas em cooperação com empresas e outras instituições. (Página web da instituição)

Situando-nos nesse marco geral de mudanças em muitos níveis, é especialmente lúcida a análise que Barnett (1994, p.3) faz das mudanças ocorridas na "concepção" e no "papel social" da universidade. Em sua opinião, a principal mudança ocorreu na relação entre universidade e sociedade; a qual possibilitou que as universidades passassem de uma realidade marginal na dinâmica social (o que lhes permitia manter um alto grau de autonomia e autogestão sem quase ter que prestar contas a ninguém) para uma realidade de plena inserção na dinâmica central da sociedade e de participação em suas proposições.

De um bem cultural, a universidade passou a ser um bem econômico. De lugar reservado a uns poucos privilegiados, tornou-se um lugar destinado ao maior número possível de cidadãos. De um bem direcionado ao aprimoramento de indivíduos, tornou-se um bem cujo beneficiário é o conjunto da sociedade (sociedade do conhecimento, sociedade da competitividade). De instituição com uma "missão" que ultrapassa os compromissos terrenos imediatos, tornou-se uma instituição para a qual se encomenda um "serviço" que deve resultar na melhor preparação e competitividade da força do trabalho da sociedade à qual pertence. De instituição conduzida por acadêmicos que definiam sua orientação e administravam seu desenvolvimento, tornou-se mais um espaço em que se destacam as prioridades e as decisões políticas.

Por último, a universidade transformou-se em mais um recurso do desenvolvimento social e econômico dos países, submetendo-se às mesmas leis políticas e econômicas que os demais recursos. Se esse processo constitui uma perda ou um ganho para as próprias universidades, isso é algo discutível. Seja qual for nossa opinião, o certo é que a universidade faz parte consubstancial das dinâmicas sociais e está submetida aos mesmos processos e às mesmas incertezas do âmbito político, econômico ou cultural que afetam qualquer uma das outras realidades e instituições sociais com as quais convive (ou nas quais se integra como mais um subsistema): a saúde, a função pública, os outros setores do sistema educacional, a área da produção, as instituições culturais, etc.

Dessa incorporação plena da universidade à dinâmica social, podemos extrair algumas *conseqüências importantes* para o desenvolvimento da docência universitária.

A massificação

Certamente, a massificação é o fenômeno que mais se destaca na transformação da universidade e o que mais teve impacto sobre sua evolução. Todos os países perceberam como se ampliavam os grupos que tinham acesso à universidade.

As próprias políticas universitárias oportunizaram esse fenômeno. Assim, Robbins (1963) recomendava na Inglaterra o incremento do número de estudantes de maneira que se desse oportunidade de acesso à educação superior ao maior número possível de cidadãos. Para alcançar esse propósito, foram multiplicadas as instituições de educação superior (às vezes transformando em universidades os centros de uma esfera inferior, como os colégios politécnicos, as escolas superiores, etc.), foram criadas instituições preparadas para realizar programas a distância e contratadas grandes levas de novos professores, etc. O objetivo era o seguinte: se a educação superior constitui um bem social, se a formação especializada constitui um valor econômico necessário, é preciso abrir a universidade a todas as camadas sociais. Esse fenômeno teve efeitos fundamentais na atual situação:

– Chegada de grupos de estudantes cada vez mais heterogêneos quanto à capacidade intelectual, à preparação acadêmica, à motivação, às expectativas, aos recursos financeiros, etc. Outras transformações entre os alunos universitários despertaram igualmente a atenção: aumento do número de mulheres (até superar, em larga vantagem, o número de homens), diversificação das idades (com maior presença de adultos que retomam sua formação[2]), surgimento de indivíduos que já estão no mercado de trabalho (o que condiciona sua disponibilidade e transforma-os em estudantes de tempo parcial). Veremos, em seguida, como esses fenômenos obrigaram a se repensar a estratégia formativa da universidade.

– Necessidade de contratar, de forma também massiva, novos professores para atender à avalanche de novos estudantes, o que tem efeitos importantes sobre a capacitação de novos professores, sobre suas condições de trabalho, sobre a atribuição das funções a serem desenvolvidas por eles e sobre a possibilidade de definir sistemas de formação para o melhor exercício da docência e da pesquisa.

– Surgimento de sutis diferenças em relação ao *status* dos diversos cursos e das instituições universitárias onde eles são oferecidos. O processo de massificação não ocorreu com uniformidade em todos os cursos e em todas as faculdades. Alguns deles (medicina, engenharia, etc.) conservaram seu selo elitista e mantiveram, com isso, um certo *status* de cursos privilegiados. O peso da massificação afetou especialmente os cursos de humanidades e de estudos sociais (áreas em que se multiplicaram as especialidades, manteve-se a docência para grandes grupos e incorporaram-se grandes levas de novos professores, às vezes, em condições precárias de trabalho).

Todos esses aspectos têm, como veremos, importantes repercussões no desenvolvimento da docência universitária. O que os professores universitários podem realizar está diretamente vinculado a esse fenômeno de massificação.

Controle social da universidade (qualidade e padrões)

Fruto da mesma circunstância, a incorporação da universidade às dinâmicas centrais da vida social foi efeito das políticas gerais desenvolvidas pelos governos. Apesar da "autonomia" formal de que sempre gozaram na lei, numerosos mecanismos de controle foram sendo gerados nas instituições universitárias em razão de poderes políticos. Muitos desses mecanismos de controle foram vinculados às políticas de financiamento e de controle de qualidade.

Por falta de um apoio *financeiro* incondicional por parte dos poderes públicos, as universidades tiveram de curvar-se aos novos critérios que esses poderes foram impondo a elas no desenvolvimento de sua atividade e na administração dos recursos:

- Busca de novas fontes de financiamento através de contratos de pesquisa e assessoria a empresas (com isso, já fica direcionada e comprometida boa parte de seu potencial investigador).

- Aumento do número de alunos matriculados, já que, em muitas ocasiões, o investimento financeiro vem atrelado basicamente ao número de estudantes da instituição (o dinheiro recebido do Estado, por exemplo, está vinculado ao número de alunos atendidos).

O *controle da qualidade* e o *estabelecimento de padrões* (ou os chamados *contratos por objetivos*) transformaram-se em uma nova obsessão política. No entanto, temos a impressão de que a motivação primordial não é sobretudo a preocupação com a qualidade da formação em si mesma (para garantir que as universidades cumpram, de fato, seu compromisso de oferecer uma formação de alto nível), mas com a forma como os recursos são administrados.

Novo conceito de formação contínua

É muito importante a modificação da função da universidade. Uma nova visão da sociedade, a qual atribui especial e particular valor ao conhecimento, necessariamente deveria atribuir à universidade um papel de protagonista. Isso vem acontecendo; porém, há uma nuance fundamental: a formação é um recurso social e econômico indispensável; por outro lado, para que seja eficiente, deve ser entendida como um processo que não se limita aos anos de estudo na universidade, e sim como um processo contínuo ao longo da vida.

Sendo assim, relativiza-se inclusive o valor tradicionalmente atribuído à formação universitária como único caminho de credenciamento profissional. No atual cenário, a universidade desempenha um papel importante no processo de formação, mas não o encerra: a formação é iniciada antes de se chegar à universidade, é desenvolvida dentro como fora da sala de aula, continuando após se ter alcançado o título correspondente por meio da formação permanente. Muitas universidades européias têm hoje mais alunos de pós-graduação do que de graduação.

Algumas conseqüências de importância dada à docência universitária são:

- Incorporação à universidade de novos grupos de estudantes adultos com formações prévias diversas e com objetivos de formação claramente diferenciados.

- Necessidade de rever a idéia de formação, entendendo-a não como um bloco que se dá em um período curto de tempo (duração do curso), mas como um processo que perdura por toda a vida. Isso supõe, em primeiro lugar, uma oferta formativa estruturada em diversos níveis, com distintas orientações. A formação inicial, aquela que constituía a essência do estudante universitário, agora se configura como uma formação básica e geral destinada a estabelecer os alicerces de um processo formativo que continuará após a conclusão da graduação, com formatos mais especializados e vinculados a atuações profissionais mais específicas.

- A forte orientação profissionalizante da educação superior (o que significa dar preferência à "aplicação" dos saberes e não a sua mera acumulação ou seu mero desenvolvimento teórico) foi provocando, nos últimos anos, o surgimento de cenários formativos complementares, quase sempre ligados ao exercício da profissão. Foi assim que foi tomando corpo em toda a Europa a chamada *formação em alternância* (*estágio prático* ou *práticas em empresas*), a qual se desenvolve em um duplo cenário: a universidade e as empresas ou os serviços vinculados ao exercício da atividade profissional a que se refere. Da mesma maneira, amplia-se o campo dos agentes de formação, os quais já não se resumem aos professores, mas incluem os profissionais em exercício que atendem aos estudantes durante seu período de estágio (orientadores).

— Ruptura do marco puramente acadêmico da formação nas universidades. Como a orientação para o mercado de trabalho é um ponto-chave no novo enfoque da educação superior, isso leva as universidades a ampliar seu marco de influência sobre a aquisição de competências para o exercício profissional, o que é feito de maneira direta (gerando suas próprias empresas que se vinculam à instituição como novos espaços de formação e pesquisa, sem esquecer suas contribuições geradoras de recursos econômicos) ou de maneira indireta (através de diferentes meios de cooperação com instituições e empresas do próprio país ou distribuídas pelo mundo).

Atualmente, são muitas as universidades que se destacam como grandes produtoras tanto no setor primário (pisciculturas, plantações, etc.), como no setor de serviços (*software*, tecnologias aplicadas, assessorias, etc.). A imprensa (Iaénz de Miera, 2001) forneceu, há pouco tempo, o dado de que diplomados e professores do Massachusetts Institute of Technologie (MIT) tinham participado, nos dois últimos anos, da criação de quatro mil empresas que empregam mais de um milhão de pessoas.

— Reconhecimento acadêmico (e a conseqüente incorporação às rotinas acadêmicas) de modalidades de formação não-acadêmicas, obtidas em contextos institucionais ou produtivos não-universitários. A experiência no trabalho, as auto-aprendizagens, as competências adquiridas por qualquer meio legítimo são avaliadas como aquisições reconhecíveis nos processos de credenciamento. Sendo assim, já não é o diploma em si o que determina o nível de conhecimento e competências que o diplomado possui. Existe a hipótese ainda de que, no futuro, os títulos incluirão em seu verso a especificação das competências que o sujeito demonstrou possuir (a Itália, por exemplo, já incorporou essa norma em sua legislação).

— Necessidade de alterar profundamente os suportes e as estratégias de ensino e aprendizagem utilizados na universidade. Os adultos que buscam a educação superior fazem-no com uma grande bagagem de experiências, a qual deve ser levada em consideração. Por outro lado, seu esforço e sua disponibilidade de tempo não são ilimitados, pois muitos deles dividem seu tempo entre os estudos, a vida profissional e familiar. Então, são necessárias novas fórmulas de ensino a distância ou semipresencial, a criação de materiais didáticos que facilitem o trabalho autônomo dos estudantes, a introdução de novas dinâmicas de relacionamento e novas formas de organizar a rotina estudantil, etc.

- A universidade deve ampliar sua oferta de formação. Na atualidade, é exigido não apenas que haja diferentes cursos para levar adiante o compromisso com a formação inicial de seus alunos, como também é exigido que ela amplie o número de cursos de especialização, de doutorado, de reciclagem para profissionais, etc., tanto para estrangeiros como para adultos que desejem retomar os estudos.

Situadas no novo marco da formação que segue ao longo da vida, as universidades recobram seu protagonismo, mas são forçadas a reconfigurar suas ofertas.

Impacto nas exigências aos professores

Essas mudanças tiveram uma clara incidência na vida e no trabalho dos professores universitários. O que se espera deles, as demandas que lhes são feitas variam ao sabor das grandes mudanças estruturais e funcionais que a universidade sofreu.

Os ares de mudança na universidade e, principalmente, a pressão pela qualidade estão levando o corpo docente a revisar seus enfoques e suas estratégias de atuação. Muitos estão fazendo isso de modo voluntário, mas alguns só o fazem sob pressão e sob uma séria resistência. Desse modo, a sorte está lançada e, de uma forma ou de outra, as universidades e seus professores sentir-se-ão obrigados a sair da modorra institucional em que a docência tinha se escondido.

Resultantes desse fenômeno, ocorreram também algumas *repercussões* para os professores:

- Ampliação das funções tradicionais, as quais se caracterizavam pela explicação de conteúdos científicos, para outras mais amplas, nas quais se integram atividades de *assessoramento e apoio* aos estudantes, coordenação da docência com outros colegas, desenvolvimento e supervisão de atividades de aprendizagem em distintos ambientes de formação, preparação de materiais didáticos de apoio que possam ser utilizados pelos estudantes em ensino a distância, etc.

– Exigência de maiores esforços no *planejamento,* no *projeto e* na *elaboração das propostas docentes.* Em um certo sentido (mais alunos, maior heterogeneidade, maior orientação profissionalizante dos estudos, novos métodos de ensino com incorporação das novas tecnologias, etc.), a docência universitária complicou-se muito. Ainda é importante conhecer bem a própria disciplina, mas o indivíduo já não pode chegar à classe e "despejar" o que sabe sobre o conteúdo a ser dado. Essa atitude não serviria para nada, pois alguns alunos estariam ausentes, outros não entenderiam nada do que lhes seria dito, outros veriam tudo como algo a ser estudado, mas de pouco interesse pessoal, etc. Felizmente, sempre há os alunos que nos acompanham com prazer e aplicação; todavia, não podemos reduzir nossas atenções a esse grupo de alunos com aplicação incondicional. O problema está em como chegar ao conjunto de alunos com que trabalhamos, já que as lições e explicações tradicionais não servem.

Por isso, é evidente a necessidade de reforçar a dimensão pedagógica de nossa docência para adaptá-la às condições variáveis de nossos estudantes. Impõem-se a nós a necessidade de repensar as metodologias de ensino que propomos a nossos estudantes (considerando a condição de que estamos trabalhando para um processo de formação contínua, a qual passará por diversas etapas); a necessidade de revisar os materiais e recursos didáticos que colocamos à disposição dos alunos a fim de que facilitem sua aprendizagem; a necessidade de incorporar experiências e modalidades diversas de trabalho de tal forma que os próprios alunos possam optar por níveis de aprofundamento na disciplina de acordo com sua própria motivação e orientação pessoal.

Este não é, naturalmente, um trabalho fácil; ao contrário disso, exige uma reconstrução do perfil habitual dos professores universitários.

– Aumento da *burocratização didática.* Alguns de meus colegas reclamam de que tudo o que foi levantado no ponto anterior (o aumento das exigências pedagógicas) não é nada mais do que um reforço da burocratização do ensino na universidade. Entende-se como uma perda de tempo a necessidade de ser apresentada a *pro-*

gramação da própria disciplina, a participação de *reuniões de coordenação*, a realização de *revisões* periódicas do processo seguido, a apresentação de *informes documentados* na avaliação dos trabalhos e exames dos alunos.

O fato de agora haver (antes era uma atividade provavelmente inexistente ou, de qualquer forma, *invisível*) essa dimensão didática de nosso compromisso docente e, somado a isso, o fato de ela ter-se tornado uma "exigência formal" transforma-a em uma ruptura do *status quo* tradicional no ensino universitário. Para aqueles que, como docentes, valorizam principalmente seu trabalho em sala de aula e sua comunicação direta com os alunos, esse tipo de tarefas extraclasse significa consumir muito tempo e muita energia. Para aqueles que encaram a docência como uma atividade secundária, à qual dedicam apenas o tempo que lhes resta de outras ocupações mais rentáveis (profissional e economicamente), ter de atender a esses requisitos administrativos significa um contratempo.

> Já não importa se os professores são ou não são eficientes ao ensinar ou se, às vezes, são capazes de motivar seus alunos. O importante, a partir de então, é saber se eles elaboraram a programação de seus cursos, a bibliografia, os resumos "disto e daquilo"; enfim, toda essa parafernália de uma burocratização inútil exigida por alguns avaliadores arrogantes que chegam à universidade como emissários do castelo de Kafka. (Jonhson, 1994, p.370-375)

De qualquer forma, à margem dos possíveis excessos que possam ocorrer, fica evidente que a docência universitária precisa de uma série de atividades antes e depois da aula que garantam seu sentido didático. Por outro lado, é curioso como aceitamos de bom grado os requisitos formais quando se trata da pesquisa (temos de apresentar um projeto, justificar alguns objetivos, estabelecer um processo, definir alguns instrumentos e algumas técnicas de análise, elaborar um informe, etc.), mas como os rejeitamos, por considerá-los desnecessários, quando se trata da docência.

- O surgimento de reservas individuais, a *vida privada da docência* de que fala Halsey (1995). O mundo universitário, assim como o dos professores, é muito complexo. Em relação à nossa posição na universidade e ao nosso papel formativo, as mudanças também foram muito profundas. Podemos analisá-las mais detalhadamente no capítulo dedicado aos professores universitários. Nesse momento, basta assinalar que, apesar de todo esse rumor interior e exterior que atingiu as universidades, a estrutura do trabalho docente manteve-se com uma certa estabilidade. Alguns descreveram esse fenômeno como "resistência cultural" dos docentes. Nem as pressões das políticas universitárias dos governos, nem as pressões internas das administrações universitárias, nem as pressões doutrinárias dos pedagogos conseguiram transcender o mundo "privado" em que se petrificou a ação docente (ao contrário disso, a atividade de pesquisa foi muito mais vulnerável às influências externas).

O "individualismo", a "fragmentação curricular", a defesa da "liberdade de cátedra", a "opacidade" das atuações docentes, etc. criaram uma cultura favorável ao deslocamento da atividade docente para uma espécie de território privado. Tal fenômeno teve efeitos positivos e negativos, isto é, foram preservadas a criatividade e as iniciativas inovadoras dos professores e seu estilo pessoal de trabalho frente às pressões homogeneizadoras que toda influência externa traz consigo. Porém, ao mesmo tempo, persistiram formas empobrecidas de atuação docente e sistemas pouco aceitáveis de relação com os estudantes.

Em todo caso, pelo que se refere à temática deste livro, esta resistência cultural marca uma das características do ambiente universitário. Seja qual for a proposta de qualificação da docência que se queira fazer, deve-se contar com esses mecanismos de ocultação e individualidade que filtram as mensagens e dificultam a permeabilidade das influências.

Analisamos algumas das transformações mais significativas que a universidade sofreu nesses anos; certamente, poderíamos ter analisado muitas outras. Referimo-nos a algumas delas nos próximos pontos ao tratar dos *objetivos formativos* da universidade e de sua *dinâmica organizativa*; entretanto, considerei importante destacar essas mudanças como parte do contexto geral para o qual caminha a docência universitária. Conforme já havia dito, é impossível aproximarmo-nos dela sem levar em consideração esses aspectos que caracterizam sua situação atual.

Não é fácil a tarefa de fazer uma síntese do conjunto de mudanças ocorridas nos últimos anos e dos efeitos que tiveram sobre a atuação das universidades. Michavila (2000, p.4-7) tentou resumi-las aludindo a seis grandes desafios que a universidade atual tem de enfrentar em seus planos de atuação:

1. Adaptar-se às atuais demandas do mercado de trabalho, oferecendo uma formação que, sem renunciar aos conteúdos básicos, capacite seus estudantes a um fácil acesso à oferta de trabalho.
2. Situar-se em um novo contexto de competitividade social, no qual vai predominar a qualidade e a capacidade para estabelecer planos e introduzir ajustes.
3. Melhorar a administração, em um contexto de redução de investimentos públicos, o que exige a incorporação de novas fontes de recursos financeiros e uma maior transparência na distribuição deles.
4. Incorporar as novas tecnologias tanto na administração como na docência e aproveitar seu potencial para criar novas formas de relação interinstitucional e novos sistemas de formação (redes virtuais, ensino a distância, etc.).
5. Organizar-se como força motriz do desenvolvimento da região a que pertencem, tanto no aspecto cultural como no aspecto social e econômico, através do estabelecimento de redes de colaboração com empresas e instituições.
6. Situar-se em um cenário novo, globalizado, de formação e emprego, adaptando a ele suas próprias estratégias formativas: promover a interdisciplinaridade, o domínio de línguas estrangeiras, a disponibilidade de estudantes e professores, a pesquisa em parceria, os programas e sistemas de credenciamento compartilhados, etc.

SENTIDO FORMATIVO DA UNIVERSIDADE

Goodlad (1995, p.4) insiste, com razão, na necessidade de diferenciar a "instituição" e as "funções" que ela cumpre (ou deveria cumprir), na medida em que as funções podem ser exercidas por muitas outras instituições. Da mesma forma que as instituições se consolidam como estruturas e formas de funcionamento relativamente estáveis, as funções constituem fenômenos sociais muito mais livres e variáveis.

Dessa maneira, a desigual evolução entre as funções e as instituições encarregadas de executá-las faz com que ocorram momentos de desajuste, os quais podem resultar em importantes modificações. Alguns autores atribuíram as mudanças acontecidas nas instituições de educação superior a essa dissonância entre as instituições e suas funções. Como as universidades têm um custo elevado e, além disso, são lentas em responder às novas demandas do mercado de trabalho, afirmou Woolbridge (1994, p.54-56), surgiu um conjunto de agências e instituições muito mais ágeis que ofereceriam os mesmos serviços que as universidades oferecem, mas de uma forma melhor adaptada à realidade e mais acessível em termos de custo.

Em relação à universidade, são numerosas as funções que, como instituição social, se espera que desenvolva: ensino, pesquisa, administração dos recursos e do pessoal, dinamização social e cultural, apoio técnico e científico às empresas, consultoria social, serviço social e apoio às pessoas de baixa renda, estabelecimento de parcerias nacionais e internacionais de pesquisa e formação, crítica social, etc. O Informe Universidade 2000 (Bricall, p.76-77) sintetiza essas funções em três partes: preservação e transmissão crítica do conhecimento, da cultura e dos valores sociais (função socializadora), revelação das capacidades individuais (função orientadora) e ampliação da base de conhecimentos da sociedade (função pesquisadora e de divulgadora cultural). Como se pode ver, são muitas expectativas e de diversos tipos. Connell (2000, p.4-13) amplia ainda mais esse campo. Situando a instituição universitária no complexo mundo atual, atribui-lhe quatro responsabilidades específicas:

- *Documentação*, o que implica manter sua natureza como arcano de conhecimentos de todo tipo. A universidade não só aparece como o *berço do saber*, mas também como centro de armazenamento desses saberes, aos quais se pode recorrer quando se desejar ou precisar.

- *Rede virtual de informação*, o que implica a utilização dos mais variados sistemas e suportes de comunicação, os quais permitem a maior distribuição possível do conhecimento, de maneira que possa chegar aos possíveis usuários, seja qual for sua localização geográfica, seja qual for a sua condição financeira.

- *Inovação*, de forma que as universidades se transformem em focos permanentes de progresso técnico e social. Nesse sentido, elas devem ser capazes de fazer render ao máximo a *autonomia* e a *disponibilidade de recursos*.

- *Crítica* sobre os usos e abusos do poder (em suas diversas manifestações e em diversos âmbitos) e/ou dos processos de perda de identidade individual e social.

Não farei uma análise de cada uma destas funções. Apenas esclarecerei o que este tópico supõe em relação à docência, isto é, refletirei, em especial, sobre a *formação* como função básica da docência universitária: o que significa a formação nesse contexto e de que maneira essa concepção de formação afeta o desenvolvimento das atividades dos docentes na universidade.

Parece claro, e é bom começar reconhecendo isso, que, em relação aos *propósitos formativos*, a atual universidade oferece um marco notavelmente "discreto" e inconsistente. Que tipo de formação a universidade pode ou deve oferecer? Como se pode entender a própria idéia de formação aplicada ao contexto universitário? Nós, professores universitários, somos *formadores* (talvez até *educadores*), ou isso não passa de uma simples fantasia pedagógica? Enfim, sobre o que estamos falando quando afirmamos que a principal função da universidade é a *formação*?

Alguns dos pontos assinalados em tópicos anteriores têm estreita relação com o significado de formação: a integração das universidades no centro das dinâmicas sociais (principalmente no que se refere à sociedade do conhecimento e às novas demandas do sistema produtivo), o acesso de diferentes grupos sociais à educação superior, o prolongamento dos períodos formativos para além dos anos escolares e das aulas acadêmicas, etc. Em todas essas proposições, está subjacente uma revisão profunda do significado tradicional da formação e do desenvolvimento pessoal. Sem dúvida, o efeito do crescimento da exigência de formação nesse último século e a ampliação dos agentes encarregados de oferecê-la provocou profundas transformações em sua concepção e nas estratégias para seu desenvolvimento.

Hoje em dia, é cada vez menor o número de atividades que não necessitam de processos de formação específica para serem realizadas; por isso, a formação é cada vez mais necessária e profunda à medida que as atividades (profissionais, sociais e, inclusive, pessoais) tornam suas exigências mais complexas. Por isso, há muitas denominações dadas a esse momento histórico: sociedade da aprendizagem, sociedade da formação, formação contínua, etc. Essa presença universal do aspecto formativo e sua incorporação à dinâmica do dia-a-dia da vida das pessoas trouxeram consigo efeitos relevantes para a própria concepção da formação, para sua localização na estrutura social e para as suas estratégias de implementação. Como não poderia deixar de ser, também perturbou a concepção e a função a ser exercida pelas universidades e pelos demais agentes formativos nesse novo cenário.

Na cultura do final de século, não só a palavra por si mesma como também a consciência de que a formação é imprescindível, resultou na incorporação da educação superior ao planejamento de vida dos indivíduos.

Os jovens sabem que será difícil para eles encontrar uma ocupação profissional digna se não atingirem um bom nível de instrução. As famílias destinam uma parte importante de seu orçamento à formação. Os políticos começam a avaliar a formação como "investimento" em capital humano. Os trabalhadores têm consciência de que as condições de suas atividades profissionais estão mudando e que somente uma formação contínua irá capacitá-los para estarem atualizados e, assim, manterem-se como sujeitos competentes. Enfim, a problemática da formação transformou-se em algo constante e fundamental na definição de nossas vidas e no projeto da dinâmica social e profissional de nosso meio.

Essa avalanche de cobranças e exigências vindas de todas as frentes em direção à formação merece uma atenção cuidadosa para que seu significado original não acabe se diluindo em um conjunto de proposições vazias ou, pior ainda, alheias ao verdadeiro significado da formação, e é esse justamente o risco que corremos na universidade. Passamos nossos dias discutindo a formação, dedicamos nossa vida a oferecê-la a nossos alunos, sentimo-nos profissionais da educação superior, mas muito pouco refletimos detalhadamente sobre o que há por trás dessa palavra tão inclusiva e, às vezes, na prática, tão vazia.

Retomarei algumas das idéias já expostas em outros trabalhos, mas agora irei situá-las no marco do ensino na universidade e dos compromissos relativos à formação que tanto a instituição como nós mesmos assumimos.

Abordarei vários itens nesse tópico: significado e conteúdos da formação universitária; grandes dilemas que ela deve enfrentar no novo marco da "sociedade do conhecimento"; a formação como processo contínuo e o papel que tange às universidades desempenharem nesse novo contexto.

A visão que tenho de formação sofreu as influências de minha vivência no mundo da educação, mas é claro que existem muitos meios de abordar a problemática da formação hoje em dia: economista ou político, empresário e educador, todos têm perspectivas muito diferentes em relação ao significado e conteúdo da formação.

Uma visão "pedagógica" do tema da formação é, para alguns, extremamente ingênua e idealista. As necessidades da sociedade e do mercado de trabalho vão em outra direção e talvez seja certo que a *market ethos* esteja ganhando a batalha. Mesmo assim, é imprescindível revisar as atuais práticas formativas e buscar no âmbito pedagógico novas luzes que permitam iluminar esse cenário que é a universidade, cada vez mais rica em recursos, mas cada vez menos certa em relação ao significado do que nela se faz. Ainda que seja apenas para recuperar a tradição crítica da pedagogia e dos pedagogos, é valido o esforço e o risco de ser tachado de inoportuno no atual desdobramento das iniciativas e dos discursos impregnados de prolixidade e hipérboles sobre a importância da formação.

Sentido da formação

O que é formação e o que promove a análise crítica das experiências formativas pode ser respondido por dois caminhos: a partir da "teoria da formação" e, mais especificamente, da teoria pedagógica da formação; e a partir da "teoria do trabalho" (embora, nesse caso, também seja pretensioso e, sem dúvida, incorreto falar sobre uma teoria do trabalho, pois há muitas formas de análise).

Discutir "formação" não costuma ser algo habitual nos estudos pedagógicos. Outros conceitos mais tradicionais foram utilizados para se reportar aos processos vinculados à aprendizagem. Os termos *educação* (para abarcar a visão mais ampla e compreensiva do progresso para a maturidade), *ensino* (para aludir aos processos institucionalizados de formação), *instrução* (para indicar as aprendizagens intelectuais ou acadêmicas), *treinamento* (para aludir à aquisição de habilidades práticas), entre outros, tiveram uma presença contínua e precisa no vocabulário pedagógico.

A referência à "formação" foi mais freqüente nos processos vinculados à formação profissional. Todavia, nem mesmo nesses casos se fez um grande esforço para elucidar o significado dessa denominação. Poderia se dizer que, em sua acepção mais habitual, ela remete a um processo de preparação, às vezes genérica, às vezes especializada, com a intenção de *capacitar* os indivíduos para a realização de certas atividades.

Na verdade, o que se constata é que se produziu um certo vazio de significado em relação à idéia de formação. Se analisamos os anúncios na imprensa, os informes ou as pesquisas, hoje em dia, qualquer coisa pode ser atribuída à categoria do aspecto formativo: de um curso universitário até um curso de fim de semana; de algo que implique uma mera informação sobre algum dispositivo novo até algo que ofereça uma transformação pessoal a seus destinatários. A formação é definida, em muitos casos, mais pelo que se ofertou ou pelo tipo de produto externo que se quer obter do que pelo efeito real que ela exercerá sobre as pessoas que se beneficiam dela.

Para a reflexão conjunta que se pretende, a grande questão ainda pendente em relação à formação é justamente esta: *o que a formação deve oportunizar aos sujeitos para que efetivamente possam denominá-la assim? Quando podemos dizer que alguém se formou como conseqüência da experiência ou do programa que lhe foi oferecido?* Ou, dito de outro modo, *que condições qualquer programa de formação (universitário ou não) deve reunir para ser, de fato, realmente formativo?*

Este é um problema de importância singular, ao menos para quem se aproxima dos processos formativos com uma visão pedagógica. Nessa perspectiva, a idéia de formação pode ficar seriamente empobrecida se seu sentido se reduzir à mera aquisição de uma informação nova ou ao desenvolvimento de uma nova habilidade.

A importância da formação deriva, a meu ver, de sua necessária vinculação ao *crescimento e ao aperfeiçoamento das pessoas*, aperfeiçoamento que tem de ser entendido em um sentido global: crescer como pessoas. Levando isso ao extremo, torna-se desnecessário falar a respeito da contínua *formação* se não é sob a perspectiva de *crescer como pessoas*. Qual é o sentido de sermos profissionais cada vez mais informados e competentes se isso, ao mesmo tempo, não supõe nos aperfeiçoarmos como pessoas? Levando a questão a um limite absurdo, poderíamos falar sobre formação em um processo que prejudicará a nós mesmos ou a outras pessoas?

A formação, assim como os demais processos de intervenção pedagógica, faz parte do que Foucault denominava a "tecnologia do Eu", ou seja, os processos deliberados que visam influenciar, direta ou indiretamente, as pessoas no que tange ao processo de construir a si mesmas. A qualidade dessa influência vem condicionada tanto pelo conteúdo da intervenção formativa como pela forma como esse processo ocorre.

A idéia *de aperfeiçoamento, de desenvolvimento pessoal*, entre outras costuma ser atribuída comumente ao conceito de *educação*. Dessa maneira, é possível estabelecer uma contraposição entre o que é *educação* (mais vinculada ao desenvolvimento pessoal, à aquisição de novas capacidades, à incorporação da cultura, etc.) e o que seria *formação* (algo muito mais pontual e funcional, direcionado à aquisição de habilidades específicas vinculadas, normalmente, ao mercado de trabalho).

Esta é a posição adotada, por exemplo, por Buckley e Caple (1991), para quem a *formação* relaciona-se com aprendizagens e experiências planejadas para "conseguir a atuação adequada em uma atividade ou em um conjunto de atividades", enquanto a *educação* é vista como o processo destinado à "assimilação e ao desenvolvimento de conhecimentos, técnicas e valores" que conduziriam a uma capacitação mais geral. A formação seria, na opinião deles, um processo mais mecânico, no qual se buscam aprendizagens uniformes por meio de práticas repetidas. É fácil ver o mercado de trabalho, com suas exigências de homogeneização, por trás dessa idéia de formação. A *educação*, por outro lado, aparece como um processo mais amplo, menos padronizado e mais direcionado a atingir a dimensão pessoal dos indivíduos.

Como pedagogo, essa tentativa de separar educação e formação causa em mim um grande desalento, já que há o risco de mecanizar a formação, reduzindo-a a um processo puramente instrumental e adaptativo. Esta pode ser uma nova estratégia do sistema educacional para enfraquecer os indivíduos e, assim, acomodá-los cada vez mais às conveniências do meio profissional, social ou político. Enfim, a formação pode ser interpretada como algo que não resulta em desenvolvimento pessoal, ou como algo que mantém propósitos contrários a essa idéia (diminuir a capacidade crítica, reforçar os sistemas de adaptação, modelar os indivíduos conforme um pensamento heterogêneo).

Conteúdos da formação

A idéia de formação pode (ou até "costuma") ser interpretada de maneira extremamente equivocada, ao menos do ponto de vista pedagógico:

- *Formar = modelar*. Partindo dessa definição, a formação busca "dar forma" aos indivíduos. Eles são formados na medida em que são modelados, isto é, são transformados no tipo de produto que se toma como modelo: o perfil profissional, a atividade profissional a ser desempenhada, a demanda manifestada pelo empregador, o estilo habitual das pessoas que ocupam determinada função, as exigências normativas. O que marca a identidade é sempre um fator externo (nesse caso, o resultado da formação) que se quer "incultar" nos indivíduos que se formam. Todavia, o sucesso da formação está justamente em conseguirmos alcançar o máximo de nuances do modelo pretendido.

- *Formar = conformar*. Esse segundo desvio do sentido original é, se possível, ainda mais grave. Nesse caso, a intenção é fazer com que o indivíduo aceite e conforme-se com o planejamento de vida e de atividades para o qual foi formado. Logo, o processo de homogeneização, as condições de atuação no mercado de trabalho e a pressão dos empregadores levam a pessoa a ter que se "conformar". Por fim, o indivíduo assume esse sentimento de renúncia a si mesmo, expressado em "você sabe, se deseja ter posição social, se deseja aprovação em uma seleção de emprego, se quer ascensão pessoal, você tem de 'engolir' e aceitar o que lhe 'atiram'" (renunciar a qualquer idéia própria, à autonomia e à crítica; aceitar obedecer passivamente ao chefe; aceitar, no pior dos casos, certas agressões à própria integridade moral).

Acredito, de antemão, que pode haver exagero em tal exposição, mas parece-me esclarecedor analisar os processos de formação a partir desse duplo perigo de desvio de seus fins formativos. Por isso, é necessário insistir exaustivamente que a formação deve servir para qualificar as pessoas. Não é suficiente equipá-las com um perfil profissional padrão ou com uma determinada bagagem de conhecimentos e hábitos culturais, ou, ainda, adaptá-las melhor a uma atividade profissional qualquer.

Por isso, quando falamos de formação (nessa visão ampla e completa que poderíamos chamar, de modo redundante, formação "formativa"), devemos estar em condições de integrar nela os seguintes conteúdos formativos (dimensões que os indivíduos poderão desenvolver e aprimorar como conseqüência da formação que é oferecida a eles):

– *Novas possibilidades de desenvolvimento pessoal.* Essa idéia de desenvolvimento pessoal poderia se concretizar em crescimento pessoal equilibrado, aprimoramento das capacidades básicas do indivíduo e da satisfação pessoal, enriquecimento da auto-estima e do sentimento de ser cada vez mais competente e de estar em melhores condições para aceitar os desafios inerentes à vida e não apenas os profissionais.

– *Novos conhecimentos.* Refere-se à idéia de saber mais e ser mais competente como resultado do processo formativo contínuo. Esses conhecimentos englobam cultura básica geral, cultura acadêmica (nesse caso) e cultura profissional (nesse caso).

– *Novas habilidades.* As habilidades referem-se ao desenvolvimento da capacidade de intervenção por parte dos indivíduos formados. Supõe-se que, no final do processo formativo, quem dele participou deve ser capaz de fazer suas atividades melhor do que as fazia antes. As habilidades podem ser genéricas (relacionadas com as tarefas na vida cotidiana) e especializadas (relacionadas com o desempenho de alguma função específica).

– *Atitudes e valores.* Essa é uma parte importante de qualquer processo formativo. No entanto, é o conteúdo mais ausente nos atuais processos de formação. As atitudes e os valores podem se referir à própria pessoa ou a outras (dos colegas de trabalho aos grupos de referência com que se convive); aos eventos e às situações da vida cotidiana; aos compromissos assumidos ou à forma de orientar o trabalho.

– *Enriquecimento das experiências.* Supõe-se também que qualquer processo de formação deve constituir, em seu conjunto, uma oportunidade de ampliar o repertório de experiências dos indivíduos participantes. Poderíamos citar, nesse sentido, os processos formativos de maior e menor qualidade em função das experiências oferecidas às pessoas que se formam.

Os processos que proporcionam melhor qualidade formativa são caracterizados, muitas vezes, por oferecerem aos indivíduos a possibilidade de ter um desempenho mais autônomo (com isso, é rompida boa parte dos condicionantes que algumas fórmulas desvirtuadas de formação – adestramento, condicionamento, etc. – apresentam) e tomar decisões no processo de formação; tais processos oferecem experiências "coesas" e "ricas" tanto pessoal como profissionalmente. As experiências coesas são aquelas em que se avalia por completo o sujeito em formação (seu intelecto, suas habilidades manuais, suas emoções, etc.). Participar de uma pesquisa, ter uma experiência em uma fábrica, fazer uma viagem ao exterior, trabalhar com um profissional competente, fazer parte da resolução de problemas complexos, etc. abrem espaço para essas experiências coesas. As experiências ricas caracterizam-se pelo tipo de conteúdos que se incorporam a elas: tecnologias novas, processos de calado social, atividades de grande interesse, etc.

Essa análise da formação não pretende, em absoluto, transformar os processos formativos em "projetos ideais" e inalcançáveis. Tampouco se pretende analisar a formação à luz de um discurso excessivamente "pedagogicista" (o qual alguns denominam, com desprezo, de "demagogia teórica dos pedagogos") que desvirtua seu sentido prático e próximo à realidade do trabalho e da vida profissional. Todavia, talvez seja óbvio que existe um *discurso pedagógico* da formação que nem sempre vai ao encontro da idéia de formação defendida, partindo de enfoques mais economicistas ou enfoques apenas voltados ao mercado de trabalho.

É exatamente esta a motivação dessa reflexão: a constatação de que foi crescendo uma idéia de formação bastante vinculada às aprendizagens acadêmicas imediatistas e ao desempenho profissional a longo prazo, com uma dependência absoluta em relação às exigências, que não se discutem, do mercado de trabalho. Como conseqüência disso, há um esvaziamento progressivo de tudo o que significa enriquecimento pessoal e melhora da qualidade de vida das pessoas; aliás, como se isso não tivesse relação com a formação universitária e com a forma de realizá-la.

> Chegados a esse ponto, estou certo de que o leitor está com mais de uma questão perturbando-lhe. Talvez esteja criticando o que acaba de ler, porque entende que essa idéia de formação pouco corresponde à atividade de um professor universitário. Talvez pense que os estudantes universitários não são crianças e que não precisam desse tipo de atenção e orientação apresentadas aqui.
>
> Há pouco, em um seminário de trabalho com colegas de diversas especialidades (principalmente provenientes da engenharia), foi estimulado um debate muito interessante sobre esse ponto. A questão trazida à discussão foi se realmente todos se sentiam "formadores" de seus alunos ou apenas "explicadores" dos conteúdos das disciplinas que lecionavam. A reação de alguns foi imediata: não se sentiam mais formadores (no sentido global da formação) do que podia ser um taxista, um arquiteto ou o jornalista da seção de esporte. O compromisso deles era o de explicar o melhor que pudessem o conteúdo programado, já que tinham sido contratados para esse fim e justamente nisso é que se sentiam competentes. Todo o resto lhes parecia mera ficção e um despropósito que os próprios alunos seriam os primeiros a rejeitar. A opinião geral era a de que os alunos querem assistir a boas aulas e que os professores esqueçam o discurso desnecessário.
>
> Não sei como o leitor pensa e como realiza seu trabalho na universidade. Talvez o leitor nem se identifique com esse esvaziamento do sentido formativo de nosso papel na universidade. Além disso, talvez esteja tão confuso quanto muitos de nós sobre como haveremos de interpretar esse suposto "compromisso formativo" que assumimos. É claro que nossos alunos não são crianças e que não é possível acreditar que nosso papel "tutorial" tenha um sentido similar ao dos profissionais do ensino fundamental ou do ensino médio. Os nossos estudantes são jovens ou adultos que chegam à universidade com propósitos que lhes são próprios. É provável que não esperem de nós que os "queiramos" ou os façamos "felizes", pois para isso já têm suas famílias e seus pares. O que, de fato, nos pedem é que lhes transmitamos o conhecimento e a esperança que nós mesmos temos, que lhes permitamos aprender em nossa companhia e sob nossa orientação, que transformemos sua passagem pela universidade em uma experiência desafiadora e produtiva.

Por outro lado, a missão formativa da universidade tampouco se reduz a responder às expectativas dos estudantes. Eles são uma das fontes de demanda, já que existem outras: a própria "missão" da universidade (se é que somos capazes de transcender as declarações retóricas e assumi-las como um compromisso institucional), as funções que a sociedade dela espera, as linhas de atuação que o próprio corpo docente incorporou a seu projeto formativo, etc.

Em todo caso, essa idéia da formação, a qual vincula a universidade tanto ao desenvolvimento profissional como ao desenvolvimento pessoal, está muito próxima à visão defendida no último Informe Mundial da Unesco sobre a formação para o século XXI, traduzido para o espanhol como *La Educación encierra un tesoro*. Sabe-se que a equipe internacional coordenada por J. J. Delors ofereceu uma visão ampla e polivalente do estudante que imaginamos formar em um mundo como o de hoje. Quatro grandes caminhos formativos são identificados no Informe: *aprender a aprender, aprender a fazer, aprender a ser, aprender a conviver*. O importante para nós é saber como traduzir essas idéias em um projeto formativo adequado às peculiaridades de nossa instituição universitária e ao curso em que nossos estudantes se formam.

Por outro lado, tem sido constante vincular a formação universitária ao desenvolvimento da capacidade crítica dos estudantes: uma atitude contestatória, rebelde, inquisitiva, a qual não aceite respostas fáceis, a qual valorize a autonomia, a capacidade de tomar decisões e de assumir compromissos. Essa independência intelectual que constitui a marca da maturidade sempre foi um valor que fez parte da formação universitária.

Em resumo (e voltando aos conteúdos da formação), a ação universitária deveria garantir aos estudantes uma *oferta formativa* que considerasse (nos seus conteúdos disciplinares, nas orientações metodológicas ou nas experiências oferecidas a eles ao longo do curso, etc.) as seguintes dimensões:

- *Dinâmica geral do desenvolvimento pessoal*. A pergunta vinculada a essa dimensão é: o que estamos oferecendo a nossos estudantes em relação ao seu desenvolvimento pessoal? Além do crescimento que é produto da idade, podemos constatar que os alunos estão amadurecendo, tornando-se mais seguros, mais responsáveis, mais comprometidos? O que estamos fazendo para facilitar tal processo?

- *Aprimoramento dos conhecimentos e das capacidades dos indivíduos*. Da mesma maneira, podemos perguntar: o que aprenderam de novo durante esses anos de universidade? O que eles conseguiram desenvolver em relação às suas capacidades iniciais? De fato, que competências assumiram? Que dimensões do perfil profissional, para o qual se prepararam, não foram supridas?

– *Referência ao mercado de trabalho*. Insistir na dimensão global da formação não implica, em absoluto, esquecer que a universidade assume uma responsabilidade fundamental na formação e credenciamento dos profissionais. Por isso, nos questionamos: o que proporcionamos de significativo para eles em relação à inserção no mercado de trabalho ou à ascensão profissional? No caso de que não seja esse o propósito da formação, a situação profissional deles melhorou como conseqüência do processo formativo realizado, voltado para responder melhor as exigências existentes nesse contexto?

Sob essa perspectiva, qualquer atividade universitária deveria estar atingindo três aspectos sobre os quais se projeta o sentido da formação: o desenvolvimento pessoal, o desenvolvimento de conhecimentos e competências específicas e uma visão mais ampla do mercado de trabalho a fim de agir nele com mais autonomia.

Dilemas que a formação apresenta

Para concluir essa sucinta análise da idéia de formação, gostaria de destacar alguns dilemas que a formação impõe, os quais condicionam de forma contundente sua interpretação. Tais dilemas são cruciais caso se queira conseguir que a formação tenha o sentido amplo e enriquecedor que venho atribuindo a ela.

Irei me referir, no mínimo, a três dilemas importantes:

• *Dilema sobre o ponto de referência: o indivíduo ou o mundo que o cerca*

O que está por trás de toda a discussão desenvolvida neste capítulo refere-se a essa questão inicial: onde vamos situar o "norte orientador" da formação, dentro ou fora dos sujeitos que formamos?

Diante dessa pergunta, surgem duas possibilidades de respostas que seguem rumos opostos: a formação pode estar orientada para a própria pessoa, ou seja, para seu desenvolvimento e para sua realização individual, ou pode se referir, ao contrário disso, ao mundo exterior, para o que se deve saber, para o que se deve fazer, para o que se deve aprender, para a atividade profissional a ser desempenhada, para o que se espera que a pessoa seja ou faça, etc.

Como qualquer dilema, esse não tem uma única resposta, ou, no mínimo, não tem uma resposta simples. Qualquer uma das duas alternativas, tomadas em sentido excludente, seria incorreta. Por isso, o importante é ver em que parte do *continuum* entre um pólo (o indivíduo) e outro (o mundo que o cerca) se situa cada proposta formativa.

Volpi (1981, p.76-98), sociólogo italiano, analisou esse dilema à luz de toda a atividade formativa desenvolvida nas escolas. Em seu estudo, denominou *enfoque objetivo-institucional* as questões centradas no "exterior", o qual é gerado a partir do predomínio da idéia de socialização e está orientado fundamentalmente para a inserção social ou profissional dos indivíduos. Tal enfoque configura-se como uma atividade institucional realizada por um tipo de formação caracterizada por três condições básicas: estabelecimento de certos agentes protagonistas da formação (alheios aos próprios estudantes); estabelecimento de certos programas fechados de formação que contêm um conjunto de conhecimentos e habilidades pré-fixados e pre-estabelecidos; consolidação de certas formas de relação, as quais refletem determinados valores éticos e sociais e às quais os indivíduos devem se adaptar.

A questão mais centrada na individualidade dos sujeitos foi chamada de enfoque *subjetivo-inovador* ("inovador", na realidade, porque rompe com as tradições mais arraigadas em nosso contexto). Baseia-se, segundo Volpi, na aceitação da legitimidade individual. Tal enfoque torna-se atuante no direito ao desenvolvimento pessoal e à *auto-realização*. As pessoas são, nesse caso, protagonistas, ao menos em parte, da definição de seu próprio projeto de vida e, desse modo, do caminho formativo que o fará possível. A função da formação é potencializar o desenvolvimento das capacidades, dos interesses e das necessidades dos indivíduos.

Minha impressão é que a formação (no que tange ao formato mais próximo ao mundo universitário) deslocou-se para o pólo exterior e está esquecendo o pólo pessoal. Na realidade, ficamos reduzidos a sujeitos com uma posição subsidiária: somos parte de um sistema e devemos nos adaptar (nos formar é igual a nos conformar) às exigências e às condições que esse sistema nos impõe.

> Avaliando o futuro da educação superior, Giuseppe di Rita (2000), Secretário Geral do Centro Nacional para a Formação dos Professores (CENSIS), fala do sentido profundo e libertador da crise que a formação sofre atualmente. Na sociedade moderna, dizia ele, ninguém aceita que uns tenham o

direito de formar os outros. Contudo, sempre há alguém (uma elite de sábios, de políticos ou de burocratas) que define o que os outros devem saber. Ele fez uma alusão à Itália de "duas populações": uma que dedica sua vida ao trabalho (ou prepara-se para dedicá-la) e uma outra que determina o sentimento da primeira e legitima-o. Todavia, a primeira população também reivindica ser dona de seu destino e fazer seus planos de vida. Em sua opinião, essa é a razão pela qual muitas pessoas abandonam os estudos antes de concluí-los para trabalhar (eles não permitem que a escola defina o rumo de suas vidas, que defina o que devem saber e como irão ser). Chama a atenção o fato de essas pessoas não serem forçadas a fazê-lo, já que se trata de um fenômeno que ocorre, sobretudo, nas zonas mais desenvolvidas daquele país.

Estamos tão envolvidos no sistema, que é difícil perceber essas alternativas. A formação estabelece-se e funciona quase unicamente como o caminho de responder às demandas do sistema: adaptar-se às novas necessidades de produção, melhorar nosso equipamento para elevar a rentabilidade de nossa contribuição, redimensionar o ganho para elevar o capital humano. Na verdade, o investimento em formação tem o intuito de, em grande parte, melhorar tanto a adaptação às novas tarefas como os resultados no trabalho. Por esse ângulo, os indivíduos e suas necessidades tornam-se secundários ou são ignorados.

Nesse sentido, a formação não é concebida como um direito de todos os cidadãos para se desenvolverem plenamente tanto pessoal como profissionalmente, mas como um direito ou uma necessidade do sistema para qualificar sua mão-de-obra e elevar a sua capacidade produtiva e, indiretamente, do próprio sistema, o que, na verdade, é justo e pertinente, porém essa resposta às necessidades sociais não deveria ser feita à custa do sacrifício das demandas dos próprios indivíduos.

> Na Austrália, pude comprovar anos atrás que as crianças, desde os seis anos, tinham a chance de escolher quais disciplinas desejavam cursar na escola. Só duas delas eram obrigatórias: língua e matemática. Posteriormente, foi acrescentada uma disciplina relativa à história e à cultura local.
>
> Nossos estudantes universitários têm entre 20 e 25 anos e alguns têm bem mais idade. Alguns já estão casados (inclusive divorciados) e têm filhos; outros prestaram o serviço militar, mas todos já tiveram de assumir várias responsabilidades e vários compromissos, e, mesmo assim, a universidade não permite que eles tomem praticamente nenhuma decisão em relação a seus estudos. Está tudo planejado e fechado, à exceção de pequenos e irrelevantes espaços para

escolhas sem importância. Os professores e a instituição decidem o que é importante para os estudantes, a que devem dedicar seus esforços.

Algumas universidades criaram jornadas de recepção dos novos alunos a fim de que eles conheçam a instituição de que farão parte e suas regras, porque, assim, podem se adaptar melhor a ela. Contudo, a própria instituição não faz nada para conhecer as condições dos novos alunos, ou seja, a universidade e as faculdades não se adaptam aos indivíduos: são eles que devem se adaptar às condições dela. Nem se discute a possibilidade de que poderia haver jornadas de adaptação mútua.

Uma analogia entre formação e saúde encerrará a abordagem desse dilema. Também em relação à saúde, poderíamos estabelecer um dilema similar ao que estou analisando com respeito à formação. É possível definir saúde como um recurso direcionado ao âmbito interno ou externo dos indivíduos. A saúde vista pelo âmbito externo significaria cuidar dela para que as pessoas possam trabalhar melhor, percam menos horas de trabalho, estejam em melhores condições de realizar as tarefas que lhes são atribuídas, etc. Em contrapartida, saúde pode ser vista também sob outra direção, ou seja, orientada para o lado interior dos sujeitos. Nesse caso, a saúde seria o meio para melhorar o bem-estar pessoal e a qualidade de vida das pessoas. Por isso, o que se fizesse pela saúde não teria de vir necessariamente orientado para que fôssemos trabalhadores mais capazes, mas sim para que tivéssemos uma vida mais saudável. Talvez as atividades que afetam pouco o trabalho acabem afetando muito o bem-estar pessoal e são importantes por isso. Com a formação deveria acontecer algo semelhante.

Há um conjunto de dimensões formativas que têm esse sentido: melhorar nossa qualidade de vida, nosso nível cultural, nossa autonomia, nossa capacidade de aproveitar a vida. Não há um ganho, ao menos direto (indiretamente, ele sempre existe, na medida em que, como fora demonstrado, quanto mais competentes e cultos somos, ou quanto mais satisfeitos estejamos, trabalhadores mais capazes seremos), no trabalho ou no emprego, mas nem por isso tais dimensões resultam menos importantes para nós.

Na verdade, há a necessidade de equilibrar a formação entre esses extremos: o que supõe acomodação às exigências externas e o que supõe crescimento pessoal e recuperação da própria autonomia.

- *Dilema entre especialização e formação geral de base*

Outro dos dilemas que a formação universitária enfrenta está centrado no caminho que vai da máxima generalidade dos conhecimentos (uma cultura geral, alguns conhecimentos científicos ou práticos de origem acadêmica, etc.) ao extremo da máxima especialização (preparação para uma ocupação profissional específica, enfoque centrado em uma série de conhecimentos ou habilidades influenciadas pela situação em que serão desempenhadas, etc.).

Em relação a esse ponto, nem as orientações acadêmicas nem as demandas do mercado de trabalho são claras. De qualquer forma, parece que, hoje em dia, começa a predominar a idéia de que é preferível, inclusive do ponto de vista dos empregadores, que os indivíduos tenham uma formação geral suficientemente ampla e polivalente a ponto de permitir a mobilidade profissional.

Por outro lado, é difícil analisar a formação especializada, já que não se "usa" a especialização "no singular", mas, "no plural": ao longo da trajetória profissional, uma pessoa tem de se especializar em áreas bastante diferentes (pode passar da produção a vendas, da administração de pessoal ao planejamento de uma nova sede, de uma empresa a outra do mesmo ramo ou de setores diferentes). Enfim, não é fácil a tarefa de fixar um objetivo que poderia se ajustar a qualquer processo de especialização que se pretendesse seguir.

Ferrández (1989, p.44-52) insiste na necessidade de haver prioridade a uma formação básica pela dupla função que cumpre: servir de base tanto para a formação para o trabalho como para a formação permanente. Esse dilema adquire matizes estratégicos que vão além das simples modalidades específicas de formação. A dialética entre "formação de base"-"formação para a vida profissional" está subjacente em boa parte da problemática que analisamos nos pontos anteriores. Entretanto, essa problemática incorpora, além disso, a difícil relação (pelo menos na Espanha) entre formação regulada (atribuída fundamentalmente aos centros de formação) e formação não-regulada (vinculada às questões profissionais) e entre formação inicial e formação contínua.

A tendência progressiva nos últimos anos de vincular a formação universitária ao exercício profissional e às demandas do mercado de trabalho foi desequilibrando a resposta ao dilema entre "generalidade" e "especialização" em favor desta última. A formação mais geral e de base, exceto em alguns centros que optaram por deixar a especialização para estudos pós-universitários, foi perdendo credibilidade e projeção ("não serve para nada", diz-se, "são meras questões teóricas que não respondem às novas exigências da sociedade", etc.) e, progressivamente, foi perdendo também recursos.

Continua sendo fundamental – e nisso concordo com Ferrández – uma política de formação que una o sistema escolar, incluindo a universidade, com o sistema pós-escolar. Não são poucos os que afirmam que o sistema escolar deveria manter como prioridade básica a ação de potencializar uma *formação de base,* que facilita qualquer adaptação posterior às exigências específicas de uma ocupação profissional ou a novos processos de especialização. O modelo 3+2+2 (três anos de formação básica, com possibilidade de ingressar no mercado de trabalho; dois anos de especialização; outros dois anos que levariam ao doutorado) recomendado pela UE (União Européia) na Declaração de Bolonha (1999) responde a esse critério.

De qualquer forma, o dilema e a dificuldade na busca de um equilíbrio entre generalidade e especialização subsiste. Menze (1981, p.267-297) alude a isso:

> Um tempo demasiado longo dispensado à formação generalista põe o estudante demasiado tarde em contato com as questões que têm grande importância para sua vida profissional. Porém, o inverso também ocorre: uma introdução muito apressada ao mundo do trabalho faz com que se perca a visão de conjunto e impede um exercício profissional criador, rico em inspirações, porque isso imobiliza o estudante devido aos objetivos determinados com exatidão, os quais não deixam margem a sua própria força e iniciativa.

- *Dilema entre o local e o universal*

A pressão da internacionalização gerou uma grande responsabilidade para as universidades. A necessidade de construir uma oferta formativa capaz de competir no contexto internacional constitui atualmente uma das mais potentes fontes de pressão e estímulo para o desenvolvimento institucional.

A Associação Internacional de Presidentes de Universidades assinalava em 1995:

> Solicitamos ardorosamente a todas as instituições de educação superior que promovam com vigor a internacionalidade de suas instituições e da cultura e das competências globais de seus estudantes como aspectos essenciais para a busca permanente de um mundo mais pacífico, no qual a compreensão internacional e a cooperação para resolver problemas transformar-se-á em uma questão cada vez mais determinante para a qualidade de vida e para um desenvolvimento econômico, social e cultural sustentados. (Yellad, 2000, p.297-307)

As universidades antigas devem modernizar suas estruturas e seus currículos e, inclusive, sua "cultura institucional", sua imagem e o enfoque dado à formação. Passar de uma visão local a uma visão global, quer dizer, recuperar a antiga idéia da *universalidade* como atributo dos estudos universitários é, sem dúvida, um dos desafios principais que se impôs com o novo cenário das tecnologias e da globalização econômica e científica.

Essa idéia da internacionalização foi posta em prática pelas instituições de formas muito diversas. No caso da Copenhagen Business School, à qual me referi em um tópico anterior como modelo paradigmático dessa orientação, concretizou esse compromisso nos seguintes aspectos:

> Ver-se como uma universidade européia (que participa da tradição européia) transcende, portanto, a localização geográfica.
>
> Apresentar tanto o ensino como a pesquisa em um contexto de redes européias, em parceria com centros de outros países.
>
> Estabelecer como objetivos os padrões internacionais que permitam à universidade se comparar com outras universidades de prestígio. (*CBS*, WEB da Universidade)

A Universidade de Deakin, na Austrália, é outro magnífico exemplo de como se pode traduzir institucionalmente essa idéia da internacionalidade:

> A internacionalização da educação superior requer amplas mudanças no currículo formativo; mudanças que incluem todos ou alguns dos seguintes elementos:
>
> – Incluir-se nos estudos de exemplos internacionais em um contexto de metodologia comparada;
>
> – oferecer a possibilidade de os estudantes atingirem as qualidades exigidas para poder atuar no campo profissional de sua carreira tanto no próprio país como no exterior;
>
> – estabelecer redes internacionais de trabalho e colaboração;
>
> – fazer intercâmbios de professores e alunos;
>
> – montar um programa para estudantes estrangeiros;
>
> – realizar períodos de formação fora do próprio país, por meio de instituições que estabeleceram uma parceria;
>
> – realizar programas de ensino internacional a distância. (WEB da Universidade)

Na verdade, essas propostas de desenvolvimento institucional só são possíveis em instituições consolidadas e prestigiadas no contexto internacional. Por outro lado, estas são propostas que geraram importantes demandas de formação para os professores: competências lingüísticas, competências de origem técnica e pedagógica em relação às novas tecnologias, etc.

O interessante nessas novas proposições internacionalistas é que elas devem estar bem articuladas com os compromissos que cada universidade assume com seu próprio contexto local. Afirmei em um tópico anterior que uma das missões que a sociedade e as leis atribuem à universidade é que ela fomente o desenvolvimento social, cultural, científico e técnico do país e da região a que pertence.

> A CBS quer cumprir suas obrigações com a sociedade dinamarquesa e com seu setor empresarial atingindo um alto nível de competitividade internacional, criando um marco internacional de atuação e qualificando seu *status* como instituição colaboradora com projetos de cooperação internacional.
> (Copenhagen Business School, WEB da Universidade)

Essa visão empresarial do desenvolvimento universitário (mais lógica em uma Faculdade de Estudos Empresariais) levou a CBS a estabelecer uma relação muito estreita com empresas de todo o mundo, a criar delegações e *campi* associados em outros países e, muitas vezes, a participar de forma constante em projetos internacionais.

A internacionalidade como "conquista de mercado" (ou de imagem) não tem razão para entrar em choque com enfoques horizontais e enfoques de apoio mútuo (ou de apoio a países em situação de risco ou em processo de desenvolvimento). Quando ocorre a relação entre instituições de características similares, cria-se um espaço de cooperação mais aberto e polivalente para a formação: podem ser estabelecidos programas formativos compartilhados, equipes de pesquisa conjuntas, intercâmbio de estudantes e professores, etc. Em todo caso, é promovido um novo clima de trabalho e de construção de conhecimento.

Os programas europeus de cooperação interuniversitária, os programas com a América Latina, as ações bilaterais ou multilaterais, entre outros, estão mudando e enriquecendo os cenários de formação de nossos estudantes. Para uma pessoa jovem, formar-se na universidade não deveria significar a transição entre escola e faculdade, ambas em sua cidade, sem grandes mudanças, seja nos conteúdos formativos que estuda, seja na mentalidade com que os enfrenta.

A FORMAÇÃO CONTÍNUA

Um dos enfoques mais interessantes adotados nos últimos anos em relação à formação se refere à necessidade de vinculá-la a todo o ciclo vital das pessoas. Reforça-se, assim, a idéia de que a formação transcende a etapa escolar e os conteúdos convencionais da formação acadêmica, constituindo um processo intimamente ligado à realização pessoal e profissional dos indivíduos.

Tal perspectiva de continuidade altera de modo notável o sentido e a orientação da formação que os diversos agentes sociais devem proporcionar em cada um dos ciclos vitais das pessoas. Enfim, partindo da nova idéia de que os sujeitos se formam ao longo da vida, um novo marco de condições foi se configurando (estruturais, curriculares, organizativas, etc.) para o desenvolvimento da formação.

Nos últimos 20 anos, muitas organizações internacionais, com os mais diferentes objetivos, interessaram-se pela temática da "formação contínua" e nela se envolveram por meio de encontros de trabalho e informes, como a UNESCO, a OCDE, o Conselho da Europa, o Clube de Roma, o G7 ou grupo dos países mais desenvolvidos (este último recomendava, em sua reunião de Nápoles de 1994, dar força à "cultura da aprendizagem ao longo da vida"), entre outros exemplos. Desde 1995, algumas organizações vêm destacando a importância da formação contínua.

Enfim, estamos diante de uma nova conscientização das condições marcadas pelo desenvolvimento social e econômico dos novos tempos. Talvez por essa origem mais voltada às novas exigências da produção industrial e ao impacto gerado pelas novas tecnologias, os mais sensíveis a essa necessidade de formação contínua e os primeiros a reagir a ela foram os sistemas produtivos. A manutenção da competitividade comercial torna necessária uma constante readequação das competências profissionais dos trabalhadores, e isso exigiu um esforço real das empresas mais modernas no que diz respeito à criação de sistemas de formação e reciclagem permanente de seus empregados. Além disso, também o mundo da ciência, com seu desenvolvimento ininterrupto (tanto em relação aos desafios que deve abordar como em relação às tecnologias com que pode contar para fazê-lo), assumiu abertamente a necessidade de uma manutenção constante da pressão por formação e inovação.

Em contrapartida, esse florescimento da cultura da formação contínua e sua extensão a todas as áreas de trabalho e pesquisa ocasionaram uma progressiva vulnerabilidade da própria idéia de formação. Todos discutem a formação, mas nem sempre é feita uma reflexão adequada sobre o seu verdadeiro significado. Desse aspecto surge a necessidade de não perder nunca de vista a natureza e as condições da formação, seja qual for o contexto em que se aplique.

Durante um longo tempo, o sistema de educação superior ficou à margem deste movimento pelo fato de fazer parte apenas de um período determinado na vida do indivíduo e pelo fato de manter-se em um mundo à parte, voltado para si mesmo, com sua cultura própria, com seus ritos, com suas estruturas tradicionais de formação, etc. É por isso que um dos desafios importantes a ser assumido pela universidade é unir a oferta formativa a esse novo enfoque de formação contínua.

Em dezembro de 1994, em Roma, aconteceu um encontro emblemático sobre formação contínua, organizado por The European Initiative on Lifelong Learning[3] (ELLI). Compareceram especialistas em formação contínua de boa parte dos países europeus. Nessa reunião, foi debatida a necessidade de melhor definir a concepção de formação contínua, já que, hoje em dia, embora seja baseada em boas intenções, ela é indistinta e genérica. O que se quer, na verdade, é homogeneizar seu sentido e homologar os diversos enfoques práticos que fossem surgindo em diferentes países. A definição adotada foi a seguinte (Longworth, p.4-16):

> Chamamos "aprendizagem contínua" o desenvolvimento do potencial humano através de um processo de apoio constante que estimule e capacite os sujeitos a adquirir os conhecimentos, os valores, as habilidades e a compreensão das coisas que vão necessitar para saber aplicá-los com confiança, criatividade e prazer em quantos papéis, circunstâncias e ambientes vejam-se envolvidos durante toda sua vida.[4]

O importante dessa definição é como ela se liga às idéias antes expostas em torno do sentido e valor de uma formação geral. Coloca-se a formação como algo que:

- abarca todas as dimensões do desenvolvimento humano (dos conhecimentos aos valores, passando pelas habilidades e pelos significados).

- necessita de um processo particular (motivo pelo qual se discute a "cultura da aprendizagem"), em que a formação não responde unicamente a uma exigência social e acadêmica vinculada a uma faixa etária e a uma instituição determinada, mas responde a algo que avança ao longo da vida e que precisa de sistemas de apoio (infra-estruturas, oportunidades, incentivos, etc.) com o objetivo de estimulá-lo (*a continuously supportive process*, conforme a definição).

- busca, desde o começo, educar os sujeitos conforme seus próprios recursos e sua autonomia. Certas fórmulas de ensino motivam, principalmente, laços de dependência, e não a autonomia. É preciso, então, prepará-los para administrar sua própria aprendizagem (esse é o sentido do *empowering individuals* que se destaca na definição).

- incorpora como conteúdos da formação aspectos valiosos para os diversos obstáculos que os sujeitos tenham de enfrentar ao longo da vida (e não apenas para responder às exigências acadêmicas).

- vincula a formação não apenas à pressão social e ao sofrimento pessoal (idéia coerente com o velho princípio de que "o que não mata, cura"), mas também à auto-estima e ao prazer pessoal.

Enfim, a formação contínua não é um *slogan* vinculado ao neoliberalismo industrial e orientado para manter a pressão adaptativa sobre os futuros profissionais a fim de garantir melhores níveis de competitividade nas empresas. Certamente, ela nunca se desvinculará por completo de propósitos pragmáticos e fundamentais como esses, mas seu sentido transcende esse enfoque, situando-se no compromisso do desenvolvimento constante das pessoas em todo seu potencial humano.

Todavia, apresentar e desenvolver uma definição é insuficiente. Muitas vezes, os problemas e as contradições não costumam advir da "filosofia" das definições, mas de sua operacionalização prática. Naturalmente, temos de aceitar que a formação oferecida na atualidade (incluindo aquela que nós mesmos colocamos em prática nas universidades) está muito longe de corresponder aos princípios antes assinalados.

Essa nova perspectiva da formação não se origina no vazio. Diversas circunstâncias e diversos fatores acabaram configurando um novo cenário de vida pessoal, social e profissional, o qual nos obriga a um ajuste constante de nossas expectativas e dos recursos indispensáveis para concretizá-las. Afinal, a formação contínua transformou-se em um processo necessário e irreversível. Nesse sentido, a pressão para a busca de novos conhecimentos e para a constante qualificação, a qual tradicionalmente era vinculada ao "espírito" do aluno, está, hoje em dia, muito mais vinculada a fatores emergentes, os quais têm sua fonte e seu sentido fora da instituição escolar e que pertencem ao âmbito geral da "cultura de nossa época". Com freqüência, a universidade tem sérias dificuldades em se adaptar a tais fatores, ou, muitas vezes, resiste em aceitá-los. Entre esses fatores, destacam-se os seguintes:

- *O pensamento pós-moderno e sua ênfase no valor do indivíduo, das diferenças, do provisório*

    Esta sensibilidade foi se associando cada vez mais aos processos sociais (e aos políticos) e está na base de uma nova estrutura de legitimidades em relação ao direito à própria idiossincrasia, à autonomia, à capacidade de optar entre planejamentos pessoais e formativos feitos de acordo com as necessidades e com os interesses de cada um. Os processos escolares e a formação tradicional, costuma-se dizer, atuaram mais como fator de homogeneização do que como apoio ao próprio desenvolvimento. Por isso, os formatos demasiado rígidos e padronizados de formação foram rompidos.

No entanto, é possível afirmar que a universidade constitui-se em um espaço formativo especialmente capaz de atender às exigências desse pensamento pós-moderno. Nela há lugar para, melhor que em nenhum outro contexto social, a liberdade de pensamento, a criatividade, a divergência intelectual e as diferentes formas de viver o ceticismo e a ruptura das verdades absolutas. A possibilidade de "desconstruir" antigos princípios e velhas práticas para apresentar propostas alternativas sempre caracterizou a essência do espaço universitário. Por esse motivo, a universidade deve ser, de fato, um dos eixos principais da sociedade da aprendizagem e deve pensar sua contribuição à sociedade a partir desses parâmetros.

– *Enorme explosão de informações e conhecimentos disponíveis*

A idéia de uma formação "completa" ao estilo renascentista entrou em crise por pura impossibilidade material. Os campos científicos e os espaços profissionais foram se diversificando até se tornar impossível abordá-los por completo. Disso derivou uma tendência à especialização e à subdivisão de competências e formaram-se novas redes de vínculos e complementações: surgimento de novas profissões, criação de cursos mistos (por exemplo, direito e economia; letras e engenharia, etc.), estrutura curricular por módulos, etc.

Essa sofisticação de conhecimentos e habilidades ocorreu não apenas nos âmbitos mais elevados da ciência e da tecnologia, mas também no conjunto das atividades cotidianas (qualquer atividade profissional implica, hoje em dia, conhecimentos muito variados e em constante mudança: seja pelos recursos técnicos aplicáveis, pelas mudanças introduzidas nas competências e nos conhecimento exigidos, seja pela execução das condições práticas).

A explosão de informações e conhecimentos aconteceu também no âmbito da convivência e da cultura em geral. A presença massiva da televisão e de outros meios de comunicação aproximou-nos do restante do mundo e dos acontecimentos e avanços nele produzidos. A supersaturação de informações e de estímulos exige uma grande capacidade de decodificação e integração por parte do público. Isso também leva à necessidade de uma formação contínua.

– *Novas fórmulas organizacionais das empresas e do mercado de trabalho em geral*

As condições assinaladas anteriormente provocaram o surgimento de novas estratégias empresariais e de novos estilos de organização do trabalho, e dois aspectos destacam-se muito nesse ponto. O primeiro diz respeito à progressiva flexibilidade nas estruturas e no papel das empresas que, para sobreviverem, abrem frentes diferenciadas que se complementam mutuamente (chegando, às vezes, a competir entre elas). Essa flexibilidade torna imprescindível a adaptação das pessoas e dos recursos empresariais.

Outro aspecto relevante é a subdivisão progressiva das unidades funcionais nas empresas. Em muitas ocasiões, essas unidades são terceirizadas (o que implica uma enorme subdivisão de redes de responsabilidade e de autogestão do trabalho). Os profissionais vêem-se cada vez mais obrigados a exercer um trabalho autônomo, com autogestão, no marco de sistemas mais amplos.

– *Novos recursos técnicos disponíveis*

O mercado oferece constantemente novidades técnicas em cada uma das áreas profissionais. Por melhor que tenha sido a formação inicial recebida pelo profissional, ela é sempre insuficiente para responder à altura às exigências de seu trabalho.

Dois aspectos, em especial, destacaram-se no cenário profissional espanhol nos últimos anos: o avanço constante das novas tecnologias da informação e a comunicação e a possibilidade de trabalhar em redes.

– *Novas sensibilidades e novos compromissos com os valores*

Mesmo que seja de forma discreta, não é desprezível em nenhuma visão sua progressiva introdução na dinâmica social e cultural de nossos dias, o que faz com que surjam novos problemas a serem resolvidos e/ou que se tenha diferentes pontos de vista em relação aos problemas já existentes. A preocupação com a saúde, com o meio ambiente, com a qualidade de vida, com a própria cultura e, ao mesmo tempo, com as culturas dos outros (o que exige conhecimento lingüístico que possibilite viajar ou ler), entre outros fatores, transformaram-se em um patrimônio cada vez mais amplo e apreciado em nossos dias.

Considerar todos esses aspectos implica não só reconhecer sua importância, como também utilizá-los como critério para as análises das ofertas e das práticas formativas realizadas nas universidades. Em que medida nossos planos de estudos são coerentes com essas idéias? Continuamos ancorados em uma definição já ultrapassada de formação, ou incorporamos, de fato, os novos enfoques?

Talvez não haja dúvida de que estamos diante de um novo cenário, cujas condições e exigências são muito diferentes das que existiam antes. A sociedade deixou de ser um nicho estável em posição de espectadora para se transformar em uma autêntica efervescência de mudanças e transformações constantes. Por isso, é apropriado chamá-la *sociedade da aprendizagem*. Porém, deve-se ter em mente que, quando falamos em aprendizagem, estamos longe de nos referirmos ao *conhecimento* padronizado tradicionalmente vinculado à academia e a seus textos e tópicos, o qual devemos assimilar com o intuito de superar os exames. Por esse motivo, a *formação contínua* tem sentido apenas se o próprio conceito de universidade e da missão formativa, que a ela atribuímos, for ampliado, o que será abordado a seguir.

POSIÇÃO DA UNIVERSIDADE NA "SOCIEDADE DO CONHECIMENTO"

A situação da universidade e dos centros de educação superior, em geral, é contraditória. Por um lado, constata-se, como afirma Bennet, uma integração plena das instituições de formação na dinâmica social e política, tendo em vista que elas estão presentes nos projetos sociais e econômicos como mais um elemento, o qual cresce em importância à medida que se avalia a contribuição do conhecimento para o desenvolvimento da sociedade. Apesar disso, também existe a impressão de que a universidade ficou à margem do processo da formação, em parte, como conseqüência de suas próprias contradições internas e de sua dificuldade em flexibilizar suas estruturas e seu estilo de atuação; de outra parte, como conseqüência de uma marginalização ativa do que é acadêmico por parte dos agentes sociais que preferem tomar em suas próprias mãos a formação e condicioná-la conforme suas expectativas e seus interesses setoriais.

A universidade do século XXI tem de ser pensada e tem de atuar – ao menos, essas são também as previsões e as propostas dos organismos internacionais – a partir de perspectivas muito diferentes e muito mais abertas às novas dinâmicas da globalização e da formação contínua.

Vários aspectos devem ser especialmente mencionados nessa *mudança* da formação acadêmica.

O estabelecimento de uma nova cultura universitária

O compromisso de uma formação contínua supõe a aplicação da atual idéia sobre o que é a formação universitária. Na maior parte das vezes, o conhecimento acadêmico era visto como "cultura para toda a vida", isto é, o que se aprendia na escola devia ser valioso o suficiente para que pudéssemos aproveitá-lo sempre (às vezes, era atribuída a ele demasiada importância, como se, na realidade, cada etapa do conhecimento fosse essencial para se sobreviver como profissional).

Algumas universidades enfrentaram sérios problemas para consolidar os programas de intercâmbio de estudantes, porque alguns professores não compreendiam como alguém poderia receber o diploma sem ter cursado sua disciplina: o que ensinavam era tão fundamental, que não podia ser substituído por nada. Os alunos que decidiam participar do intercâmbio e que, portanto, deviam cursar disciplinas equivalentes nas universidades de destino viam-se obrigados, no seu regresso, a fazer exames das disciplinas que deveriam ter cursado durante esse período.

A tendência a considerar os conhecimentos como algo *estável* (concepção *perenialista* do conhecimento, segundo Pellerey (1981, p.98-125)) e como algo *próprio da universidade* (não é possível adquirir conhecimento fora da universidade, ou, no mínimo, ele será insuficiente) são dois obstáculos que alteraram a incorporação da escola superior a um contexto mais amplo, no qual nem os conhecimentos são vistos como algo permanente (porque sua característica e sua condição básica são a flexibilidade e a mudança), nem são patrimônio da universidade (motivo pelo qual se fala em sociedade do conhecimento, porque o conhecimento está presente em múltiplas fontes e é desenvolvido por meio de múltiplos processos sociais).

Essa nova *cultura* deve assumir as novas circunstâncias que caracterizam a vida social de nossos dias e as condições sob as quais pessoas desenvolvem sua vida e seu trabalho (e o farão mais ainda no futuro). Os fatores antes mencionados definem esse marco de coordenadas sob o qual a escola haverá de renovar seu sentido e sua missão.

Se tivesse que destacar algum aspecto de importância relevante nesse sentido, acho que seria possível alicerçar essa nova cultura nos seguintes pontos:

– Assumir uma nova visão *do aluno e do processo de aprendizagem em seu conjunto*

A necessidade de conciliar o tradicional sentido homogeneizador dos cursos universitários com a possibilidade de estabelecer rotinas formativas em sintonia com as expectativas e com os interesses dos indivíduos (opção pela diversidade como um valor e não como um *déficit* ou uma dificuldade) faz parte dessa nova visão do aluno como verdadeiro protagonista e não como coadjuvante de sua formação.

Além disso, é preciso que se tenha um entendimento mais abrangente de aprendizagem, no qual ela é vista como parte de todas as nossas experiências (em vez de algo restrito aos conteúdos escolares ou acadêmicos) e como um processo contínuo (em vez de algo restrito ao período escolar ou universitário).

– Estabelecer *objetivos a médio e longo prazo*

A tarefa formativa não é concluída com a última avaliação. Isso quer dizer que sua efetividade real será medida pelo tipo de efeitos que a universidade é capaz de produzir a longo prazo: desejo por aprender, abertura de possibilidades que envolvam o sujeito em processos de busca constante por qualificação, capacitação com atitudes, técnicas e competências que o habilitem para continuar aprendendo por si mesmo, etc.

Todavia, na maior parte das vezes, a universidade não só é incapaz de atingir esses propósitos a longo prazo, como também acaba sendo um obstáculo para essa possibilidade. Por exemplo, a tendência a recorrer a recursos como livros-texto e apontamentos acaba consolidando um empobrecimento das referências de bibliografia. Muitos universitários carecem dessa formação e desse espírito inquieto que os leve a um constante questionamento e a constante busca por respostas em uma diversidade de fontes. No entanto, a possibilidade de prosseguir com a formação ao deixar a universidade estará ligada a essa capacidade.

– Manter uma *orientação baseada no desenvolvimento pessoal, e não na seleção*

Para muitos, a escola (como um todo) e a universidade (em maior medida) são mecanismos sociais cuja função é selecionar os melhores. Portanto, aqueles que não podem acompanhar o ritmo por elas estabelecido deverão buscar outros caminhos. Essa concepção de *escola-obstáculo* está muito enraizada na nossa visão de aprendizagem escolar e, principalmente, nos mecanismos de avaliação empregados.

A universidade não pode renunciar ao sentido seletivo. Essa é uma das funções sociais que deve cumprir, já que tem de atestar a competência profissional dos seus egressos. Espera-se que deva funcionar como filtro para impedir que sejam diplomadas pessoas que não estejam capacitadas para exercer uma profissão. Entretanto, isso não impede que sua missão fundamental continue sendo a formação e não a seleção. Assumimos um compromisso fundamental com as pessoas que desejam aprender e preparar-se profissionalmente e não apenas com a burocracia que regula as titulações e os acessos às profissões (os quais são submetidos, em geral, a outros tipos de controle diferentes dos propriamente universitários: oposições, sistemas de seleção, etc.).

Esta é uma questão complexa que se transformou em um dos problemas mais importantes. Tanto os professores como as instituições devem enfrentá-lo; porém, sobretudo os estudantes devem ter essa iniciativa, pois, no final das contas, são eles que sofrem as conseqüências de nossas decisões.

Essa atitude, na qual predomina a seleção, dá lugar aos típicos docentes que reprovam a maior parte de seus alunos ou que situam os níveis de rendimento mínimo em metas tão elevadas (e, de modo geral, totalmente arbitrárias: fazem-no assim, porque lhes parece que assim deve ser), que são inatingíveis, ao menos, no tempo destinado à disciplina.

Definir a aprendizagem e a formação como tarefa que se prolonga por toda a vida permite não dramatizar essa luta contra o tempo. Já não é preciso ensinar tudo o que se pode ensinar em cada disciplina. Por conseguinte, já não é preciso ensinar tudo no curto período de um curso ou dos poucos ou muitos créditos concedidos ao plano da disciplina. Nossa principal preocupação deve ser assentar as bases necessárias para que o aluno possa e queira continuar se aprofundando nesse âmbito científico quando deixe a universidade e comece a fazer parte do mundo profissional.

– Avaliar preferencialmente as *capacidades de alto nível*

Frente a uma educação superior cuja tendência foi, às vezes, se basear no poder da memória e na simples transmissão de conhecimentos e competências preestabelecidos, é fundamental reforçar o papel e a importância que adquirem outras capacidades mais complexas e, na verdade, mais necessárias às pessoas a fim de que se mantenham em um sistema aberto de aprendizagens: a capacidade de lidar com a informação e de resolver problemas, a criatividade, a capacidade de planejamento e avaliação de processo, etc.

– Atualizar e dinamizar os conteúdos do currículo *formativo*

Uma perspectiva aberta da aprendizagem implica um conjunto de ações sobre o currículo que as universidades estão oferecendo na atualidade. É claro que já aconteceram importantes mudanças nos últimos anos, mas ainda é mantida uma estrutura demasiado rígida e bastante auto-referencial: as aprendizagens continuam sendo notoriamente acadêmicas, ou seja, elas são mais valiosas para a própria academia do que para a vida.

Beernaert (1995, p.17-25), examinando algumas das idéias discutidas na já citada reunião de especialistas europeus ocorrida em Roma, em dezembro de 1994, centra essas medidas sobre o currículo formativo para adaptá-lo ao conceito de formação contínua em três linhas de ação: *atualização* permanente dos conteúdos e das estratégias de aprendizagem visando a incorporar tanto os novos conhecimentos como as novas preocupações sociais e as novas demandas do mercado de trabalho; maior *flexibilidade* do currículo que permita horários diferenciados em função das particulares circunstâncias e preferências dos alunos; estruturas curriculares que permitam *diferenciar conteúdos básicos,* os quais podem figurar como obrigatórios, e conteúdos opcionais, os quais dependem da iniciativa de cada estudante.

– Dinamizar o âmbito das *metodologias* empregadas

Junto às medidas vinculadas à estrutura do currículo e de seus conteúdos, caberia apontar, igualmente, outras condições relativas às *metodologias* empregadas. O sistema convencional de transmissão de informação por parte do professor, que parte dos estudos sobre livros-texto, é, hoje em dia, superado: novos meios e novos recursos técnicos cumprem melhor que os professores essa função transmissora; ao contrário disso, torna-se necessário um papel mais ativo dos professores como orientadores e facilitadores da aprendizagem. O acúmulo quase infinito de informações que os estudantes atuais recebem por dia nem sempre é bem assimilado e, por esse motivo, precisa dessa ação orientadora. Logo, o principal objetivo da formação é equipar os alunos com estratégias de integração das informações. De Rita (2000) afirma que:

> O problema da formação é capacitar uma faculdade para que ela "ordene" o politeísmo cultural. E isso não é uma questão de conteúdos informativos (que só acrescentaria novos politeísmos), mas uma questão de lógica. Formar é construir estruturas de regulação das informações (competência de *over-inclusion*).

Por outro lado, as atuais circunstâncias culturais, científicas e profissionais requerem do currículo escolar uma aposta clara para reforçar, no mínimo, os seguintes aspectos (Beernaert, 1995):

- Modelos *interdisciplinares* que ajudem a visualizar a projeção complementar das diversas disciplinas e, ao mesmo tempo, favoreçam o trabalho em equipe dos professores. Na vida profissional, não existem as disciplinas em seu formato acadêmico, e a maior parte dos problemas enfrentados apresenta perfis mistos em relação a sua natureza e à possibilidade de resolvê-los. Qualquer tentativa de continuar autonomamente a formação será acompanhada da capacidade e do hábito de refletir sobre os problemas e sobre o próprio conhecimento de uma maneira global.
- Sistemas *criativos* de ensino que incorporem da escola à *cultura da mudança*, baseados na descoberta que facilite a capacidade de adaptação a diversos contextos e problemas e o trabalho com autonomia na aprendizagem.
- Incorporação das *novas tecnologias* como recurso recorrente no desenvolvimento das aprendizagens (recursos para a aprendizagem e não só para o ensino, de modo que os estudantes se acostumem a utilizá-los em sua aprendizagem autônoma).
- Métodos de aprendizagem que conduzam ao *trabalho ativo e autônomo*. A capacidade para agir em um contexto de fontes múltiplas de informação, a atitude de busca constante e de comparação de

dados, a realização de todo o processo – do planejamento até a execução e avaliação das intervenções –, tudo isso faz parte das "grandes aprendizagens" que os estudantes adquirem fundamentalmente através do método que tenhamos utilizado na universidade.

– Propiciar *cenários contínuos* de formação

Uma das peculiaridades básicas da *sociedade do conhecimento* é que se abre a possibilidade de uma visão horizontal da formação. Vivemos em uma sociedade molecular e policêntrica, na qual se produz uma espécie de "efeito *Jakuzzi*" na disseminação do conhecimento: as competências profissionais, a cultura e as habilidades fundamentais para a vida são adquiridas em contextos muito diversos, sob uma grande policromia de orientações e agentes formativos. A incorporação das novas tecnologias da comunicação ao mundo da formação oferece múltiplas possibilidades de direcionamento das universidades para o seu entorno, incluindo universidades do mundo inteiro.

Esse novo cenário formativo possibilita a oferta de *redes interuniversitárias*, de modo que vínculos e relações estáveis entre diversas instituições do mesmo país e de países diferentes possam ser estabelecidas. O trabalho compartilhado, o intercâmbio de experiências, o estabelecimento de módulos curriculares homologáveis, a preparação de intercâmbios, entre outros fatores são caminhos que se abrem e que ainda estão, em sua maior parte, inexplorados.

Outro caminho que se abre para a ação formativa é a conquista de novas relações com o mundo fora da universidade de maneira que outros agentes sociais que até o momento estiveram alheios ao processo sejam nele envolvidos. As empresas, por exemplo, são de grande importância para o desenvolvimento de programas universitários. É difícil, hoje, conceber um programa de formação em que não participem como parceiras empresas do mesmo setor profissional para o qual os estudantes estão se preparando. Essa conexão entre teoria e prática é fundamental para o progresso em uma aprendizagem completa, que consolida as bases das aprendizagens que os sujeitos continuarão desenvolvendo ao longo da vida.

– Incorporação *ao currículo de atividades formativas extracurriculares*

Os currículos atuais foram incorporando, nos últimos anos, importantes aspectos da oferta formativa que desenvolveram: são iniciativas formativas que, embora não constituam partes fundamentais do planejamento curricular, proporcionam habilidades e competências muito importantes para a vida dos sujeitos. É preciso levar em consideração, mais uma vez, que a universidade não tem como missão apenas equipar os sujeitos para o mercado de trabalho, mas também prepará-los para desfrutar a cultura e o ócio a que, sem dúvida, poderão dedicar uma parte importante de sua vida.

Propostas de atividades, visando ao bem-estar e não apenas ao conteúdo acadêmico, relativas à dinâmica científica e social do momento, aos esportes, à música, ao teatro, à literatura, à arte, à natureza constituem aspectos de muita relevância. Além disso, foi ganhando forma a importância de oferecer aos jovens estudantes a oportunidade de realizar *"experiências fortes"*, isto é, atividades em que ele se envolva pessoalmente não apenas como alguém que aprende algo, mas como alguém que "vive" algo de modo a provocá-lo em todas as suas dimensões: intelectual, emocional, social, etc.

Esse tipo de *experiências* pode se apresentar de diversas formas; por exemplo, os intercâmbios com estudantes de outros países (o que os obriga a se adaptarem a culturas diferentes e a situações que são novas para eles). Tais atividades vêm, ademais, reforçar o que se denomina "dimensão européia" da formação universitária, à qual se atribuiu uma notável importância na constituição da identidade européia: atividades de natureza social, como participação em atividades de apoio social, de animação cultural em áreas de população marginalizada, de voluntariado, etc.; tutoria de colegas com dificuldades ou de estudantes mais jovens; encontro de jovens com cunho social, político ou cultural.

Enfim, estamos diante de um amplo leque de possibilidades de qualificação das universidades como instituições formativas, onde a formação já não é algo que acontece "entre paredes", estando limitada a um espaço e um tempo concretos. A posição e a missão da universidade no contexto da "sociedade da aprendizagem" (ou seja, de uma sociedade em que é preciso se manter sempre disposto ao aprendizado para poder preservar um certo nível de qualidade de vida) adquire uma orientação bem diferente: é uma universidade menos auto-suficiente, mais preocupada em consolidar as bases do conhecimento do que em desenvolvê-lo por completo, mais comprometida com o desenvolvimento das possibilidades reais de cada sujeito do que em levar até o fim um processo seletivo do qual só seguem adiante os mais capacitados ou os melhores adaptados.

NOTAS

1. Essa mudança de perspectiva é tão importante que a revista oficial da Unesco para o ensino superior acaba de lhe dedicar um número monográfico a fim de analisar as diversas conseqüências que esta nova orientação projeta sobre o sentido e a função formadora da universidade. Veja-se *Higher Education in Europe*, vol. XXIII, n. 3, 1998.

2. Esse fenômeno ainda não chama tanta atenção na Espanha como em outros países: frente a taxas de alunos entre 25 e 29 anos elevadas como no caso da Alemanha (11, 8%), Dinamarca (12, 1%), EUA (11, 1%) ou Finlândia (13, 6%), a taxa espanhola situa-se em 6, 2%. Vejam-se dados pormenorizados no Informe Universidade 2000 (Bricall, 2000), p.30.

3. Existe uma organização gêmea em nível mundial: a WILL (World Iniciative on Lifelong Learning). Ambas as iniciativas têm, em seus respectivos âmbitos de competência, a missão de promover os princípios e conceitos derivados dos novos enfoques em formação contínua.

4. A definição original foi a seguinte: *Lifelong Learning* is the development of human potential through a continuously supportive process which stimulates and empowers individuals to acquire all the knowledge, values, skills and understandings they will require throughout their lifetimes and to apply them with confidence, creativity and enjoyment in all roles, circumstances and environments.

2 Estruturas organizacionais das instituições universitárias

O terceiro aspecto a ser considerado nesta revisão das características da universidade como ambiente formativo está relacionado à *organização*. As peculiaridades da estrutura e da dinâmica institucional da universidade influenciam bastante suas atividades e surgem como um inevitável *marco de suas condições*. De qualquer maneira, a estrutura organizacional de uma instituição não só é e serve como *contexto* (isto é, como característica geral que define o marco em que os processos e as atividades institucionais ocorrem e do qual temos necessariamente que contemplá-los), mas também como *texto* (isto é, como objeto de estudo e de intervenção). Ninguém pode entender com clareza o que ocorre nas universidades e, menos ainda, pode pretender fazer propostas válidas para seu aprimoramento sem considerar como estão organizadas e como funcionam.

A evolução das instituições universitárias na última metade do século XX foi muito grande. Como já foi dito anteriormente, seja seu significado social, sua estrutura e dinâmica internas; seja suas relações com os outros agentes sociais e econômicos: todos esses aspectos sofreram profundas modificações. Parte da chamada "crise" das universidades deriva, na realidade, dessas modificações, algumas delas ainda não-consolidadas e outras a ponto de serem regulamentadas por nova legislação.

É necessário ressaltar que essas modificações e o tipo de dinâmicas organizacionais que elas ocasionaram são parte de um fenômeno com fortes características locais. Mesmo que sejam encontrados traços comuns nos processos de mudança seguidos pelas universidades, o certo é que eles foram concretizados sob orientações e ritmos muito distintos em diferentes países. As diferenças são evidentes entre instituições universitárias espanholas e latino-americanas, mas são igualmente evidentes quando comparamos o que aconteceu em cada país. Por isso, algumas das considerações aqui mencionadas talvez tenham uma acepção diferente nos diversos contextos nacionais.

Uma análise profunda da dimensão organizacional das universidades leva-nos a considerar alguns aspectos que caracterizam esse *marco de condições* que a universidade, como organização, impõe à formação nela desenvolvida: o estrutural e o dinâmico nas instituições universitárias; o processo de democratização na distribuição do poder; a "autonomia" como eixo crucial do desenvolvimento institucional; a abertura para o mundo exterior; a estrutura interna e o papel das unidades intermediárias; as universidades como organizações que aprendem; o papel da liderança institucional e o senso de comunidade: colegiado e identidade institucional.

AS ORGANIZAÇÕES EM GERAL: INSTITUIÇÃO, ORGANIZAÇÃO E ORGANOGRAMA

Veremos nesta primeira seção algumas características gerais das organizações, que, como tais, são aplicáveis também às universidades. Elas nos servirão como ponto de partida para elucidar aspectos característicos da dinâmica institucional das universidades.

Para iniciar a reflexão sobre este aspecto, partiremos dos seguintes princípios gerais da organização que, em nosso caso, aplicamos às universidades:

- Qualquer universidade, como organização, é um *sistema aberto* que se encontra em um processo permanente de interação com o meio contíguo, e o nível de abertura pode variar. Uma das características tradicionais das universidades era a de serem entidades muito fechadas (com seus ritos, com sua própria cultura, com certas fronteiras bem demarcadas entre o "interior" e o "exterior", entre "ser membro" e "não ser membro"). As modificações nesse sentido foram muito importantes: maior abertura à cultura do meio contíguo e a suas demandas, orientação para o mercado de trabalho, maior dependência dos recursos provenientes das forças produtivas, etc.

- Os membros ou os componentes desta organização desenvolvem uma rede de relações entre eles mesmos e entre a universidade como um todo: sua projeção, seus objetivos, a realização de tarefas, a obtenção de produtos, etc. Tais relações não dependem do fato de pertencer à organização, mas de todo um conjunto de fatores pessoais e sociais que atuam individual e coletivamente.

Uma das características básicas desse modelo é como são definidas, reguladas e produzidas as relações entre indivíduos e organização. De certa maneira, isso mostra um dos sinais de identidade das organizações. Na universidade, esse tipo de relação é um dos traços mais distintivos e, por isso, um dos que mais fortemente se viu atingido pelas mudanças na sua cultura institucional. A tendência ao *individualismo* (sacralizado pela liberdade de cátedra), a incorporação da filosofia da *democracia*, a nova *ética da praticidade* (a busca de estratégias mais eficazes para o desenvolvimento pessoal), os novos modos de *colegialidade*, as novas formas de relação interpessoal (entre professores; entre alunos; entre professores e alunos), os novos processos de criação de *"filias"* e *fobias* entre indivíduos e grupos oriundos da disseminação dos órgãos de poder e de tomada de decisões (a importância das eleições e das oposições na configuração de grupos), entre outros fatores constituem interessantes fontes de influência sobre o desenvolvimento da docência universitária.

– Os membros da organização são reconhecidos como "agentes", isto é, como detentores de um certo nível de autonomia dentro da organização, como "geradores" de organização (no mínimo, informal) e, por fim, como "atores".

Na verdade, em nenhum outro contexto institucional, os indivíduos têm um papel tão relevante como na universidade. Essa é uma das fontes de poder e, ao mesmo tempo, de fraqueza das atuais instituições. Nós, indivíduos, constituímos o principal patrimônio das universidades, tendo em vista que o que elas são e o que podem oferecer à sociedade depende de cada um de nós – de nossa capacidade intelectual, de nossa criatividade e aptidão para pesquisa, de nossas produções científicas ou artísticas, etc. No entanto, de modo simultâneo, essa orientação extremamente individualista que tendemos a seguir limita a possibilidade de um desenvolvimento global e sinérgico: é difícil pôr em prática estratégias coletivas ou fazer ofertas mais adaptadas às demandas da sociedade.

Tomadas as organizações universitárias como realidades sociais e dinâmicas, torna-se ultrapassado o estilo de análise formal das instituições: descrever os componentes da estrutura ou o organograma e especificar quais são as funções teóricas dos seus diversos setores, sejam eles individuais, sejam eles coletivos, entre outros.

Essa proposição é insuficiente e, com freqüência, equivocada para expressar a realidade plural e dinâmica das instituições e dos indivíduos e grupos que as compõem. Conhecer o marco legal de uma instituição, sua estrutura material e formal é, de fato, conhecê-la pouco, e deter-se apenas nisso supõe desconhecer o que realmente ela é e como funciona: o que a instituição tem de instituído e de constituinte, de tensões e de acordos, os modelos de distribuição de poder e de relações entre pessoas e funções. Isso, na verdade, é o que constitui a "cultura" de cada instituição, sua natureza como sistema específico.

É preciso situar o estudo da universidade nesse espaço epistemológico como um subsistema social, como um organismo social vivo que ultrapassa qualquer tipo de representação formal devido à sua dinâmica interna, a qual se nutre de um jogo de interações e influências e não dos rótulos formais que correspondam a cada componente do sistema. O aspecto humano e funcional e o aspecto organizativo das instituições devem ser postos em primeiro plano, e não a estrutura formal e a imagem da instituição (embora não caiba desconsiderar essa dimensão administrativa, na medida em que constitui a parte legal e regulamentadora do funcionamento da instituição e atua, desse modo, como a estrutura de condições que definirá as possibilidades de desenvolvimento das atividades). A dinâmica organizativa surge do conjunto de pessoas que vão estabelecendo alguns modelos de funcionamento, os quais têm como fundamento a estrutura formal da instituição. Entretanto, eles a ultrapassam nutrindo-se do jogo relacional que ocorre seja interna (configuração de alianças) como externamente, sobretudo em relação àquelas estruturas ou superestruturas das quais a instituição é subsidiária.

> As organizações apresentam, no transcorrer de sua história, certas características estruturais e funcionais específicas, determinadas pela existência de objetivos (explícitos ou implícitos), de um organograma (formal e oculto), assim como pela natureza de um "produto" que qualifica cada organização particular. Qualquer organização está igualmente definida pela qualidade e pela quantidade de recursos de que dispõe, pelo fluxo de informações racionais e meta-racionais (como crenças, tradições, mitos, ideologias, etc.), pela rede de regras e meta-regras, assim como pela distribuição de ofertas... A organização (privada ou pública) é, além disso, caracterizada pela presença de jogos relacionais específicos que evoluem e mudam no tempo junto à

evolução das situações externas e internas. Em poucas ocasiões, esses jogos comportam momentos conflitantes, tensões, excisões e luta de facções, com a constituição de alianças abertas e de coalizações entre grupos ou entre pessoas. (Anolli, L., 1981, p. 174)

Nas instituições universitárias, há, de modo evidente, duas dimensões de referenciais constitutivos:

- O componente formal, estrutural e, de certa maneira, prescritivo (que surgiu devido a uma exigência externa legal ou estatutária) da organização que poderíamos denominar *organograma* (na verdade, é freqüente ele vir formatado em termos gráficos, apontando o vértice e a divisão hierárquica das diversas instâncias ou dos diversos níveis), caracterizado por atribuir, ao menos na teoria, uma determinada posição e capacidade de atividades (espaço de competência) a cada uma dessas instâncias;

- o componente dinâmico, vivo, real, histórico, o qual é caracterizado pelos "jogos relacionais" e o qual teríamos de entender tanto em termos de relação pessoal como em termos de distribuição do poder; tanto em termos de dinâmica interna como de dinâmica externa. Nessa dinâmica, devem ser separados os componentes explícitos do jogo relacional dos componentes ou das dimensões implícitas desse jogo. Demarcar essa diferença exige um grande esforço de análise de indicadores e indícios contextuais; por conseguinte, também de alguns modelos metodológicos capazes de percebê-los e decifrá-los.

Assim como qualquer acontecimento, as instituições de educação superior fazem parte da história da sociedade (da qual são inevitavelmente subsidiárias) e têm, por sua vez, sua própria história. Nesse sentido, podem apresentar maior ou menor nível de consolidação de suas estruturas em função desse patrimônio histórico e de seu efeito na formalização do organograma e das redes relacionais.

A dialética homeostase-mudança em cada organização dependerá desse enfraquecimento das estruturas: um conselho de administração de uma multinacional certamente terá consolidado com maior transparência o marco de competências e relações do que um conselho de departamento universitário o faria. Essas instituições têm uma distinta cultura organizacional: modos legítimos de planejamento e atuação, expectativas em relação à ação dos outros e aos modos de relação aceitáveis, modos de ter acesso ao poder e lidar com ele, relações de influência, relações com o exterior, defesa de imagem, etc. De qualquer forma, no que tange aos acontecimentos sociais, em ambos os casos, há "unidades vivas" que exigem um meio de aproximação epistemológica diferente do que se imagina em relação ao estudo de uma estrutura geológica. Independentemente das qualidades funcionais que caracterizem cada instituição e da sua formalização ou do seu dinamismo, sempre existem grupos que agem em contextos específicos e que, sendo assim, formam um universo complexo de variáveis que se organizam em diversos níveis (explícitos e implícitos, formais e dinâmicos) e que evoluem e adquirem variadas configurações devido às interações internas e externas.

Os componentes materiais das organizações são também um elemento importante, pois definem as condições de funcionamento da organização e afetam tanto o resultado a ser obtido como os recursos disponíveis e o contexto em que operam.

Se isso for verdadeiro, o fato de nos limitarmos a uma mera comprovação e análise de dimensão externa dessas condições resultaria em uma caracterização superficial e insuficiente da universidade; conhecê-la implica um nível de profundidade muito superior à mera comprovação de recursos. Isso requer, em relação às condições objetivas, a análise não apenas do que possuem em termos de recursos ou condições materiais, como também do que possuem em termos de objetos transacionais (ou seja, elementos definidores de funções, competências e *status*, e, por isso, orientadores de modos específicos de relação na instituição) e de unidades sistêmicas (função que cumprem e o modo como a cumprem na instituição ou na organização dela como sistemas formativos).

O progresso de uma organização, como não poderia deixar de ser, não ocorre no vazio. Ela está vinculada ao desenvolvimento do ambiente de que faz parte, com o qual interage e pelo qual se vê condicionada, o que remete tanto aos "macroelementos" do ambiente (orientação política, nível socioeconômico, capacidade cultural, etc.) como aos "microelementos" (envolvimento dos agentes locais, características da rede produtiva local, implementação de rede de relações interinstitucionais, etc.).

A universidade é um sistema aberto. No caso específico de instituições, organizações ou contextos de aprendizagem, não é possível nem conhecê-los nem intervir sobre eles como se fossem realidades fechadas, auto-suficientes e autogerativas. Ao contrário disso, são espaços sociais cuja dinâmica interna já vem definida (modelos sociológicos mais específicos diriam que vem predeterminada) pela dinâmica social da qual é reflexo. Morin (1981, p.204) sublinhou esse aspecto com notável ênfase:

> O ambiente não é apenas uma realidade também presente: é também organizador. A abertura ecológica não é só uma janela sobre o ambiente: a orga-

nização, como sistema aberto, não se encaixa no ambiente como uma simples parte de um todo. A organização, como elemento ativo, e o ambiente, mesmo quando sejam diferentes um do outro, fazem parte um do outro, cada um à sua maneira, e suas indissociáveis interações e relações recíprocas são complementares, concorrentes e antagonistas. O ambiente, ao mesmo tempo, nutre e ameaça, faz existir e destrói. Todavia, a organização também o transforma, o contamina, o enriquece.

O organograma de uma instituição ou organização representa dois aspectos comuns: a existência de uma estrutura e o fato de que a estrutura é hierárquica (ambas, por sua vez, são características dos sistemas, como afirmou Bertalanfy (1976)). As instituições têm uma estrutura hierárquica cujo grau de formalização dependerá de suas características e do processo evolutivo seguido; na maior parte da vezes, quanto mais se consolida uma instituição ou um grupo, mais se vai concretizando sua estrutura interna. A formalização da estrutura interna ou

> o organograma "segmenta a organização em vários níveis, pré-define funções e relações nos diversos níveis, prescreve regras em relação às interações entre a organização e o ambiente externo. (...) Restringe o grau de independência que os membros têm tanto no momento de programar sua atividade como no momento de definir suas relações recíprocas". (Ugazio, 1981, p.192-204)

Em resumo, uma visão taylorística, a qual conceberia a universidade como uma engrenagem movida por uma nacionalidade linear – de conteúdos explícitos –, é insuficiente e, por conseguinte, incorreta. No entanto, a maioria dos informes ou dos documentos que nos são oferecidos são assim. Há muita informação disponível sobre a estrutura das instituições universitárias, sobre as instâncias que desenham seu organograma e as competências que cada uma delas assume, sobre as características formais de seu funcionamento, etc. Tudo isso faz parte da organização; porém, é insuficiente para explicar por que certas estruturas tão similares às universidades são tão diferentes. A estrutura é apenas o suporte formal e administrativo de todo um conjunto de dinâmicas relacionais e funcionais que, de fato, caracterizam o que é uma universidade.

Portanto, é muito mais correto e eficaz em termos disciplinares uma visão mais dinâmica e "humana" das instituições universitárias, na qual elas são concebidas, conforme Crozier e Friedberg (1978), como "universos conflitantes, e seu funcionamento como o resultado do encontro entre racionalidades contingentes, múltiplas e divergentes de indivíduos relativamente livres que utilizam as fontes de poder à sua disposição" (p.62). As universidades são sistemas muito particulares e característicos, e algumas dessas características serão destacadas a seguir.

DEMOCRACIA E AUTONOMIA:
GRANDES ASPIRAÇÕES INSTITUCIONAIS

Por serem grandes aspirações, democracia e autonomia constituem dois aspectos constantes do pensamento e da cultura organizacional das universidades. Porém, como apresentam uma difícil delimitação prática, a forma como foram entendidas e colocadas em ação (pela própria universidade e pelos poderes políticos) sofreu impactos positivos e negativos devido às políticas universitárias particulares que foram sendo implementandas. Os avanços e os retrocessos foram acontecendo em um ritmo regular e em uma espécie de movimento pendular.

Em ambos os casos, autonomia e participação democrática tiveram como efeito imediato a incorporação do mundo universitário à dialética social e política do momento histórico em que nos encontramos. O posicionamento ideológico e os postulados políticos vinculados às possíveis interpretações desses dois princípios introduziram na universidade uma nova definição da vida institucional, dos sistemas de divisão do poder e, de modo indireto, das formas de relação. Isso quer dizer que afinidades profissionais ou científicas que constituíam os componentes básicos da relação interna da universidade sofreram um desequilíbrio e estão sujeitas a crises por causa das novas alianças ideológicas ou políticas.

DEMOCRACIA E ESTRUTURAS
DE PARTICIPAÇÃO NA UNIVERSIDADE

O que transforma a universidade (ao menos, as universidades públicas) em um sistema absolutamente atípico no âmbito das organizações é o alto nível de democracia de que se impregnou, nos últimos anos, sua gestão e sua dinâmica interna.

Esta afirmação talvez seja excessivamente triunfalista; muitos estudantes discutirão sua veracidade e defenderão que (e assim costumam se manifestar os mais exaltados) tal democracia é fictícia e imperfeita, porque não existe uma distribuição igualitária do poder entre os diversos setores da comunidade universitária.

Apesar deste posicionamento dos estudantes, é fácil constatar como nenhuma outra instituição social introduziu em suas dinâmicas de funcionamento estruturas de participação tão democráticas como o fez a universitária, já que todos os setores da comunidade universitária (e alguns setores externos) fazem parte de sua administração. Embora haja uma escala hierárquica do organograma, os seus componentes fundamentais são formados por órgãos colegiados, e grande parte das decisões adotadas recebem a sua aprovação. Então, os setores da universidade, sejam eles quais forem, participam da escolha de todas as instâncias unipessoais significativas, o que faz a universidade manter um alto grau de democracia, ao menos, de democracia formal.

Este processo teve um avanço tão longo, que algumas vozes começaram a se elevar, cada vez com mais potência e mais representatividade (como exemplo disso, o recente Informe Bricall sobre *Universidad 2000*), as quais fazem sérios reparos aos atuais sistemas de administração universitária por sua complexidade e pela dificuldade imposta quando se promove processos de melhora. Como se multiplicaram os órgãos de tomada de decisões e como essas decisões estão submetidas aos interesses individuais de apoio e rejeição dos grupos organizados, qualquer escolha implica inacabáveis discussões e esgotantes processos de busca de consenso ou acordo majoritário. As decisões acabam sendo enfraquecidas, e qualquer tipo de mudança torna-se praticamente impossível, sobretudo se afetar os interesses de algum dos grupos com capacidade de influência.

Ademais, certamente não são poucas as vozes que se levantaram contra esse Informe (o qual foi rotulado como tentativa de *golpe de estado* por parte dos reitores e dos administradores das universidades), reivindicando a *participação democrática* na gestão como uma das maiores conquistas alcançadas pela atual universidade. Qualquer perda nesse âmbito seria avaliada como um claro retrocesso na vida universitária e como mais uma fase na perda de identidade das universidades, dando espaço a proposições neoliberais e gerencialistas.

Em relação à docência, esse aspecto da *democracia* surge como um dos elementos que marcam o contexto de condições em que as atividades formativas são realizadas. Em algum sentido, na docência, prioriza-se mais a anarquia do que a democracia. Como o exercício da docência ficou relegado, em grande parte, à esfera individual e restritiva (ou seja, cada um pode fazer o que melhor lhe convém), ele foi muito pouco influenciado pela dinâmica democrática. Em contrapartida, em outros aspectos básicos da docência – a configuração dos *planos de estudo*; o estabelecimento de um *plano formativo*; as estratégias de *coordenação*; a definição e a prática de *inovações* e *planos de qualificação*; as políticas de *avaliação de estudantes, programas, professores*; os mecanismos para a *revisão de exames*; os procedimentos para a *resolução de conflitos*, entre outros – a democracia atingiu grande influência, a qual, em certos casos, foi muito positiva; entretanto, em outros, ao menos em minha opinião, foi notavelmente negativa.

Um caso escandaloso de ineficácia democrática ocorreu em relação à configuração dos novos planos de estudos. Como, ao final, o que vale são os votos, e eles se transformaram em mera expressão de interesses pessoais, as possibilidades de mudança foram claramente anuladas. Em troca, a democracia rendeu benefícios notáveis em tudo o que se refere à *resolução de conflitos*, à *avaliação de professores e de programas*, etc. A presença de estudantes nesses foros permitiu um olhar sob outras perspectivas e a busca de soluções com menor interferência dos professores.

Autonomia e *identidade* institucional

A *autonomia* constituiu-se uma peça essencial da identidade universitária, mas não se trata de uma autonomia concedida pelo poder político (como aconteceu com outras organizações sociais, escolas, instituições de saúde, algumas instituições culturais, etc.), e sim de uma autonomia reconhecida. Desde que a universidade existe, os acadêmicos se negaram a renunciar, com veemência, a alguns patrimônios institucionais, como o autogerenciamento e a capacidade de tomar decisões.

Hoje em dia, a autonomia parece consubstancial à natureza e *status* social das instituições universitárias, mas seu conteúdo e seu sentido foram bastante alterados pela evolução dos diversos contextos em que a universidade se insere: o político, o social, o econômico e o propriamente institucional.

Sob o ponto de vista *político*, fica evidente que, apesar de constantes declarações formais reiterarem o escrupuloso respeito em relação à universidade, ela foi perdendo, pouco a pouco, sua autonomia. Os poderes políticos definiram seu funcionamento (em alguns aspectos, com grande cuidado aos detalhes), estabeleceram parâmetros comuns ao conteúdo de seus programas, aos critérios de contratação de professores e de fixação de quadros e assim por diante. Por outro lado, as universidades transformaram-se em "objetos de transação política": os partidos expõem suas concepções em termos de universidade e utilizam-na como arma contra seus competidores políticos (criar novas universidades ou ampliar as já existentes são promessas que dão respaldo político, e os partidos não perdem a oportunidade de fazê-las).

As mudanças profundas ocorridas na sociedade levaram também a modificações importantes na relação entre a universidade e seus principais interlocutores sociais. Em primeiro lugar, ela se transformou em um patrimônio cultural valioso. As cidades disputam o privilégio de ter uma universidade, e os diferentes grupos sociais vêem nela um sinal de prestígio (porém não qualquer universidade e qualquer tipo de curso, mas os que têm a melhor "marca social"). Os estudantes e suas famílias procuram a universidade não como quem se beneficia de uma oferta já decidida, mas como quem reivindica e propõe cursos e condições de freqüência. Assim, a universidade tem limitada capacidade de decisão e deve negociar sua oferta formativa e os meios pelos quais pretende implementá-la.

A presença dos *poderes econômicos* no âmbito universitário é cada vez mais evidente. Da tradicional oposição entre poderes econômicos e poderes culturais e científicos (estando os críticos associados aos primeiros), chegou-se a uma virtual integração entre eles (embora o equilíbrio seja instável, e cuja parte mais fraca é, sem dúvida, a universidade). A Lei de Reforma Universitária instituiu na Espanha o Conselho Social como órgão que rege as normas e as verbas das universidades, dando espaço às forças sociais e econômicas regionais (costuma ser presidido por um conhecido empresário ou representante das forças econômicas locais). Todavia, a influência maior do poder econômico sobre a universidade consolidou-se através do *financiamento*. Tendo em vista que o financiamento por parte dos governos foi reduzido aos poucos, as universidades viram-se obrigadas a buscá-lo em novas fontes. Obviamente, para se obter recursos financeiros, é preciso ir onde o dinheiro está, isto é, nas grandes empresas, nas entidades financeiras, nas fundações, etc. Ademais, a forma de conseguir fundos não poderia ser outra: convênios de cooperação que comprometem, em um processo de compensações mútuas, as entidades envolvidas: a universidade pesquisa ou transfere conhecimentos ou tecnologias às empresas, e elas oferecem novos financiamentos para subvencionar os seus gastos. A universidade reorienta seu sentido e incorpora-se a uma visão mais pragmática da formação e da pesquisa: o interesse é formar para o exercício da profissão e pesquisar assuntos mais rentáveis e melhor aceitos no mercado, e isso teve um grande impacto sobre a sua missão formativa.

A própria dinâmica institucional produziu mudanças importantes na autonomia e na identidade das instituições. O processo de globalização afetou também a capacidade de subsistência das instituições, principalmente no caso das instituições de pequeno porte. Por isso, aconteceram importantes associações ou fusões que tornam mais *visível* e *competitiva* a oferta formativa. Além disso, foram estabelecidos convênios interinstitucionais (universidades e empresas) a fim de realizar programas em empresas. Por outro lado, os processos de convergência internacional (européia, do mercosul, dos países andinos, etc.), no que tange à homologação de títulos, fizeram com que as universidades renunciassem, cada vez mais, às práticas tradicionais e buscassem meios de aproximação para se chegar a parâmetros comuns.

Enfim, assim como ocorre em todas as etapas da vida, a autonomia – ou a capacidade que cada instituição tem de decidir o que é melhor para si mesma – está dando lugar ao compromisso coletivo que cada instituição assume com o objetivo de uniformizar as decisões adotadas em etapas superiores às características e às condições próprias dos sujeitos a quem atende. As universidades passaram do poder máximo de decisão (conforme critérios próprios e independentes) aos níveis intermediários (as decisões não são mais independentes: devem estar em sintonia com as adotadas em outras instituições).

Desse modo, a democratização e a autonomia constituem elementos essenciais para o entendimento do que são as universidades, como funcionam e no que se diferenciam de outro tipo de organização. Por isso, não se adaptam à dinâmica universitária os processos pensados para outro tipo de organizações. Isso aconteceu, por exemplo, com os planos estratégicos, com os estilos de liderança, com os sistemas de qualidade total, com a prestação de contas, entre outros. Filosofias ou tecnologias de gestão que puderam dar bons resultados em contextos institucionais menos democráticos ou mais dependentes fracassam ou reduzem sua eficácia na universidade.

Em qualquer caso, democracia (participação) e autonomia (identidade) constituem elementos-chave do patrimônio institucional das universidades; no entanto, estão tão sujeitos a influências e pressões de todo tipo, que sua contribuição para o funcionamento equilibrado das instituições universitárias não é tão positivo quanto poderia se supor. Do modo como se apresentam atualmente, estas são *qualidades* muito vulneráveis e não-isentas de contradições que acabam afetando o funcionamento global da instituição:

- Em sua relação com o mundo exterior, a autonomia foi se deteriorando progressivamente. Reforçou-se, ao contrário, o substrato de *dependência* que a universidade mantém com os poderes políticos e econômicos. A busca por financiamento acabou com sua autonomia (ao menos, em relação às questões-chave). Porém, a autonomia também vem condicionada pelos efeitos da globalização no momento de estabelecer os cursos, de organizar os professores ou de definir um plano de desenvolvimento institucional.

Somado a isso, ocorreu, em ambos os casos, autonomia e participação, uma clara revalorização do *singular e individual*. A disseminação da autonomia da universidade como instituição global para cada um de seus componentes (institutos, departamentos, grupos, etc.) faz com que os processos de tomada de decisões se diluam em uma extensa rede de núcleos de decisão, cada um dos quais, em geral, tende a atuar em função da perspectiva limitada de seus membros (e de seus respectivos interesses) e de sua capacidade de pressão no contexto universitário. Nesse sentido, também os indivíduos e os grupos adquirem uma nova relevância (referentes aos votos a conseguir, aos interesses a levar em consideração, a identidades a reconhecer).

A UNIVERSIDADE COMO SEDE DE UMA CULTURA ORGANIZACIONAL ESPECÍFICA

Este não é o momento para analisar de maneira detalhada o conceito de *cultura institucional* e sua aplicação às organizações formativas. Quase todos os manuais de organização escolar dedicam algum capítulo ao estudo desse tema.[1] Eu mesmo tive oportunidade de refletir sobre ele com outro colega em um trabalho anterior (Álvarez Nuñez e Zabalza Beraza, 1989, p. 169-238).

Aproximar-se da análise das universidades sob uma perspectiva cultural significa fazer uma aposta em ultrapassar o que constitui sua dimensão visível e administrativa. Detentoras de uma *cultura institucional* específica (que as diferencia de outras organizações) e símbolo e reflexo de uma determinada concepção da *cultura*, as universidades transformaram-se em um fenômeno social que é, ao mesmo tempo, complexo e dinâmico.

A primeira característica do conceito de cultura é sua semântica "inclusiva": ela se refere a muitas dimensões das organizações. Aspectos como as *normas* e os *valores*, as *crenças* e os *preconceitos*, as *formas de relação* e as *situações de conflito*, os *enfoques sobre conteúdos e metodologias de ensino*, as *modalidades de distribuição do poder*, etc. constituem dimensões da cultura institucional. Isso quer dizer que todos aqueles componentes racionais e irracionais, visíveis e invisíveis, coletivos e individuais caracterizam as organizações, as quais estão situadas em tempo e espaço determinados (dimensão social e histórica) e as quais são específicas e distintas (o *ethos organizacional*).

As universidades são *cultura* na medida em que fazem parte de um contexto social e cultural e encarnam suas aspirações, seus recursos, seus estilos de vida e de pensamento, suas contradições, etc. Apesar de sua peculiar idiossincrasia e de sua tendência a manter algumas fronteiras nítidas entre o "interior" e o "exterior", a história das universidades é a mesma dos povos a que pertencem. Ainda hoje, embora estejamos falando sobre universidades em geral, é evidente que isso não é mais do que uma simplificação abusiva da grande diversidade e heterogeneidade das instituições de educação superior. Uma consideração mais genérica levaria-nos a considerá-las em separado e em relação aos países a que pertencem, cujas características elas assimilaram. A forma de conceber a educação superior, as condições e os estilos de trabalho, os processos de seleção de conteúdos, os modos de relação interpessoais, etc. não são os mesmos entre diferentes países, e as universidades refletem isso.

As universidades *têm* uma cultura específica, uma cultura que lhes é própria em termos de categoria institucional e de instituições independentes (cada uma delas gerando uma identidade cultural própria). Por isso, é muito interessante a análise das universidades pelo viés da *cultura organizacional*.

A universidade, por ser um sistema aberto, não pode, sob hipótese alguma, resistir às influências do meio circundante nem deixar de ser um reflexo (modificado pela origem de autogestão institucional que ainda conserva) das concepções e dinâmicas que caracterizam esse meio.

Entretanto, o cerne da discussão será outra acepção da cultura institucional: a *cultura* como característica e qualidade diferencial das instituições. Há três aspectos muito interessantes das universidades que podemos analisar por meio do conceito de *cultura organizacional*: a) o conjunto de concepções e símbolos que caracterizam o *modo específico de atuação* de cada universidade e que acabam configurando uma *identidade* própria e distinta; b) os jogos relacionais que ocorrem em seu espaço interior e que geram *conflitos* e, simultaneamente, *mudanças* institucionais e c) as idéias, os recursos e as práticas que, além de se consolidarem em cada universidade, são tidos como *modelos de atuação apropriados*, isto é, servem como referência aos processos de qualificação e desenvolvimento institucional.

Essas três visões ajudam na melhor compreensão das peculiaridades do cenário universitário como centro e como sistema únicos.

Cultura e identidade das universidades

A cultura das organizações está relacionada com sua própria identidade diferencial: o modo de ser e atuar de um grupo de indivíduos é o que os diferencia uns de outros. Como dizia Erickson (1987, p.11-24):

> Usualmente os antropólogos colocaram a cultura como o sistema do ordinário, dos significados e dos símbolos que se dão por sentados e que contêm aquilo que, consciente ou inconscientemente, se aprendeu e é compartilhado pelos membros de um grupo social bem delimitado.

Não é fácil de perceber essa identificação dos hábitos das instituições universitárias, mas é muito interessante ter conhecimento deles na medida em que isso nos ajuda não só a ver o que se costuma fazer, como também a entender o significado do que acontece.

O que acontece nas instituições universitárias? Com que expectativas os estudantes chegam até elas e que tipo de respostas obtêm? Simplesmente é prestado um serviço a eles, ou eles são integrados em uma comunidade?

Goodlad (1995, p. 82), fazendo eco da tradicional diferença inglesa entre universidades e *colleges*, apresenta uma interessante distinção entre dois tipos de culturas universitárias que definem bem esse ponto: a "cultura de aeroporto" e a "cultura monástica". Na primeira, a universidade é concebida como uma organização de serviços múltiplos: ensino, restaurantes, diversões, etc. Em alguns casos, há inclusive centros comerciais. Na segunda, o sentido de identidade e de comunidade é muito mais forte e, por isso, são demarcados com clareza os limites entre o estar "dentro" ou estar "fora", dotando de um simbolismo e de um valor especial o fato de ser membro da organização. No Quadro, ambas as culturas universitárias são comparadas:

Cultura de "aeroporto"	Cultura "monástica"
1. Lugar de trânsito: os estudantes devem se matricular anualmente, e não existem ritos significativos de ingresso na universidade.	1. A qualidade de membro é permanente: uma vez matriculados, os estudantes serão sempre parte da instituição. Os falecimentos são comunicados no boletim do *college*. De tempos em tempos, ex-alunos são convidados para reuniões.

Cultura de "aeroporto"	Cultura "monástica"
2. A relação é funcional: os estudantes são admitidos se o pagamento estiver em dia.	2. A relação acontece em função do próprio mérito. Os alunos são admitidos por reunirem certas características (familiares, intelectuais, entre outras).
3. A instituição não está interessada na vida pessoal ou social de seus membros. As relações entre os professores e os estudantes são formais e distantes.	3. Há um interesse paternalista da instituição por seus membros: os alunos são convidados a jantar com seus professores; não é permitida a entrada de indivíduos do outro sexo a partir de determinadas horas; exige-se permissão para o estudante ausentar-se da universidade.
4. Não existem normas disciplinares específicas, somente as que a lei determina. Qualquer tentativa por parte da instituição de impor suas próprias sanções aos estudantes que infringem a lei é considerada ilegal – "dupla punição" – e, por isso, é rejeitada por eles.	4. Existe um forte senso do que é ou não um comportamento apropriado. Os estudantes podem ser expulsos ou suspensos por desonrar a instituição.
5. Lanchonete ou restaurante por sistema de *buffet*. Paga-se pelo que se consome.	5. Refeições comunitárias: os estudantes pagam pela alimentação do período completo; quando é possível, todos fazem as refeições juntos.
6. As opções de lazer são iguais às existentes fora da universidade: concertos, jogos eletrônicos, televisão, etc. Se há livraria, ela vende as indicações dos professores e apostilas.	6. Há opções específicas de lazer: coro ou orquestra da instituição, publicação própria, equipes esportivas para competições entre os cursos.
7. A lanchonete desempenha um papel central nas relações sociais.	7. A biblioteca e, às vezes, a capela constituem pontos de encontro. A ida à capela, em certas ocasiões formais, pode ser indispensável.
8. Um problema recorrente neste modelo é a *anomia*, que se busca enfrentar por meio do novo maternalismo exercido por orientadores, por psiquiatras, etc.	8. Um problema recorrente neste modelo é a *alienação*: regras opressivas costumam ser enfrentadas com rebeliões (o mito de quem foge à noite e escala os muros da instituição, evitando os guardas).

Essa descrição corresponde ao padrão inglês de ensino, no qual os *colleges* apresentam algumas das características aqui atribuídas à "cultura monástica" (cujo modelo equivalente seria o dos "Colegios Mayores"). Refletir sobre isso é importante, porque destaca alguns pontos-chave em relação à identidade das atuais universidades, principalmente as mais recentes, que estão muito mais próximas do que Goodlad define como "cultura de aeroporto": a falta de um sentimento de pertencimento e, conseqüentemente, de identificação com a instituição; a perda progressiva de ritos que constituem um patrimônio comum e um sinal de identidade; a carência de espaços (à exceção da lanchonete) onde seja possível estabelecer relações mais próximas, etc.

Enfim, reforçar a *identidade* da instituição exige que os laços de *identificação* com ela sejam estreitados. Esta é uma questão que atinge tanto os professores como os estudantes. Se a universidade se transforma em um lugar qualquer de trabalho (às vezes, compartilhado com outros lugares onde se trabalha), é difícil chegar a construir um forte vínculo de identificação com ela. Alguns atribuem o *desapego* às novas formas de relação de nossos dias; porém, o certo é que a possibilidade de se sentir parte de uma instituição e de uma equipe de pessoas reforça nossa capacidade de comprometimento e de identificação com as metas que a instituição assume como sendo suas (inclusive se não estivermos plenamente de acordo com elas).

Para quem pertence a instituições com uma longa história, a identificação é, certamente, mais fácil de ocorrer; no entanto, também é algo que precisa ser construído dia a dia. Não se tem a identidade, constrói-se. Além disso, caso se busque uma identidade compartilhada pelos diversos membros da comunidade universitária, é preciso dispor de espaços e de mecanismos institucionais que possibilitem essa *identificação* com os objetivos, com a missão, com as proposições, com os estilos de trabalho, com as normas e assim por diante.

Este é o grande papel que desempenham os ritos e as rotinas institucionais. Não somente as grandes cerimônias (o início do curso, a formatura, a celebração dos patronos ou das festividades coletivas), como também as pequenas rotinas de encontro entre os diversos setores (festas, encontros, elaboração de informes, tomada de posições frente a situações da vida social, homenagem a professores veteranos, recepção aos novos estudantes, atuação de grupos culturais ou esportivos, etc.): esses pequenos momentos de encontro são fundamentais para a construção de espaços comuns sobre os quais se constrói uma identidade da instituição baseada naqueles que a formam, e não apenas nos serviços que oferece.

Diversos componentes da cultura das universidades estão especialmente relacionados com o tipo de práticas formativas nelas desenvolvidas. Entre eles, Erickson (1987, p.11-24) ressalta as idéias compartilhadas sobre os estudantes; as teorias implícitas sobre a aprendizagem e o papel a ser desenvolvido pelos professores; as orientações predominantes para certas habilidades, mas não para outras; a avaliação e as atitudes relativas aos alunos com mais dificuldades; etc. Esses e outros aspectos sobressaem por sua importância no momento de definir o "pensamento coletivo" ou a "ideologia" sobre a docência que, de uma maneira ou de outra, acabará afetando o tipo de práticas desempenhadas na instituição.

Cultura, dinâmica de conflitos e mudanças

As análises mais formais das instituições omitem a existência de conflitos, ou tomam-nos como fenômenos disfuncionais que devem ser evitados. Contudo, nenhuma organização funciona sem conflito, e, embora isso pareça contraditório, os conflitos não são negativos para o desenvolvimento da instituição, e sim costumam ser oportunidades para provocar mudanças que resolvam as crises que eles originaram. Ambos, o conflito e a mudança, quando ocorrem nas circunstâncias adequadas e não ultrapassam certos limites, são necessários para garantir a vitalidade das estruturas institucionais e sua acomodação às condições de troca em que se desenvolvem suas funções.

De qualquer forma, os jogos de poder são uma das peculiaridades básicas das organizações, independentemente de características. Por isso, alguns estudiosos associam a cultura institucional à "apropriação do poder" (Elmore, 1987, p.60-78). Nesse sentido, a *cultura institucional* não representa o conjunto de crenças, valores ou práticas que os membros da instituição compartilham e de onde deriva sua identidade. Como as organizações são formadas, com freqüência, por diferentes setores que competem na defesa de seus próprios interesses, a idéia de *cultura* institucional deve ser compreendida como um conjunto harmônico de facções e não como uma unidade sólida. No caso das universidades, essa ruptura cultural interna faz parte de sua dinâmica habitual. Não é por acaso que a universidade é um espaço especialmente propício para a divergência de pensamento, de estilos de vida, de modelos científicos, etc. Por outro lado, o processo de *democratização* já mencionado intensificou essa tendência ao conflito natural das instituições universitárias. Os diversos grupos de interesses não só competem com o objetivo de fazer prevalecer sua ideologia na direção e no desenvolvimento da rotina universitária, como também de ocupar fatias do poder e moldar-se aos mecanismos de gestão e controle da instituição como um todo.

Com freqüência, as diferenças culturais entre os grupos resultam em *símbolos culturais*, o que as convertem em pontos centrais da própria identidade como grupo. Isso faz com que tendam a mantê-las e reforçá-las à margem de seu significado e de sua função cultural inicial (Bateson, 1975, chamou isso de "esquisogênese complementar": as diferenças aumentam com o tempo como se fossem uma escalada para reforçar, por oposição aos grupos contrários, a identidade e o poder). Chega-se, assim, a sistemas compartimentados de convivência cuja manutenção da identidade requer a existência de diferenças. Nesse contexto, qualquer proposta coletiva será boicotada por alguém, seja pelas suas qualidades ou fraquezas, seja pela necessidade de confrontação para preservar a identidade (e a expressão de poder) dos grupos.

Os processos de mudança nas organizações universitárias estão também sujeitos a esses "jogos de poder" entre os diversos grupos culturais; porém nem todos os componentes da cultura institucional são igualmente suscetíveis à modificação: isso vai depender do elemento cultural em si e do poder do grupo que o mantém. Obviamente, quanto mais relevante na constituição da identidade é um componente cultural, mais difícil é sua mudança, e quanto mais poder institucional o grupo que o mantém detiver, menos provável será sua modificação.

Nesse sentido, Corbett e colaboradores (1987, p.36-59) diferenciam *o sagrado* e o *profano* da cultura institucional. Os componentes sagrados são praticamente inalteráveis, porque constituem a base (não só racional, como também irracional) da cultura do grupo. A idéia que esses autores defendem é que, de modo geral, a instituição é sempre pouco propensa à mudança. A tendência à *inércia* predomina sobre a tendência à *mudança*, mas a resistência adquire níveis mais dramáticos quando a mudança diz respeito aos aspectos "sagrados" da dinâmica social (os mais básicos e sustentadores, os que nutrem os símbolos de identidade do grupo com maior domínio ou com maior poder, etc.). As mudanças em termos de questões "profanas" são mais exeqüíveis para a instituição por não romperem com a inércia. O problema dessa dicotomia é que a natureza do "sagrado" (ou seja, do inalterável) nem sempre é baseada em justificativas lógicas ou racionais. A categoria dos "sagrados" sustenta-se, com freqüência, de temores, presunções, rotinas, interesses disfarçados de argumento *ad hoc* (os interesses serão mais dissimulados à medida que o nível intelectual de quem os representa e sua inadequação forem maiores). Por isso, o desenvolvimento de inovações nas instituições universitárias apresenta muitos obstáculos.

De modo geral, quando as culturas são ameaçadas, surgem mecanismos de autodefesa e sobrevivência. Se o ataque (às vezes, os processos de inovação são vistos como ataques) for externo, a reação é uma clausura defensiva e um enrijecimento dos componentes culturais: a própria cultura transforma-se em símbolo de identidade e oposição à mudança. Se o desafio da mudança for interno, a cultura da instituição divide-se em subculturas: algumas serão sua cúmplice; outras lutarão a fim de eliminá-la, enquanto outras serão suas opositoras. Essa ruptura traduz o início de um novo episódio de conflito que originará uma nova distribuição do poder e uma reorganização das estruturas culturais da instituição.

Sob essa perspectiva de mudança institucional, é muito interessante a distinção que faz Elmore (1987) entre *cultura ultra-institucional* (relativa à dinâmica interna que caracteriza o cotidiano da organização) e *cultura supra-institucional* (relativa à cultura dos reformadores, dos legisladores, dos especialistas, dos burocratas, das equipes diretivas). Os processos de inovação e mudança costumam ocorrer a partir dos processos de conflito e choque entre essas duas culturas.

Cultura e modelos de atuação apropriados

Nenhuma análise pedagógica pode se submeter a uma mera descrição dos fenômenos. A natureza propositiva da pedagogia impõe sempre um olhar em direção ao futuro, um salto do "ser" para o "deve ser". Quando falamos de *cultura institucional,* não podemos limitar-nos a uma simples compreensão do que caracteriza as universidades. Alguma reflexão deve ser feita sobre como poderia ser o estado das coisas e, se possível, sobre caminhos possíveis (às vezes, já experimentados) de otimização da dinâmica institucional e dos modelos de atuação.

Quando nos referimos à *cultura* como o *conjunto de normas e valores compartilhados* pelos membros da organização, estamos identificando uma dimensão em que é válido se deter ao analisar as organizações. Implicitamente também essa dimensão é considerada como uma das metas da "boa" cultura, por assim dizer. Então, lidar com o conceito de cultura supõe identificá-lo como um elemento relevante na descrição das organizações (Que valores fazem parte explícita ou implicitamente do pensamento compartilhado? Até que ponto são compartilhados valores e significados?); além disso, supõe indicar que esse é o caminho a ser seguido pelas instituições rumo à sua consolidação e ao seu desenvolvimento (explicitar os valores assumidos e buscar o consenso).

Esse salto conceitual entre a pura análise (o que são as coisas e como ocorrem nos diversos contextos) e a proposição (deixar implícita a meta que seria desejável alcançar) faz parte consubstancial do pensamento e da linguagem pedagógica. Isso é denominado natureza "normativa" da pedagogia e deriva de seu compromisso constante com os valores (com o que se considera importante em dada situação ou em relação ao assunto analisado). Às vezes, tal atitude parece ser uma espécie de erro científico: poderia se pensar (muitos o fazem) que o que está sendo dito não corresponde à realidade e aos dados disponíveis, mas ao que o pesquisador considera importante. Isso não é correto, já que a dimensão descritiva da situação tem de responder aos mesmos critérios de validade e justificativa empírica empregados no restante das ciências humanas. No entanto, enquanto outras ciências se limitam à descrição, a pedagogia deve ultrapassá-la com o objetivo de assinalar (às vezes, como puras hipóteses propositivas; às vezes, como resultado da experiência contrastada) qual o caminho que propiciaria um melhor desenvolvimento e a consolidação dos fenômenos estudados.

Se direcionarmos essa consideração para o terreno da *cultura institucional,* não serão suficientes os dois pontos analisados anteriormente: o que é a cultura e como se relaciona com a rotina das organizações. Haveremos de avançar para indicar algumas constatações relativas aos modelos culturais que são mais efetivos nas organizações. Trataremos a seguir da colegialidade, da colaboração, da reflexão e da intencionalidade da cultura.

A colegialidade como elemento chave da cultura institucional. Um dos alicerces da cultura universitária é a *colegialidade* ou a consciência de compartilhar um objetivo e um significado comum dos traços de identidade da instituição da qual se faz parte. A colegialidade requer um alto nível de identificação com a instituição como conjunto de valores, tradições e práticas.

Este é um fator que não é motivado no vazio nem acontece por acaso, mas que constitui uma meta organizativa que não é alcançada sem um grande esforço coletivo e que precisa, normalmente, de um longo tempo, no qual ocorrerão inevitáveis retrocessos e dificuldades. Precisa, sobretudo, de práticas especificamente direcionadas a reforçá-la: ritos e celebrações, existência de níveis em que se estabeleça a expectativa de ascensão e reconhecimento do próprio sentimento de pertencer à instituição (os níveis de "aspirante", "membro pleno", "sênior", "membro honorário", que são utilizados em algumas instituições), cerimônias periódicas, atividades exclusivas para os membros, existência de grupos de ex-alunos, etc. Em geral, todos os mecanismos empregados para reforçar a identidade podem se transformar em estímulos a fim de consolidá-la. De qualquer forma, isso é algo que as organizações *aprendem*.

Fala-se muito em uma fórmula de colegialidade forçada (*contrived collegiality*) que faz parte das condições impostas por algumas instituições a seus membros. Contudo, seus efeitos são pouco duradouros e, na verdade, pouco profundos, porque a "colegialidade", como qualquer outra fórmula de identificação, implica, para ser autêntica, elementos que ultrapassam o puramente racional ou pragmático: o ato de sentir-se bem, de avaliar positivamente a entidade ou a pessoa com que nos identificamos, de ter o orgulho de ser reconhecido por esse vínculo, etc.

A idéia de que ingressar em uma universidade se transforme em algo similar a incorporar-se a uma comunidade é uma mudança difícil de ocorrer na atual articulação da rotina das instituições; é difícil, inclusive, para os professores, sempre muito envolvidos com inúmeras atividades em contextos muito diversificados, e pior ainda para aqueles cujo compromisso com a instituição se reduz a poucas horas-aulas. Isso ocorre também com os alunos que, em sua grande maioria, acabam não construindo um sentimento de identificação com a instituição da qual são parte. A "cultura de aeroporto" a que já me referi tampouco abre caminho para que isso ocorra, pois os problemas de vandalismo e o não-envolvimento nas atividades da instituição são alguns dos indicadores dessa distância afetiva entre instituição e grupo de alunos. A incorporação formal às instâncias de tomada de decisão institucional não trouxe o estreitamento de laços que se esperava.

Algumas universidades incorporam os alunos aos programas de pesquisa que estejam realizando, não pesquisas de importância secundária ou de orientação meramente didática, mas pesquisas de alto nível. Esse é o caso, por exemplo, do programa *Undergraduate Research Opportunities Programme* que o MIT desenvolve nos EUA ou nas instituições do Imperial College de Londres. Em ambos os casos, os estudantes unem-se à pesquisa como colaboradores (*research assistants*), recebendo bolsas de pesquisa ou créditos acadêmicos. O principal efeito do programa está em potencializar o sentimento de colegialidade e integração.

A colaboração como cultura. Outra grande meta do desenvolvimento institucional situa-se no âmbito da *colaboração* e do *trabalho em equipe* dos professores. Às vezes, o espaço de colaboração amplia-se, inclusive, fora da própria instituição, abrangendo um amplo leque de agentes formativos que participam no desenvolvimento do projeto de formação desenvolvido na universidade. A cultura da *colaboração* opõe-se à cultura do *individualismo*, que é a predominante na maior parte das instituições universitárias, sendo colocada em prática por meio das estratégias de *coordenação*.

Como a tradição universitária está fundamentada no trabalho individual dos professores, hoje qualquer iniciativa que propicie o rompimento com essa inércia institucional enfrenta grandes obstáculos. Os próprios estudantes acostumaram-se à situação em que cada professor segue seu próprio ritmo e apresenta programas e exigências isoladas. Na verdade, eles costumam rejeitar propostas inovadoras que levem ao rompimento desse esquema consagrado, porque, na concepção dos alunos, isso irá exigir maiores esforços da parte deles e porque eles também não estão habituados a outra proposta didática.

A idéia de *colaboração* aplica-se não apenas ao desenvolvimento das turmas ou das atividades didáticas, como também a todo o funcionamento da instituição. Uma boa expressão da dinâmica colaborativa é, por exemplo, a forma como os professores veteranos acompanham e apóiam os novos professores, ou a solidariedade que os alunos veteranos oferecem aos calouros.

Muitas universidades implantaram programas para dar força a essa cultura colaborativa, com resultados incertos, ao menos nos casos que conheço. Essas iniciativas basearam-se em inovações de diversos tipos:

– Financiar programas de inovações didáticas impondo como condição o fato de serem apresentadas não por um único professor, mas por uma equipe interdisciplinar.

– Implementar programações interdisciplinares cujo desenvolvimento una o trabalho independente em cada uma delas (algumas turmas, algumas atividades específicas) com outras experiências integradas (explicações, trabalho de laboratório ou de campo, leituras, informes). No final, a avaliação é feita através do sistema dos *portfólios* (os professores avaliariam, cada um, sua disciplina a partir das experiências e dos materiais elaborados conjuntamente para as disciplinas integradas no projeto). Dessa maneira, os alunos não têm de fazer exames ou apresentar trabalhos para cada disciplina.

– Implementar programas de tutoramento em que os professores iniciantes escolhem um professor catedrático ou um professor com grande experiência e prestígio de seu departamento que será seu mentor. Essa rotina inclui atividades das quais ambos participam.

– Realizar experiências similares às de tutoramento também com alunos. Os alunos veteranos atuam como protetores e orientadores dos recém-chegados. Em outros casos, os veteranos atuam como apoio acadêmico para os alunos que tenham dificuldades em certas disciplinas ou que buscam superar lacunas em sua formação escolar prévia.

A reflexão como cultura (vinculada à avaliação). A capacidade reflexiva e crítica foi um dos sinais de distinção do intelectual; portanto, também o é da universidade.

Desde o surgimento das obras de Schön (1983-1987) sobre os "profissionais reflexivos", a reflexão transformou-se em mola mestra onipresente em qualquer referência à formação; todavia, o problema está na operacionalização que se fez desse enfoque no desenvolvimento institucional.

Uma cultura *reflexiva* opõe-se a uma cultura de *rotina* e *opacidade*, a qual permite que as coisas sigam seu curso natural devido à inércia institucional. Os frenéticos ritmos atuais, tanto dos dirigentes como dos professores em geral, fazem com que disponhamos de muito pouco tempo para nos deter e revisar os processos que estão sendo realizados. Por outro lado, como uma boa parte de nossas atividades docentes se desenvolve em uma área "opaca" (ninguém sabe o que acontece em nossas aulas, ou em nossos seminários, já que este é um território que nos pertence com exclusividade e onde ninguém pode entrar), temos pouco o que falar. É por isso que as reuniões são pautadas fundamentalmente em questões ou decisões administrativas (verbas, horários, postos, etc.).

Refletir não é divagar ou opinar reiteradamente sobre o sagrado ou o humano. Não se trata de não fazer reuniões ou de não haver debates nelas. Também a questão é debatida nos corredores e na lanchonete. Porém, entender a reflexão como uma interminável retomada sobre os mesmos argumentos e sobre as mesmas avaliações pessoais é pouco prático. Necessitamos de dados reais (e não apenas de percepções ou opiniões pessoais) e de estratégias que nos permitam passar da teoria à prática. Por isso, a cultura da reflexão só é eficaz quando ocorre simultaneamente à reflexão da *avaliação*.

Refletir, opinar, fazer propostas, etc.: tudo isso é muito fácil quando se constrói o abstrato, mas não quando a decisão tem de ser tomada. Dessa forma, a utopia é muito mais valorizada do que o simples reajuste, além de ser mais cômoda.

Muitas reuniões sobre esse tópico se transformam em puras elucubrações acerca de como deveriam ser as coisas ou como poderiam ser feitas. Quando nos dirigimos a uma definição das coisas, mas isso altera nossos horários ou nossos compromissos, os propósitos se desvanecem, porque costumamos concordar com a tese de que "não há condições adequadas para introduzir mudanças".

O primeiro passo da reflexão é a avaliação proporcionada pelos dados que são imprescindíveis para analisar o rumo das coisas e em que medida a realidade se assemelha aos nossos propósitos individuais e institucionais.

Sobre esses dados, então, a reflexão é construída. Nisso está a diferença entre refletir e elucubrar: o ato da reflexão exige analisar e avaliar coletivamente os diversos fatores de uma situação, dos quais previamente obtivemos informação adequada, com o objetivo de poder fazer os ajustes ou de tomar iniciativas relativas ao desenvolvimento que sejam convenientes. Além disso, a cultura da *reflexão* é uma das características das instituições eficazes.

A internacionalidade como cultura. É inquestionável que o desenvolvimento dessa modalidade de provisão de cursos e experiências tenha sido um dos progressos mais importantes que ocorreram nos últimos anos na oferta formativa. Volta-se, assim, às origens do sentido da *universitas*: uma formação superior em conteúdos e expectativas, aberta às idéias, às pessoas, aos territórios, etc.

> Há dois verões, tive a oportunidade de ler um belo romance de Noah Gordon, intitulado *O Médico*. Com seu habitual estilo de reconstrução histórica romanceada, Gordon relata a experiência de um personagem medieval que desejava ser médico e que, para isso, atravessa o mundo (da Inglaterra até Constantinopla) para se preparar com os melhores mestres. Pareceu-me uma magnífica metáfora da formação universitária marcada pela internacionalidade: é uma busca dos melhores profissionais que leva o universitário a cenários diversos e coloca-o em contato com culturas diversas, as quais o vão influenciando. O conhecimento sustentado apenas regionalmente carece dessa qualidade.

Por isso, mesmo que não esteja isenta de dúvidas, a experiência internacional constitui uma das contribuições mais ricas e duradouras que pode ser oferecida aos estudantes, porque lhes dá a possibilidade de *vivenciarem outras culturas* e outros modos de vida. Muitos identificam como um dos propósitos básicos da formação universitária a *abertura da mente* dos estudantes, equipando-os com uma visão global dos temas que atingem os desenvolvimentos culturais e técnicos da atualidade, o que é o oposto do que se tem denominado *provincianismo cultural*. As viagens ao exterior, o conhecimento de colegas, famílias, instituições, estilos de vida e tecnologias de trabalho, entre outros fatores promovem essa visão generalizada. Além disso, tais oportunidades permitem ao estudante *descentrar-se* do aqui e agora e construir uma perspectiva mais cosmopolita e sensível da diversidade.

Essa abertura à internacionalidade exige, como condição básica de viabilidade, um grande compromisso das instituições e uma organização adequada das condições em que os intercâmbios são realizados. Necessita-se, igualmente, de certas estruturas curriculares flexíveis e adaptáveis às diversas manifestações que a educação superior adquire no mundo. Tanto os aspectos formais dos estudos (duração, estrutura, exigências prévias, sistemas de diplomação, etc.) como seus componentes qualitativos (perfis profissionais, enfoques na formação, sistemas de avaliação, etc.) variam muito de um país para o outro, e isso cria numerosos problemas de compatibilidade e dificulta a generalização da experiência transnacional.

De qualquer forma, o mero fato de viajar nem sempre constitui uma oportunidade real de progresso na formação. Com freqüência, em um país estrangeiro, os estudantes acabam formando grupos fechados de compatriotas ou de pessoas culturalmente homogêneas sem interagir (porque não querem, ou porque não deixam que eles o façam) com os nativos. Outras vezes, acabam assumindo traços pouco importantes das culturas visitadas, não havendo o envolvimento com os autênticos valores (o que se convencionou chamar "*mcdonaldização cultural*"). É evidente que a experiência internacional será marcante à medida que se tenha possibilitado uma autêntica integração entre estudantes estrangeiros e a cultura social e universitária do país visitado.[2]

LIDERANÇA E GESTÃO DOS RECURSOS HUMANOS NA UNIVERSIDADE

Um dos problemas que se destaca em qualquer organização é o da liderança, o qual tem um duplo âmbito de ressonâncias. Há ressonâncias relativas à estrutura formal da organização e à posição específica que ocupam as diversas instâncias e as pessoas que por elas respondem. A posição na organização condiciona a função a ser desenvolvida e a capacidade de tomada de decisões a ela atribuída. Nesse caso, estamos falando da liderança formal. No entanto, existem outros tipos de ressonâncias que têm relação direta com o poder: como ele está distribuído nas diversas instâncias da organização e como é exercido. Sabe-se muito bem que nem sempre o poder formal corresponde ao poder real; em instituições como a universidade, essa dissintonia é mais visível ainda.

De qualquer forma, a liderança resulta sempre da união entre *poder* e *autoridade* e, na maior parte das vezes, da capacidade para influenciar o desenrolar dos acontecimentos na organização. Para isso, são necessários mecanismos institucionais que proporcionem legitimidade e recursos para a tomada de decisões (*poder* formal, conforme o organograma) e a capacidade de influência interpessoal e reconhecimento por parte dos membros da organização (*autoridade*).

Nesse sentido, as universidades são muito diferentes de outras organizações. Por esse motivo, a função da liderança nesse contexto apresenta características muito peculiares:

- A forte *democratização* existente em seus órgãos administrativos. As decisões são tomadas sempre em órgãos colegiados em que participam proporcionalmente todos os setores das instituições. Essa circunstância torna inevitável as intensas fases de negociação e as modificações nos processos de mudança (que podem ficar descaracterizados para agradar a todos).

- A presença de *grupos organizados* com diferentes origens (políticas, sindicais, profissionais, religiosas); grupos formados por interesses diversos e por vínculo a pessoas que exercem o poder, etc., que protagonizam o debate e tomam as decisões. Isso faz com que as pessoas que ocupam posições de liderança vejam sua atuação condicionada pelo comprometimento com um grupo ou pela necessidade de manter coalizões.

- Uma ampla *disseminação* dos níveis em que as decisões são tomadas, o que supõe a existência de muitos *líderes* nos diversos estratos da organização. As universidades constituem mundos complexos e policêntricos em que se tomam decisões em muitos níveis, o que facilita os meios de participação e ressalta a capacidade de influência dos indivíduos. Isso dificulta, a menos que a instituição queira normatizar tudo, a manutenção de linhas coesas de atuação ou de uma política comum a todos.

- A sobrevivência do *poder individual* dos professores e a existência de frentes de resistência também dificultam as decisões institucionais.

Por tudo isso, o papel dos líderes universitários não é simples de ser exercido e está muito distante do que é a liderança em outros contextos organizacionais (empresas, instituições privadas, órgãos públicos, etc.). A liderança na universidade tem uma capacidade reduzida de intervenção (seja pelas questões legais, seja pelas características da instituição) na gestão dos recursos financeiros, na administração do pessoal, na reorientação das funções, na esfera administrativa e assim por diante.

No que tange ao vínculo entre liderança e docência (objeto de análise deste livro), já assinalei antes que a relação não é totalmente clara. A docência, ao menos em seu desenvolvimento prático em sala de aula, pertence à esfera da universidade que depende, de modo direto, das características pessoais do professor que a desempenha; elas, ao contrário disso, são imunes às influências institucionais. No entanto, a *relação liderança-docência* é fundamental em, pelo menos, duas questões centrais:

– A interpretação e o uso que se faz da *autonomia institucional* para a definição da *oferta formativa* de cada universidade.
  Os processos de desenvolvimento da autonomia das instituições são determinados pela atuação de seus líderes. A capacidade de tomar decisões pode ser melhor ou pior aproveitada. Há casos em que os resultados obtidos definem claramente o perfil das instituições; em contrapartida, às vezes, há casos em que são adotadas propostas de outras instituições, enfraquecendo a autonomia.

– A *gestão dos planos de formação* na instituição como um todo dando coerência e continuidade à intervenção das diversas instâncias.
  O policentrismo universitário impede a manutenção de um projeto de formação integrado e coeso em toda a instituição. A possibilidade de estabelecê-lo depende muito da coordenação interna e do papel que desempenhem os líderes intermediários. Estruturada como organização baseada em indivíduos, na qual eles têm uma grande autonomia de atuação (na linha habitual das *burocracias profissionais*), é inviável qualquer modelo de gestão caracterizada por uma transmissão diretiva de orientações *top-down*.
  Como acontece nos times de futebol mal-organizados (nos quais não funciona o meio-campo, e o ataque fica tão longe da defesa que é muito difícil receber lançamentos em boas condições), nas universidades, principalmente nas grandes, as estruturas hierárquicas superiores encontram-se muito distanciadas das inferiores; portanto, é praticamente inviável transferir as decisões assumidas como instituição a todos os seus membros. Torna-se mais difícil essa disseminação à proporção que for mais qualitativa a decisão ou a orientação institucional (as decisões que dizem respeito a conteúdos burocráticos são melhor transmitidas) e que estiver mais envolvida ao âmbito individual (por exemplo, questões relativas ao desempenho da docência).
  O papel dos que lideram as instâncias intermediárias (faculdades, departamentos, institutos, grupos de pesquisa) é fundamental na realização dessa integração institucional. Como apontaram Hopkins et al. (2001), a mudança e o crescimento precisam dos esforços de todas as esferas da instituição. Outros autores (Sammons et

al., 1997) insistem na necessidade de rever a idéia de liderança institucional para que ela englobe não só a escala máxima da hierarquia (a cúpula diretiva ou administrativa das instituições), como também os níveis intermediários. A importância dessa liderança intermediária foi amplamente explicada por Mintzberg (1979) e Bennett (1995). Essa categoria da liderança também foi um dos *traços básicos* que caracterizaram as escolas de qualidade (Purkey e Smith, 1983, p.426-452; Fullan, 1982; Estebaranz, 1994).

Os líderes intermediários exercem duas funções fundamentais: a da liderança *transacional* e a da liderança *transformacional*.

A liderança *transacional* garante que as decisões tomadas pela cúpula diretiva sejam seguidas (com diferentes graus de determinação, conforme a natureza da orientação ou da norma e conforme o grau de autoritarismo da instituição) pelas pessoas por ela coordenadas. Os líderes intermediários fazem, assim, o elo entre as cúpulas institucionais e as bases, entre as políticas da instituição e as práticas dos profissionais que a compõe: devem organizar e coordenar o trabalho dos professores e do pessoal administrativo para que se ajustem melhor às orientações da instituição e à realização de seus objetivos. É por isso que seu papel é tão fundamental. Poderíamos dizer que eles desempenham o papel de representantes da instituição diante dos colegas. Isso costuma resultar no exercício de um certo *poder* delegado pela própria instituição, vinculando à importância e à orientação das decisões, à distribuição do trabalho, à disseminação da informação e à gestão dos recursos.

Na liderança *transformacional*, os líderes intermediários são representantes de seus colegas frente à instituição. Transformam-se em agentes da mudança da cultura da instituição e da sua dinâmica de funcionamento. Eles promovem inovações resultantes de, às vezes, conflitos na instituição. Seu papel fundamental é o de estabelecer uma identidade compartilhada (cultura da colegialidade) no grupo de professores e de funcionários de seu âmbito. Além disso, criam e estimulam uma dinâmica harmônica de inovações e de planos de ação alicerçados no desenvolvimento dos indivíduos e do próprio departamento.

Como afirmam Glover, Gleeson, Gough e Johnson (1998, p.279-292), referindo-se aos diretores de ensino médio, o exercício dessa função implica transcender a gestão que se limita à estrutura e à burocracia para provocar impacto em sua cultura a fim de modificá-la. É por esse motivo que a dimensão corporativa (já não se trata de um *poder sobre*, como na liderança transacional, mas de um *poder através de*) é condição necessária: a liderança transformacional é caracterizada por uma forte vinculação às pessoas que constituem o departamento e por um posicionamento de estímulo da sinergia que permita a mudança das pessoas, da cultura e das dinâmicas.

Ambas as projeções de liderança são consubstanciais para que a universidade esteja em condições de poder dar efetivo cumprimento a sua missão formativa. Os universitários não são pessoas fracas ou imaturas que precisem de um mentor que as proteja e oriente. Ao contrário disso, são pessoas de um alto nível cultural (*massa crítica*, como são chamados os professores em Portugal), com um elevado reconhecimento social. Além disso, estão muito habituadas ao trabalho autônomo. Portanto, liderança exigida não é aquela de caráter individualista ou impositivo. Na verdade, é um tipo de liderança compartilhada, um *primum inter pares*, que exerce transitoriamente tarefas de otimização e coordenação institucional.

A UNIVERSIDADE COMO ORGANIZAÇÃO QUE APRENDE

Tudo o que foi visto até agora nos situa diante de um tipo de organização, a universidade, a qual é muito complexa e que tem uma grande tendência ao *status quo* (principalmente no caso das maiores e mais antigas). As novas, menores e especializadas (muitas delas privadas; outras, com estilos de gestão mais flexíveis) modificaram, ao menos em parte, essa imagem tradicional. Em todo caso, há uma pergunta inicial que não podemos deixar de responder: as universidades podem aprender? Elas reúnem as condições de adaptabilidade, abertura, dinamismo interno, etc. que transformam as organizações em entes sociais capazes de aprender?

A resposta inicial poderia seguir esta linha de raciocínio: como qualquer organização, as universidades, apesar de sua complexidade, "aprendem", tendo em vista que incorporam novos dispositivos para enfrentar as novas demandas, ajustam suas práticas, desenvolvem processos de "adaptação" interna e externa e assim por diante. Enfim, buscam esse "equilíbrio" consubstancial a todos os sistemas abertos.

Por outro lado, seríamos ingênuos caso confundíssemos esse "aprender", unido ao mero fato de existir e à necessidade de se adaptar, com o que hoje se entende por processos de "desenvolvimento institucional", isto é, processos dirigidos à qualificação das instituições, ao melhor cumprimento de suas funções (ou, como atualmente é "moda" dizer, sua "missão"). Isso quer dizer que nem todas as mudanças nem todas as adaptações constituem passos para o crescimento.

Como Fullan (1993) afirmou, há poucas possibilidades de que as mudanças se realizem e sobrevivam se não há alguém, com suficiente poder e capacidade de influência na instituição, que as defenda e as faça valer.

O que significa "aprender" nesse contexto, quer dizer, em uma organização? Aprender não é simplesmente se "adaptar" às novas circunstâncias: sobretudo, é preciso aceitar, por inteiro, as pressões ou as circunstâncias externas. Em muitos casos, os organismos vivos precisam se adaptar ao meio para sobreviver; portanto, a adaptação ocorre mais como uma necessidade do que como uma opção institucional deliberada e orientada para a qualificação. Está acontecendo algo semelhante com os novos marcos de financiamento ou com os novos esquemas de ajuste ao mercado de trabalho. Eles estão sendo sendo impostos pelas circunstâncias ou pelas políticas universitárias, e as universidades *devem* aceitá-los, porque é algo que foge ao seu controle.

Ademais, o fato de promover "mudanças" ou "novas experiências" não implica necessariamente que se esteja aprendendo, sobretudo quando essas mudanças não respondem a uma justificativa ou a um plano de desenvolvimento institucional. Às vezes, as mudanças respondem somente a um mero ajuste às novas circunstâncias (a "adaptação" a que acabamos de nos referir); outras vezes, são um reflexo das modificações resultantes da distribuição do poder nas instituições. Somado a isso, elas podem ocorrer devido às pressões externas; por exemplo, uma modificação na legislação universitária. Todas essas modificações, de modo isolado, não levam necessariamente à aprendizagem institucional. A experiência que tivemos, por exemplo, na *reforma dos planos de estudo* trouxe mudanças que pouco melhoraram a oferta formativa de nossas instituições, e alguns pensam até que a empobrecemos.

A aprendizagem institucional ocorre quando as mudanças (talvez seja melhor falar em *ajustes*) atingem os objetivos de um processo de qualificação bem planejado. Como qualquer aprendizagem, este é um processo que envolve diversas fases: reconhecimento da situação inicial (diagnóstico da situação, avaliações setoriais, etc.); exploração de iniciativas de ajuste e/ou desenvolvimento adotadas a partir dos dados disponíveis (momento das mudanças justificadas e das inovações); consolidação das novas práticas ou dos novos dispositivos (a partir de avaliações sistemáticas de sua adequação e de suas contribuições efetivas para o crescimento da instituição).

Condições da aprendizagem institucional

Discutir o que as organizações "aprendem" é uma bela metáfora que abre expectativas muito positivas para as partes que as compõem, desde os aspectos mais estruturais até os mais dinâmicos. A idéia da "aprendizagem" situa-nos frente à possibilidade de que as organizações (nesse caso, as universidades) aprimorem seu funcionamento, a gestão de seus recursos, a forma como definem suas funções e as adequações às novas demandas, o tipo de relações que mantêm, etc.

Em contrapartida, tudo isso requer uma metodologia: devem ser criadas condições adequadas para que a mudança ocorra e para que conduza efetivamente a uma situação melhor à que se deseja modificar. "Por que será", escreve Claudia Picardo(1993, p.XI-XVIII), "que, ao realizar nossos objetivos, acabamos criando mundos diferentes dos que tínhamos projetado e quase sempre muito similares aos que dizíamos combater?" Isso ocorre, certamente, por falta de metodologia adequada.

Embora seja o primeiro passo, não basta ter claro que as organizações, incluindo as universidades, podem aprender e aprimorar seu funcionamento. É preciso antecipar o processo que se pretende realizar (isso é, planejar): decidir o que, em que prazos, com que recursos, através de que meios, com que apoios, baseado em que contrapartidas, entre outros fatores. Mesmo que não seja impossível, é pouco provável que se consiga uma aprendizagem significativa sem esse esforço de planejamento, desencadeamento e acompanhamento das iniciativas de mudança.

> O professor Fernández Huerta costumava dizer que a aprendizagem precisava de três tipos de intervenções por parte dos professores: *eliminação, motivação e pressão*. Isto é, nosso papel como docentes exigia, em primeiro lugar, eliminar todos aqueles obstáculos que pudessem impedir ou dificultar a aprendizagem (falta de recursos pessoais ou intelectuais, falhas, condições inadequadas, etc.). Deveríamos, além disso, estimular os estudantes para a aprendizagem. Aprender implica sempre, dizia-nos, um processo agônico (de luta e esforço); portanto, os aprendizes devem estar convencidos de que lutam por algo de interesse, algo que vai torná-los melhores. A tarefa de motivação é muito sedutora para as metas. Por fim, como, às vezes, tudo isso não costuma ser suficiente, temos de exercer uma certa pressão; uma pressão que ajude a romper a inércia, a superar os impedimentos, a provocar a reação dos mais apáticos, etc.

Essa combinação de elementos é também necessária para que resulte em aprendizagem institucional. A *eliminação* é um momento de liquidar os obstáculos e de criar as condições imprescindíveis a fim de que as mudanças ocorram. A *motivação* demanda muito exercício de comunicação e sedução interna e externa, explicando com clareza o que se pretende, justificando seu significado e seu interesse, esclarecendo dúvidas ou temores que qualquer processo de crescimento costuma suscitar. Como a tendência à *inércia* costuma ser superior à tendência à *mudança,* as aprendizagens institucionais, em geral, precisam de alguma forma de *pressão* que possa ser exercida externamente (pelos responsáveis das políticas universitárias, pelos empregadores, pelos agentes financiadores ou pelas associações profissionais) ou internamente (equipes de direção, órgãos de governo, grupos mais dinâmicos da instituição, grupos ou setores envolvidos nos aspectos a serem melhorados, os próprios resultados alcançados, etc.).

Existem outras visões da aprendizagem que nos podem servir como analogias da aprendizagem das organizações. Vamos examinar o modelo piagetiano, as contribuições de Vygotsky e a análise de Argyris.

O *modelo piagetiano de aprendizagem* (exploração, assimilação, acomodação) dá-nos uma visão da aprendizagem como *processo* internamente *gerativo,* o qual se vai desenvolvendo através da reconstrução progressiva dos recursos pessoais que, em cada novo avanço, vão apontando as melhores condições de abordar etapas sucessivas.

O modelo piagetiano (tomado como uma simples analogia) permite-nos identificar três etapas importantes nos processos de aprendizagem organizativa. Em um primeiro momento de *exploração,* tateiam-se as possibilidades da mudança desejada e desenvolvem-se aproximações por meio de inovações pontuais, de pequenas modificações, de tentativa de diversos tipos. Pouco a pouco, essa mudança experimental vai se consolidando. A organização *assimila*, define a mudança, a qual se vai tornando mais familiar, mais certa. Finalmente, a mudança integra-se à estrutura e ao funcionamento da instituição. As estruturas *acomodam-se* à nova situação, modificam-se e novos elementos são criados. A instituição, em seu conjunto, está, a partir de então, pronta para enfrentar novas metas, porque já *aprendeu* e enriqueceu suas estruturas com a nova aprendizagem.

Esse esquema descreve bem o que se pode comprovar nos processos de qualificação que marcam um primeiro momento de exploração. As primeiras etapas de qualquer iniciativa costumam ser assim, um pouco incertas, inconstantes, com muitos problemas de logística, de previsões, de clareza de objetivos, etc. Elas nos dão a impressão de ser tempo perdido, mas não o são, pois a instituição vai aprendendo, vai se aprimorando com os mecanismos para poder transitar melhor nesse âmbito. Pouco a pouco, aquela iniciativa deficitária do início vai se consolidando, ganhando firmeza e segurança. A organização aprendeu a guiá-la, e a inovação realiza-se sem contratempos; falta apenas que essa mudança se transforme em uma nova riqueza, em um novo recurso que a instituição possa utilizar para avançar a novos estágios de desenvolvimento e qualidade.

É assim que funcionam as organizações quando aprendem. O processo pode sofrer um colapso e ficar detido em qualquer uma das fases intermediárias. Nesse caso, não teria ocorrido a aprendizagem, ao menos em seu sentido completo. Lembremos, para dar um exemplo, os processos de *intercâmbios de estudantes entre universidades*. As primeiras fases foram, na verdade, difíceis e cheias de sobressaltos. Elas dependiam muito das pessoas, a logística falhava com freqüência, os convênios de colaboração deixavam muitas lacunas, havia problemas de reconhecimento dos estudos realizados no exterior, entre tantos outros entraves. Aos poucos, a iniciativa foi se consolidando à medida que as instituições adquiriam experiência e moldavam-se aos ajustes necessários. Os intercâmbios consolidaram-se e incorporaram-se à dinâmica tradicional de funcionamento das instituições. Claro que algumas universidades ainda não superaram a etapa da exploração, e seus programas de intercâmbio continuam sendo incertos e pouco institucionalizados. Porém, na maior parte dos casos, o processo foi se consolidando. Diríamos que essas universidades alcançaram a segunda fase da aprendizagem institucional nesse ponto, mas não se chega ao final até que essa iniciativa esteja integrada aos recursos da instituição como um elemento que permite atingir a excelência em desenvolvimento. Isso não quer dizer que os intercâmbios já se tenham consolidado como experiência isolada, mas que constituem uma nova capacidade ou um novo recurso do equipamento institucional mediante o qual se está em condições de progredir em termos de desenvolvimento, que se traduziria na incorporação de ofertas formativas internacionais, nos sistemas de credenciamento compartilhados, no intercâmbio de professores, nos projetos de pesquisa afins, etc. A cada nova aprendizagem, a instituição fica em condições de enfrentar metas superiores em seu desenvolvimento.

Podemos ter outra contribuição interessante de Vygotsky, por meio de seu conceito de *aprendizagem colaborativa,* para entender os processos de aprendizagem institucional.

As aprendizagens individuais passam por uma etapa prévia em que são apresentadas como trocas e produções coletivas. Construímos nossas representações e idéias a partir das trocas provocadas tanto em nós como em nossos interlocutores. Vamos ajustando o que pensamos e dizemos ao que pensam e dizem os outros com quem trocamos idéias e experiências.

Como a universidade é um tipo de organização em que o poder dos indivíduos é muito forte, no final das contas, as possibilidades de mudanças visando à qualificação dependem muito do tipo de posicionamento que os sujeitos que a formam adotem (ou, no mínimo, aqueles que adotam a decisão pertinente).

A aprendizagem ou mudança institucional requer, nesses casos, a mudança nas idéias e nas práticas dos sujeitos; porém, para que aconteça, exigem-se do contexto de aprendizagem colaborativa – no qual as trocas são motivadas – os ajustes progressivos das percepções e das idéias dos sujeitos que participam dele.

Quem participou de processos de mudança (independentemente de, no final, terem acabado em autênticas aprendizagens institucionais ou de serem ardilosas) sabe até que ponto são importantes essas fases de comunicação e troca. Por isso, não funcionam as "mudanças por decreto", nem aquelas que se pretende realizar de uma forma rápida, sem dar tempo para que as mentalidades mudem. Afinal, tudo costuma transformar-se em uma mera mudança formal ou burocrática (cumprimos com os nossos deveres, mas deixamos tudo como estava).

Em terceiro lugar, está a interessante análise que Argyris (1990) faz das *mentalidades defensivas* nas organizações. Em seu estudo sobre os processos de mudança nas organizações, esse autor descobriu que são freqüentes as atitudes e as intervenções defensivas. Não se trata, via de regra, de movimentos perversos que pretendam manter, a todo custo, o *status quo,* tampouco de processos que surjam de um possível conflito de interesses entre setores ou de luta pelo poder. Argyris deparou-se com atitudes bem-intencionadas que visavam preservar o bom ambiente da instituição e, para isso, evitavam qualquer tipo de conflito.

O erro fundamental, nesse exemplo, deriva de uma aprendizagem que assimilamos desde muito cedo em nossa vida: a necessidade de evitar situações embaraçosas e ameaçadoras com o objetivo de que nos sintamos bem e de que façamos com que os que nos rodeiam sintam-se bem. Dessa aprendizagem ligada ao instinto de preservação, originam-se muitos comportamentos defensivos: omitir a verdade, se ela for incômoda; ser sempre educado; manter uma atitude cooperativa com o menor desgaste possível; tangenciar temas complexos ou passíveis de conflito; fazer prevalecer as relações cordiais sobre qualquer outro propósito ou sobre outra condição. Assim são criadas *organizações neuróticas* (De Vries e Miller, 1984), nas quais qualquer análise em profundidade ou qualquer ocasião de conflito são sacrificados em nome das boas relações. "Aprendemos", escreveu Claudia Picardo no prólogo dessa obra de Argyris, "a não produzir análises em profundidade, a aceitar relações sem autenticidade, já que se caracterizam pela ausência de problemas e de situações desagradáveis. Sacrificamos, devido à boa educação e ao contentamento, a possibilidade de trocas, de confrontamento de idéias e sentimentos" (p.XIII).

Esse padrão de comportamento conservador, obstáculo para qualquer processo de mudança, precisa ser substituído por outro modelo que, segundo Argyris, pode manter os mesmos valores conservadores, mas dotando-os de um novo significado. O apoio mútuo transforma-se no compromisso mútuo de desenvolver as capacidades próprias e alheias visando enfrentar coletivamente as situações e os problemas reais, sejam eles agradáveis ou desagradáveis. O respeito e o apreço pessoal pelos outros é visto sob a perspectiva da reflexão conjunta, da aceitação dos fatos como são e da busca comum de soluções.

A vida cotidiana de nossas universidades está muito impregnada desse tipo de mentalidade defensiva. Não só são poucas as pessoas, em especial nos círculos de maior poder, que se atrevem a manifestar abertamente suas opiniões e suas críticas em relação à situação (a atitude de adulação aos superiores, principalmente se são do próprio grupo, costuma ser uma condição de sobrevivência), como também foi gerada uma cultura da privacidade, a qual elimina qualquer tipo de contraponto em relação àqueles espaços tidos como "privados" (as turmas, as avaliações, a relação com os alunos, o grau de envolvimento nas atividades institucionais, etc.).

Na verdade, não se trata de preferir o conflito à harmonia. O problema está, como diz Argyris, em sacrificar tudo para evitar os conflitos. Dessa maneira, é pouco provável que a instituição progrida, ao menos na superação daquelas distorções mais arraigadas na dinâmica institucional.

Aprender e desaprender da universidade

Embora possa parecer um simples jogo de palavras, "aprender e desaprender" é uma condição fundamental no processo de qualificação das organizações. Para aprender, isto é, para incorporar melhoras e para alcançar fases superiores de desenvolvimento, é preciso desaprender, eliminar resquícios, desconstruir práticas, significados e prioridades que fazem parte da tradição institucional.

> Entre as prioridades, é preciso destacar que ensinar se aprende ensinando, que os resultados da aprendizagem dependem dos alunos, que docência e pesquisa caminham juntas e reforçam-se mutuamente, que a formação universitária deve estar orientada para o mercado de trabalho, que cada disciplina é diferente uma da outra; portanto, as análises gerais não são válidas, etc. Sem uma reconstrução de seu significado e de sua projeção sobre a prática docente, existem poucas possibilidades de progresso.

Uma análise em profundidade deverá ser feita em uma discussão aberta, na qual cada um tenha a possibilidade de expor sua opinião e confrontá-la com as opiniões alheias.

O que a universidade deveria aprender e desaprender? Essa parece ser uma questão importante nessa consideração geral sobre a universidade como organização que aprende.

No quadro, temos alguns tópicos possíveis desse processo.

Desaprender	Aprender
Percepções de professores e alunos.	Conhecer-se (avaliação).
Culturas institucionais.	Explicitar pensamentos e necessidades.
Resistências à mudança.	Posicionar-se frente às características e necessidades de alunos, professores e profissão.
Rotinas e ritos.	Ajustar os mecanismos institucionais.

Um dos aspectos importantes para se desaprender é o que vimos antes como *traços da cultura institucional da universidade* (por exemplo, a tendência ao individualismo). Por outro lado, junto a essas características globais da cultura da universidade, existem outras culturas específicas que envolvem subunidades da instituição. Poderíamos dizer que, em cada faculdade, foi se construindo um espaço, às vezes compartilhado, sobre a forma de apresentar os estudos, os comportamentos aceitáveis (de professores, de alunos e de relação entre ambos), as normas de funcionamento, etc. Por exemplo, há uma visão bastante comum em algumas faculdades de que as disciplinas devem ser ensinadas de forma magistral (motivo pelo qual há uma configuração especial das salas de aula, com um estrado alto para o professor e com as carteiras voltadas para ele) e de que aprender é memorizar. Existe ainda a idéia de alguns professores de que sua disciplina fica desacreditada caso ele não reprove uma porcentagem muito elevada de estudantes e, em outros casos, de que a relação entre professores e alunos deve ser mais informal.

Outra condição é desaprender as *resistências à mudança,* conforme foi anteriormente mencionado segundo a análise de Argyris (resistências de índole emocional e social). Todavia, existem muitas outras resistências localizadas em outros espaços: preconceitos, tradições, interesses individuais ou coletivos. Esse processo de eliminá-las exige muito trabalho de comunicação e análise. O próprio modelo que Argyris propõe se assenta justamente nisso: capacidade de identificar os comportamentos e as "teorias em uso" (às vezes contradizendo o que nós mesmos dizemos saber ou pensar) que atuam como impedimento das mudanças, buscando transformá-las. Isso também acontece com as rotinas e com os hábitos assumidos nos diversos níveis da administração: dos indivíduos responsáveis pela administração e pelos serviços até os que desenvolvem a docência ou que lideram as instituições. Essas formas tradicionais de enfrentar as situações acabam se enfraquecendo e dificultando qualquer proposta de crescimento.

Enfim, *desaprender* traduz-se na capacidade de "desconstruir" a situação vigente do sistema, de seus significados e de suas práticas e de "reconstruí-la" com um novo significado ou com um novo tipo de intervenções, o qual será o conteúdo da aprendizagem, isto é, o que essa organização aprenderá.

Aprender é atravessar uma série de fases, a qual começa pelo momento de "reconhecimento" da situação por meio dos procedimentos oportunos de coleta de informação (uma avaliação, reuniões de análise, informes ou memórias das diversas instâncias, etc.). Completando esse momento (às vezes, simultaneamente), há outro em que as expectativas, as demandas ou as necessidades que se deseja enfrentar são apresentadas. Por isso, diz-se que as instituições não devem limitar-se a responder aos problemas: devem, de fato, construir um projeto capaz de enfrentar tanto os ajustes a serem incorporados visando a melhor adaptação às mudanças como as novas expectativas e idéias que refletem o sentimento dos diversos setores envolvidos. As instituições aprendem, ao mesmo tempo, a se adaptar às novas demandas e a gerar por si mesmas novas linhas de atuação.

NOTAS

1. Podem se ver, por exemplo, os seguintes: Domínguez, G. e Mesanza, J. (1996): *Manual de organización de instituciones escolares*. Escuela Española. Madri. Coronel, J. M.; López Yáñez, J.; Sánchez Moreno, M. (1994): *Para comprender las Organizaciones Escolares*. Repiso. Sevilha. Lorenzo Delgado, M. e Sáenz Barrio, O. (1993): *Organización Escolar: una perspectiva ecológica*. Marfil. Alcoy.

2. Podem se ver considerações mais sistemáticas sobre esse aspecto em um trabalho anterior: Zabalza, M. A.: *La dimensión pedagógica de los itinerarios culturales europeos*. Dossier para el Consejo de Europa. Estrasburgo, 1991.

3 Os professores universitários

Talvez não haja dúvida nenhuma de que a peça fundamental no desenvolvimento da docência universitária são os professores. Sendo as universidades "instituições formativas", ninguém deveria desprezar nem o papel dessa função primordial, nem a importância daqueles que a exercem.

Embora essa consideração possa ser óbvia, as circunstâncias instáveis das condições de funcionamento e sobrevivência das universidades obscureceram seu sentido formativo essencial. Elas se transformaram, em muitos casos, em centros de produção e transferência de componentes culturais ou profissionais. O *ranking* das universidades é feito com base em indicadores de produção científica ou técnica (patentes, projetos de pesquisa subvencionados, publicações, congressos, etc.). Entretanto, o nível da formação oferecida aos alunos que a freqüentam constitui uma variável de menor importância.

A universidade forma um sistema profissional muito peculiar, o qual afeta, de maneira direta, o modo como seu pessoal elabora a identidade profissional, exerce suas funções e desempenha as atividades profissionais a eles atribuídas. Afeta também os mecanismos básicos que utiliza para progredir no *status* profissional e/ou institucional. Não se deve estranhar que nós, professores universitários, tendamos a construir nossa identidade profissional em torno da produção científica ou das atividades produtivas que geram mérito acadêmico e que redundam em benefícios econômicos e profissionais. Isso pode ser chamado, utilizando a denominação de Vandenberghe (1986, p.17-26), de "a ética da praticidade".

Nos capítulos anteriores, tratei de fazer uma "leitura" do cenário universitário como marco de condições em que é praticada a docência. Concluída essa parte, seguiremos em direção ao mundo dos *agentes* da formação: nós, professores de diferentes categorias e especialidades, que desenvolvemos na universidade nossa atividade profissional.

O primeiro problema é como chegar à figura e ao trabalho dos professores. São muitas as dimensões e os componentes que definem a ação docente, e quase todas se inter-relacionam. Desse modo, é difícil encontrar um modelo que abarque todo o espaço sem restrições ou superposições.

Analisarei a figura do professor universitário utilizando os mesmos critérios que emprego em minhas aulas quando abordo esse tema. Para isso, diferenciarei três grandes dimensões na definição do papel docente:

- *Dimensão profissional* que permite o acesso aos componentes essenciais que definem essa profissão: quais são suas exigências (retorno esperado pela atuação profissional), como constrói sua identidade profissional e em torno de quais parâmetros o faz, quais são os principais dilemas que caracterizam o exercício profissional, quais são as necessidades de formação inicial e permanente, etc.

- *Dimensão pessoal* que permite considerar alguns aspectos de grande importância no mundo da docência: tipo de envolvimento e compromisso pessoal característicos da profissão docente, ciclos de vida dos docentes e situações pessoais que os afetam (sexo, idade, condição social, etc.), problemas de ordem pessoal que costumam acompanhar o exercício profissional (*burn out,* estresse, desmotivação, etc.), fontes de satisfação e insatisfação no trabalho, a carreira profissional.

- *Dimensão administrativa* que nos situa diante dos aspectos mais claramente relacionados com as condições contratuais, com os sistemas de seleção e promoção, com os incentivos, com as condições (carga horária, horários, obrigações vinculadas ao exercício profissional, etc.).

Este é um esquema de categorias que não são excludentes. Alguns dos aspectos que são tratados sob uma ótica poderiam ser tratados sob outra (por exemplo, a *carreira docente* é tanto uma questão profissional como pessoal); contudo, talvez seja útil para um movimento com desenvoltura entre o emaranhado de dimensões e qualidades que caracterizam o papel docente na atualidade.

DIMENSÃO PROFISSIONAL DO DOCENTE UNIVERSITÁRIO

A docência universitária é uma profissão ou é o trabalho que exercemos? Qual é o eixo em torno do qual é construída a identidade profissional? Quando cabe a nós dizer o que somos, como nos autodefinimos: como sociólogos, economistas, advogados, engenheiros, médicos ou como professores da universidade?

A docência universitária é extremamente contraditória em relação a seus parâmetros de identidade socioprofissional. É freqüente nós, professores universitários, nos identificarmos assim: "sou professor universitário", na medida em que isso é sinal de grande *status* social. Todavia, esse reconhecimento (ao menos no que se refere a seus componentes docentes) é secundário na hora de avaliar os elementos a partir dos quais se constrói e desenvolve-se essa identidade.

Dito em termos simples, muitos professores universitários autodefinem-se mais sob o âmbito científico (como matemáticos, biólogos, engenheiros ou médicos) do que como docentes universitários (como "professor" de...). Sua identidade (o que sentem sobre o que são, sobre o que sabem; os livros que lêem ou escrevem; os colegas com quem se relacionam; os congressos que freqüentam; as conversas profissionais que mantêm, etc.) costuma estar mais centrada em suas especialidades científicas do que em suas atividades docentes.

Certamente, muitos professores universitários ficariam surpresos caso um colega lhes confessasse que nunca leu um livro científico sobre sua especialidade. Eles não entenderiam a razão que levaria o colega a não estar atualizado sobre o conhecimento científico que seu trabalho requer; em contrapartida, talvez (é apenas uma hipótese) o escândalo fosse menor se o colega confessasse que nunca lera nada sobre "didática da especialidade", ou sobre como ensinar o conteúdo que está sob sua responsabilidade.

Isso quer dizer que o lugar onde se deposita nossa identidade é no conhecimento sobre a especialidade (o que nos identifica com os outros colegas da especialidade, sejam ou não sejam professores) e não no conhecimento sobre a docência (o que nos identificaria com os outros colegas da universidade, sejam ou não sejam de nossa especialidade).

Um dos aspectos mais críticos dos professores (em todos os níveis do sistema de educação) tem sido justamente o de ter uma *identidade profissional indefinida*. Sua preparação para a prática profissional esteve sempre orientada para o domínio científico e/ou para o exercício das atividades profissionais vinculadas a ele. Com esses precedentes, é difícil, a princípio, construir uma identidade profissional vinculada à docência.

No entanto, quando se apresenta o exercício da docência como uma atividade profissional, estamos considerando, no mesmo nível, a sua prática (que tem seus conhecimentos e suas condições específicas) e o domínio científico da própria especialidade. Como atividade especializada, a docência tem seu âmbito determinado de conhecimentos. Ela requer uma preparação específica para seu exercício. Como em qualquer outro tipo de atividade profissional, os professores devem ter os conhecimentos e as habilidades exigidos a fim de poder desempenhar adequadamente as suas funções.

Essa idéia opõe-se à idéia dos que mantêm uma visão não-profissional da docência. A afirmativa bastante usual e difundida de que "ensinar se aprende ensinando" reflete essa visão não-profissional, ou seja, não é preciso preparar-se para ser docente, pois essa é uma atividade prática para a qual não são necessários conhecimentos específicos, mas experiência e "vocação".

Hoje é evidente que, ao menos nos discursos oficiais, a docência implica desafios e exigências: são necessários conhecimentos específicos para exercê-la adequadamente, ou, no mínimo, é necessária a aquisição dos conhecimentos e das habilidades vinculados à atividade docente para melhorar sua qualidade.

A recuperação, ainda incerta, da natureza profissional da atividade docente exigiu, como condição prévia, separá-la das outras dimensões que caracterizam e completam a identidade da ocupação de professor universitário; isto é, separar a atividade docente da atividade de pesquisa e de administração que também caminham juntas ao papel de professores. Ser docente ou ser um bom docente é diferente (porque requer diferentes conhecimentos e habilidades) de ser um bom pesquisador ou um bom administrador.

No entanto, ainda são muitos os que defendem idéias opostas: para ser bom professor universitário, o importante é ser bom pesquisador. Ser bom pesquisador é, de fato, importante (ao menos no contexto espanhol, no qual essas competências estão vinculadas à ocupação de professor); porém, não substitui, nem se iguala (seja em objetivos, habilidades, mentalidade, atuações específicas, seja em conhecimentos necessários) ao fato de ser professor. É claro que o fato de ter um alto nível de excelência como pesquisador não garante que a prática docente seja igualmente um sucesso (Task Force Resource Allocation, 1994). É mais clara ainda a divergência entre tarefas administrativas e tarefas docentes.

Logo, o primeiro ponto de referência para a análise do papel docente na universidade se assenta na afirmação da profissionalização desse papel e das condições que, assim como em qualquer outro ramo profissional, a docência exige: conhecimentos e competências próprios, preparação específica, requisitos de ingresso, plano de carreira profissional, etc.

A docência como atividade profissional

Ainda que, na visão de alguns, o papel do professor universitário continue sendo o mesmo, não há dúvida de que estamos diante de uma expressiva transformação, seja das características formais da dedicação dos professores (com uma presença ampla de professores associados e em tempo parcial), seja das exigências que são impostas a eles. Usamos "docência" para nos referir ao trabalho dos professores, mas somos conscientes de que eles desempenham, na realidade, um conjunto de funções que ultrapassa o exercício da docência. As funções formativas convencionais (ter um bom conhecimento sobre sua matéria e saber explicá-la) foram se tornando mais complexas com o passar do tempo e com o surgimento de novas condições de trabalho (massificação dos estudantes, divisão dos conteúdos, incorporação das novas tecnologias, associação do trabalho em sala de aula com o acompanhamento da aprendizagem em empresas, surgimento dos intercâmbios e outros programas interinstitucionais, etc.).

Muitas vezes, atribuíram-se aos professores universitários três funções: o *ensino* (ou docência), a *pesquisa* e a *administração* (nos diversos setores institucionais: dos departamentos e faculdades às diversas comissões e à direção da universidade). Atualmente, novas funções agregam-se a estas, as quais ampliam e tornam cada vez mais complexo seu exercício profissional: o que alguns chamaram *business* (busca de financiamento, negociação de projetos e convênios com empresas e instituições, assessorias, participação como especialistas em diversas instâncias científicas, etc.) e as *relações institucionais* (que são entendidas de diferentes maneiras: da representação da própria universidade nas inúmeras áreas em que é exigida até a criação e a manutenção de uma ampla rede de relações com outras universidades, empresas e instituições buscando reforçar o caráter teórico e prático da formação e, em alguns casos, seu caráter internacional).

Entre elas, vou analisar a docência, que, teoricamente, deveria ser a mais importante, porque nela se concentra a tarefa formativa da universidade. No entanto, como já fora dito, a docência deixou de ser prioridade das instituições e dos próprios professores.

> Entre nossos colegas norte-americanos, ocorre esta espécie de anedota. Parodiando aquela frase oportuna "estuda ou trabalha?", a qual era tão útil

para "quebrar o gelo" nas fases iniciais de um novo namoro, quando você se encontrava com um colega, podia empregar uma expressão similar: "ensina ou pesquisa?". Agora, pelo visto, a pretensa dicotomia já não funciona, porque a resposta mais freqüente é 'Oh, não! Agora eu sou um administrador!'.

Qualquer um pode entender que a pesquisa constitui um processo bastante complicado e que exige conhecimentos e competências variados em que é necessário se formar. O mesmo acontece com a administração: até então, ela tinha sido mantida como um espaço de dedicação não totalmente profissional (ao menos no que se refere aos docentes, pois em outros âmbitos dependentes dos funcionários da administração e serviços atribuídos à universidade isso acontecia), mas já são muitas as vozes que estão reclamando uma profissionalização das tarefas de administração (incluindo o recente informe Bricall, 2000).

Como conseqüência das mudanças ocorridas no cenário universitário, a docência sofreu também importantes transformações. A tradicional missão do docente como *transmissor* de conhecimentos ficou relegada a segundo plano, dando espaço ao seu papel como *facilitador* da aprendizagem de seus alunos. O acesso ao conhecimento pode ser feito, hoje em dia, através dos mais diversos caminhos (livros, documentos de vários tipos, materiais em suporte informático, internet, etc.). Por outro lado, a facilidade de acesso não supõe auxílio em relação à decodificação, à assimilação e ao aproveitamento dessa informação, nem garante a vinculação desse material com a prática profissional. É justamente nessa função da "aprendizagem" (a mais genuinamente "formativa") que os professores universitários devem centrar sua ação.

Por isso, frente aos defensores da idéia de que ensinar é uma arte que se aprende com a prática (visão não-profissional do ensino, ou seja, não é preciso se preparar para isso), apresentarei aqui uma visão mais completa e complexa do ensino como atividade que requer conhecimentos específicos, formação *ad hoc* e reciclagem permanente visando à atualização tanto com os novos conteúdos como com as novas metodologias didáticas aplicáveis a esse âmbito. Isso não significa dizer que a prática não seja necessária ou que não aprendamos com ela. Em todas as profissões, a prática constitui uma fonte de conhecimento; porém, é insuficiente.

Brown e Atkins (1994) diziam que a visão profissional do ensino parte de duas questões prévias: chegar a um ensino efetivo é uma tarefa complexa e um grande desafio social, com altas exigências intelectuais; ensinar efetivamente consiste em uma série de habilidades básicas que podem ser adquiridas, melhoradas e ampliadas por meio de um processo consistente de formação.

Ensinar é uma tarefa complexa na medida em que exige um conhecimento consistente acerca da disciplina ou das suas atividades, acerca da maneira como os estudantes aprendem, acerca do modo como serão conduzidos os recursos de ensino a fim de que se ajustem melhor às condições em que será realizado o trabalho, etc.

Conhecer bem a própria disciplina é uma condição fundamental, mas não é o suficiente. A capacidade intelectual do docente e a forma como abordará os conteúdos são muito distintas de como o especialista o faz. Esta é uma maneira de se aproximar dos conteúdos ou das atividades profissionais pensando em estratégias para fazer com que os alunos aprendam. Nisso estão as especiais *exigências intelectuais* mencionadas por Brown e Atkins. Além de conhecer os conteúdos, os docentes devem ser capazes de:

– analisar e resolver problemas;

– analisar um tópico até detalhá-lo e torná-lo compreensível;

– observar qual é a melhor maneira de se aproximar dos conteúdos e de abordá-los nas circunstâncias atuais (para isso, os professores devem ter diversas alternativas de aproximação);

– selecionar as estratégias metodológicas adequadas e os recursos que maior impacto possam ter como facilitadores da aprendizagem;

– organizar as idéias, a informação e as tarefas para os estudantes.

Essas exigências intelectuais ultrapassam o mero domínio dos conteúdos científicos da especialidade. Além disso, o ensino é uma atividade interativa realizada com determinados sujeitos, os estudantes, cujas características e cuja disposição são muito variadas. Isso nos leva a um novo âmbito de competências que o docente deve ter:

– saber identificar o que o aluno já sabe (e o que não sabe e necessitaria saber);

– saber estabelecer uma boa comunicação com seus alunos (individual e coletivamente): dar explicações claras, manter uma relação cordial com eles;

– saber agir de acordo com as condições e características apresentadas pelo grupo de estudantes com que se tenha de trabalhar (jovens do ensino médio, estudantes adultos, etc.); ser capaz de estimulá-los a aprender, a pensar e a trabalhar em grupo; transmitir-lhes a paixão pelo conhecimento, pelo rigor científico, pela atualização, etc.

Nestes aspectos, são alicerçadas a profissionalidade da docência, sua especialidade e a ampla lista de exigências intelectuais e habilidades práticas que seu exercício implica. Somos profissionais não apenas porque sabemos o que fazer (o que nos diferencia dos incompetentes) ou porque recebemos um salário (o que nos diferencia dos amadores ou voluntários), mas porque:

- o trabalho por nós desenvolvido exige que sejam postos em prática vários conhecimentos e várias competências que necessitam de uma preparação específica;
- esta é uma atividade de grande relevância social;
- a docência mantém determinadas competências e uma estrutura comuns aos seus aspectos formadores, apesar de ser desempenhada em diferentes contextos e em relação a diferentes indivíduos e de envolver diferentes conteúdos e diferentes propósitos formativos.

Esta enumeração pode ser encerrada com as competências fundamentais (na verdade, integram as que vimos até agora), as quais costumam ser atribuídas ao professor universitário competente (Moses, 1985):[1]

- alto nível de conhecimento em sua disciplina;
- habilidades comunicativas (conexão entre os conteúdos, clareza na exposição oral ou escrita deles, materiais bem elaborados, etc.);
- envolvimento e compromisso com a aprendizagem dos estudantes: buscar meios de facilitá-la, estimular o interesse deles, oferecer-lhes possibilidades de uma formação exitosa, motivá-los para trabalhar arduamente, etc.;
- interesse e preocupação com cada um dos estudantes: ser acessível, ter atitude positiva, reforçar positivamente os alunos, entre outros.

Esta é a idéia da profissionalização assumida neste livro. Não estou certo de que convencerei os que defendem a tese "ensinar se aprende ensinando", traduzida por "os conhecimentos específicos são desnecessários, exceto aqueles que têm origem no mínimo domínio da disciplina". Espero que sejam encontrados dados e idéias suficientes para submeter tal convicção a um questionamento.

Nesse sentido, gostaria de apresentar uma analogia, mesmo que sabidamente o exemplo padeça de muitos pontos fracos, como diziam os romanos: *omne exemplum claudicat* ("todo exemplo coxeia").

Imaginemos uma magnífica cozinheira, com grandes conhecimentos (o saber teórico sobre os alimentos e o saber prático de cozinha) na arte culinária, encarregada de atender às creches de uma cidade: talvez, para ela, a natureza de seu trabalho seja alterada de maneira substancial, pois já não se trata apenas de lidar com os alimentos da maneira que cada um deles exige, mas de "prepará-los para servir de refeição a certas crianças". Na verdade, ela não deixa de ser cozinheira, mas é certo que apenas o seu conhecimento culinário será insuficiente para atender adequadamente às condições de tal atividade. Se é responsável, o que supomos que seja, precisará completar sua formação com elementos relativos às características e às necessidades de seus novos clientes. Além disso, deverá estar ciente sobre os possíveis problemas oriundos de alguns produtos ou de algumas formas de cozimento, sobre o tipo de dieta adequada para cada idade, sobre as preferências de certas crianças, etc. Isto é, não se trata de preparar refeições para que cada um selecione o que quer comer, mas de adequar o trabalho às condições que o novo contexto e que os novos clientes lhe apresentam.

Algo similar a isso acontece, na minha opinião, com os docentes. Nossos alimentos são os conteúdos específicos da disciplina. Supõe-se (mesmo que retomemos a seguir esse ponto) que nos movemos com facilidade sobre este terreno: temos domínio de nossa disciplina e fomos selecionados para ensiná-la justamente por isso. O problema de "reprofissionalização" começa no momento em que nos dizem que temos de ensiná-los a sujeitos com determinadas características e com determinados propósitos. Então, surge uma segunda variável de nossa profissão: os indivíduos a quem teremos de fazer aprender os conteúdos de nossa disciplina. Nesse contexto, não está em jogo apenas o fato de "preparar uma refeição" de acordo com o gosto de alguns, enquanto os que "dela" não gostam são ignorados. Nosso compromisso é fazer (ou, ao menos, tentar) com que nossos alunos aprendam o que desejamos ensinar-lhes. Portanto, é preciso que tenhamos noção (ou seja, que nos informemos e nos formemos) de quais são suas características, do que sabem e do que não sabem, do que são capazes de aprender e dos meios para isso, dos conteúdos que são úteis ao propósito a ser alcançado e dos mecanismos que podemos utilizar visando tornar possível uma aprendizagem efetiva ou aos quais podemos recorrer para comprovar se a aprendizagem ocorreu ou não adequadamente.

Sendo assim, não é suficiente dominar os conteúdos nem ser um reconhecido pesquisador na área. A profissionalização docente refere-se aos alunos e ao modo como podemos agir para que aprendam, de fato, o que pretendemos ensinar-lhes.

Função formativa dos professores

Em um capítulo anterior, analisamos com detalhes o sentido e as funções formativas da universidade e concluímos que sua missão institucional está inevitavelmente ligada ao mundo da formação e do conhecimento. Por isso, em ambos os casos estão ocorrendo mudanças muito significativas, as quais levam à reorientação da estrutura universitária. Abordarei essa questão a partir da atividade docente. Às vezes, é mais fácil desenvolver um conceito abstrato ou um conceito vinculado a um grupo ou a uma instituição do que aquele cujo enfoque é o compromisso profissional assumido a título individual.

De forma semelhante ao que acontece em outros níveis do sistema educacional, a função formativa do professor universitário é indefinida, o que faz com que seja difícil avaliar seu desempenho. A pergunta-chave é: o que, de fato, se espera de um professor da universidade?

A auréola de cientistas iluminados, de especialistas na área, a qual, com freqüência, está sob a figura dos professores da universidade é pouco para enfrentar as funções antes citadas.

Uma lacuna tradicional em sua bagagem profissional foi justamente a dimensão formativa. Muitas vezes, sua identidade é moldada, e os professores vêem a si mesmos mais como pesquisadores (no campo científico) ou como profissionais (no campo aplicado: médico, advogado, economista, etc.) do que como professor de fato e, menos ainda, do que como formador.

> No início do curso do CAP,[2] perguntei aos participantes (em torno de 60 estudantes recém-formados em diferentes cursos de licenciatura, tanto de ciências como de letras) quais professores, entre os que tiveram em seus anos de estudos, valorizavam mais e quais haviam sido mais significativos para eles.
>
> Curiosamente, uma ampla maioria valorizava mais seus professores do ensino médio; os quais, segundo eles, demonstravam maior domínio de conteúdos e que, por esse motivo, os influenciaram muito mais do que os professores universitários.

É difícil saber como se avalia essa circunstância (abandonando, é claro, a frustração que, como professores de universidade, sentimos). Isso quer dizer que é cada vez mais importante resgatar e estar atento ao encargo fundamental que todos nós, professores de universidade, temos.

A questão, nesse caso, é clara e enfatiza o que apontamos anteriormente. A profissionalização docente não só transcende os encargos disciplinares por implicar competências relativas à sua conversão e aplicação como conteúdos de aprendizagem, como também transcende a condição relativa ao processo cujo propósito é a formação. Por outro lado, a "formação" como objetivo a ser atingido na universidade comporta conteúdos e conotações muito diferentes dos existentes até então. As demandas e expectativas dos indivíduos e da sociedade modificaram-se de forma substancial. Cada vez mais, conquista espaço a formação que se distancia de conteúdos científicos especializados: o que se quer é uma formação mais polivalente, flexível e centrada na capacidade de adaptação a situações diversas e na solução de problemas. Cada vez mais, busca-se um tipo de formação que permita um desenvolvimento global da pessoa, potencializando sua maturidade e sua capacidade de compromisso social e ético.

Insistimos que essa dimensão "educativa" da atividade profissional docente não combina com um mero *know-how* científico por parte dos professores universitários. É preciso não apenas que sejam bons cientistas ou bons administradores, mas também bons formadores. Além de seus conhecimentos, devem ter condições de estimular o desenvolvimento e a maturidade de seus estudantes, de fazê-los pessoas mais cultas e, por sua vez, mais completas sob o ponto de vista pessoal e social.

Essa dimensão formadora resulta de dois caminhos de atuação: um diretamente voltado para a formação em seu sentido individual, e outro, indireto, voltado para a formação por meio dos conteúdos selecionados e, principalmente, da abordagem e das metodologias empregadas.

A ação direta sobre a formação contém elementos vinculados à relação interpessoal que nós, professores, mantemos com os alunos e ao tipo de informações que trocamos. Estes são os processos de influência que exercemos sobre atitudes, valores, visão do mundo e de profissão dos nossos alunos. Essa influência realmente acontece? Somos formadores ou apenas professores qualificados? Constituímos esse ponto de referência para o qual nossos alunos olham e com o qual aprendem a pensar, a viver, a examinar os temas profissionais e os problemas da atualidade? O que os estudantes universitários esperam de nós?

A massificação reduziu e empobreceu as formas de contato entre professores e alunos, assim como o fizeram as novas tecnologias da informação e da comunicação. Em ambos os casos, ampliou-se a *distância* entre professor e aluno. Os estudantes podem se abastecer de informação em diferentes meios, os quais tornam prescindível sua relação com o professor (e anulam a capacidade de influência dele através dessa relação).

Curiosamente, tal relação é muito mais estreita e, por isso, mais rica e influente nos processos de formação de pesquisadores. Nesse contexto, ter se formado com este ou com aquele pesquisador costuma deixar marcas profundas em termos de conhecimento e em termos pessoais: paixão pelo conhecimento, pelo rigor; a perseverança e a capacidade de resistência à frustração, etc.

Em contrapartida, é possível ter experiências menos ricas e ter recebido influências negativas, mas talvez essa seja uma das características da formação no âmbito universitário: os estudantes já estão em um nível de maturidade que lhes permite separar o bom do mau, ou seja, aquilo em que seus formadores resultam imitáveis e aquilo em que o exemplo deles deve ser tomado como expressão de algo inaceitável.

Em todo caso, temos de reconhecer que essa dimensão formativa não é, em absoluto, uma questão simples sob a perspectiva dos próprios professores e da forma como concebem seu papel na formação; não o é sob a perspectiva das condições em que desenvolvem seu trabalho; não o é, sobretudo, sob a expectativa dos próprios alunos. Em alguns casos, os alunos estão em plena fase de afirmação juvenil, e tudo o que o professor sugere, na concepção deles, não tem importância ou é antiquado, e, em outros, os estudantes são adultos cujos critérios e posicionamentos já estão coesos.

Por tudo isso, talvez a influência formativa mais clara e pertinente ocorra de forma indireta, por meio do trabalho sobre os conteúdos. O tipo de conteúdos que são selecionados, a forma de abordá-los, a metodologia empregada, as exigências geradas para a aprovação, entre outros constituem elementos que revelam, quando são empregados, uma grande capacidade de impacto formativo sobre os estudantes. Na verdade, essa influência não é sempre uniforme, nem todos os conteúdos servem a esse propósito.

Algumas universidades incorporam conteúdos da área humana aos cursos de ciências exatas com vistas a fortalecer uma visão mais ampla dos problemas atuais. Em outros casos, foram unificados os conteúdos vinculados à ética e à deontologia profissional. Também foram incluídos, em alguns casos, atividades de imersão social: os estudantes devem realizá-las a fim de conhecer ou resolver alguns problemas sociais que dizem respeito ao âmbito profissional para o qual se preparam. Enfim, pretende-se que não se centrem exclusivamente nos conteúdos científicos e em uma visão fria e instrumental da profissão, mas que garantam uma série de critérios profissionais e de convicções pessoais pertinentes.

Vinculados à forma de abordar os conteúdos, estão vários propósitos formativos de alto valor: visão interdisciplinar dos problemas; necessidade de formação contínua; sensibilidade em relação às pessoas envolvidas e aos efeitos das intervenções profissionais; importância de não se limitar a uma só perspectiva ou fonte, mas buscar sempre diversificá-las; necessidade de manter uma certa mentalidade cética e inquisitiva sobre tudo; importância da pesquisa e da documentação, etc. Sob o ponto de vista da metodologia de trabalho, poderíamos encontrar igualmente muitas outras aprendizagens formativas: trabalho em grupo e colaboração, abordagem em profundidade dos temas, combinação entre teoria e prática, uso das novas tecnologias, planejamento e avaliação do próprio trabalho, etc. Sejam quais forem os conteúdos de nossas disciplinas, eles sempre constituem um recurso importante no fortalecimento, na formação e na maturidade individual de nossos estudantes.

DILEMAS DA IDENTIDADE PROFISSIONAL DOS DOCENTES UNIVERSITÁRIOS

O papel dos professores universitários implica, como vimos, perfis indistintos e está sujeito a exigências nem sempre gratificantes. Por isso, esse aspecto é suscetível de análise tendo em vista os dilemas que enfrentamos como profissionais.

Valho-me, com freqüência, do conceito de dilema como instrumento para abordar situações, às vezes, complexas, às vezes, dicotômicas (por exemplo, a dissintonia entre docência ou pesquisa), às vezes tangenciais em relação a um ideal (por exemplo, a tendência ao individualismo frente ao trabalho cooperativo e coordenado). A característica principal dos dilemas é que nenhuma de suas posições extremas é convincente. Os pólos da questão são posições legítimas, mas, na medida em que negam o outro pólo, são insuficientes ou inapropriadas. A solução para os dilemas costuma estar na busca de um equilíbrio. Somado a isso, atribui-se um predomínio de um dos pólos em função das circunstâncias ou do sentido da intervenção. Todavia, em ambos os casos, o importante é que isso se reverte em uma tomada consciente de decisões, adotada ao se levar em conta os outros elementos da situação que lhe dão sentido.

• Individualismo/Coordenação

Os professores universitários têm uma forte tendência a construir sua identidade e a desenvolver seu trabalho de forma individual, ao ponto de essa ser uma das características principais da universidade, ou seja, algo com que temos de contar, ao menos inicialmente, para qualquer tipo de projeção de crescimento.

Maassen e Potman (1990, p.393-410) definiram universidade como uma *burocracia profissional,* a qual é constituída por especialistas que trabalham de maneira isolada, em uma espécie de célula fechada e autônoma. Isso torna difícil ou, visto de outra perspectiva, desnecessária a coordenação.

Tanto a estrutura organizativa como a *cultura* institucional das universidades, tal como abordamos no capítulo anterior, tendem a legitimar, através de sucessivas subdivisões e instâncias internas, esse enfraquecimento e isolamento dos recursos humanos. Em contraposição a isso, essa mesma condição de trabalho independente equipa cada uma dessas instâncias com maior nível de autonomia frente às tarefas. Ocorre, dessa maneira, uma forte disseminação das estruturas de poder e um claro predomínio da ação individual sobre a coletiva.

Mintzberg (1983) apontou alguns dos problemas que surgem a partir dessa situação de isolamento e autonomia profissional:

– *Coordenação:* "As burocracias profissionais não são entidades integradas, mas grupos de indivíduos que se unem para utilizar conjuntamente recursos e serviços comuns; à exceção disso, preferem que as deixem sozinhas" (p. 207).

– *Discrepância* (cada um age conforme seus desejos): O problema da discrepância torna possível que os profissionais ignorem as necessidades reais de seus clientes e, inclusive, possibilita que muitos cheguem a ignorar as necessidades da organização... Eles são leais à profissão, não ao lugar onde têm de exercê-la" (p. 208).

– *Inovação*: Toda inovação que pretenda romper a estrutura das células preexistentes terá grandes dificuldades para se firmar. Dessa maneira, qualquer nova proposta se vê forçada a se integrar nas velhas células já estabelecidas.

Estas três notas de Mintzberg definem resumidamente a situação dos professores e fazem parte da experiência vivida por todos. Os professores vivem tão intensamente a autonomia ideológica, científica, didática, que se torna inexpressivo qualquer processo que tenda a romper esse *status quo.* Nossa atuação como sujeitos únicos gera um marco profissional muito delicado, no qual a coordenação e a conexão interna dos currículos não são tarefas fáceis.

Nós, professores da universidade, somos profissionais de alto nível e assim nos vemos. A cultura institucional das universidades caracteriza-se por um forte predomínio do indivíduo, o que acaba influenciando na ordenação dos *direitos* (os direitos individuais e/ou coletivos acabam prevalecendo quase sempre sobre as necessidades que as atividades requerem) e nos *meios de intervenção* (a tendência é trabalhar sozinho sob a proteção da iniciativa pessoal e da liberdade científica).

É muito complicado, nesse contexto, implementar projetos formativos com estilo global e com coerência e continuidade interna aceitáveis.

Um efeito importante dessa falta de coordenação é o acúmulo de repetições que são observadas nas diferentes disciplinas de um curso. Em contrapartida, é pouco provável que, por qualquer razão, se alguma parte de uma disciplina ficar sem ser dada, ela será recuperada por outro professor.

Torna-se difícil, enfim, qualquer tipo de inovação que vise superar os limites da ação individual ou a deixar em segundo plano os interesses individuais ou coletivos.[3] O informe Bricall cita essa hipertrofia do individualismo docente como um dos obstáculos que impedem o crescimento da qualidade do ensino universitário. O informe Bricall traz como argumento a seguinte citação de outro informe do Ministério Federal alemão de Educação e Tecnologia:

> Existe a impressão generalizada de que as instituições de educação superior poderiam e deveriam ser mais eficazes caso a liberdade acadêmica não supusesse que os professores mal respondem por suas atividades e que unicamente podem ser corrigidos os abusos de privilégios e de direitos.

Talvez por isso se tenha tão pouca consideração pelos enfoques e argumentos pedagógicos (cujo sentido é, precisamente, realizar reflexões em grupo, reforçar os componentes formativos oriundos da continuidade curricular e da coerência entre objetivos e programas).[4]

Sendo assim, um dos aspectos a se levar em consideração, em um ambiente tão individualista como o universitário, é que qualquer tentativa de priorizar as estruturas organizacionais (mudanças nos programas, variações na organização de tempo e espaço para buscar uma maior funcionalidade, introdução de programas de supervisão e controle, reforço das estruturas de coordenação, etc.) pode ser lida como uma agressão ao atual equilíbrio da situação (tendência à inércia) ou aos interesses de indivíduos ou grupos. Nesse contexto, os diversos grupos de pressão constituídos (por exemplo, em áreas de conhecimento, faculdades, grupos de professores de disciplinas específicas) reforçam, através de diferentes mecanismos, a tendência geral ao *status quo*, à inércia das células funcionais existentes na universidade, à idéia de que qualquer mudança tem de ser enfrentada com o mínimo custo no que se refere à estrutura de ocupações e rotinas preexistentes (disciplinas dadas, dedicação, posições de poder, etc.).

- Pesquisa/Docência

A dialética pesquisa/docência e sua diferente incidência no progresso pessoal e profissional dos docentes universitários supõe um forte obstáculo para o desenvolvimento de um ensino universitário de qualidade (exceto às inovações relacionadas com processos e recursos vinculados ao desenvolvimento científico).

Como anotava Bireaud (1990, p.14):

> Os fundamentos deste modelo (de universidade) podem se situar na prevalência da pesquisa sobre o ensino. Desde fins do século XIX, a universidade (européia), na qual é fácil achar fortes ressonâncias germânicas, prefere pertencer ao sistema científico a pertencer ao sistema educativo.

Não são poucas as vozes que se tem levantado na Espanha, nos últimos anos, apontando o perigo de "subsidiar" o ensino universitário em relação à pesquisa, efeito provocado pelas condições impostas pela própria carreira dos professores. Parece lógico que eles atendam de maneira preferencial àquilo que pode ser revertido em proveito próprio.

É fundamental que os professores de universidade pesquisem, mas isso não é funcional para o projeto de formação, no qual participam como formadores, deixando a docência à margem (esse *tempo perdido* entre sessões de trabalho no laboratório).

A idéia, não tão correta assim, por mais difundida que seja, de que o investimento (em tempo, recursos, esforço pessoal, etc.) em pesquisa acaba se revertendo na qualificação da docência é sedutora, mas não corresponde ao que ocorre habitualmente. Nós, professores, costumamos viver o esforço e a dedicação à pesquisa como algo distinto e, às vezes, oposto às exigências da docência. Elas são duas forças que se dirigem a caminhos opostos, com o risco de acabar em esgotamento ou em mal-atendimento tanto à docência como à pesquisa.

Pode-se ser bom professor (ao menos, nas etapas iniciais dos cursos) sem ter uma dedicação quase exclusiva à pesquisa. Em alguns cursos, até pode ser interessante que os docentes mantenham um contato mais intenso com a prática profissional do que com a pesquisa em sentido estrito. Gibbs (2001, p.7-14) demonstrou como a maior parte dos professores de educação superior no Reino Unido, segundo os dados de um recente programa de avaliação, não é de pesquisadores ativos.

Além disso, pode produzir efeitos negativos o fato de que professores limitem seu ensino às questões que estão pesquisando (já que, por puro imperativo metodológico, tais questões constituirão somente um segmento reduzido e muito especializado do campo disciplinar como um todo).

Reuchlin (1989, p.89) descrevia a situação francesa em relação a esse aspecto com considerações muito similares:

> Os critérios de avaliação referem-se quase que exclusivamente à atividade dos professores como pesquisadores (concretamente, o número de artigos que tenham sido publicados em inglês). A melhor estratégia para fazer uma carreira profissional rápida na universidade consiste, de maneira paradoxal, em esquecer-se dos alunos o mais que se possa e dedicar-se, de corpo e alma, às pesquisas que poderão ser publicadas.

O problema atual das propostas inovadoras relativas à qualificação da docência universitária é que elas são pouco rentáveis para os professores. Como já foi mencionado, isso é o que Vandenberghe (1986, p.17-26) denomina *ética da praticidade*. Sua tese é a de que um dos fatores necessários para que as inovações estimulem o envolvimento dos professores (e, mais ainda, trata-se de um contexto institucional que reforça tanto a "excelência individual") são *as recompensas que receberão em troca, tanto em termos de melhor remuneração, de reconhecimento do valor pessoal, de entusiasmo por parte dos estudantes, como em termos de ganhos em potencial de aprendizagem* (p. 19).

- Generalistas/Especialistas

A tendência geral da universidade nos últimos anos (ao menos na Espanha) esteve claramente direcionada para a especialização dos estudos e dos perfis profissionais. Isso é coerente com a propensão à atuação individual e autônoma dos professores. Como são praticamente inexistentes as conexões horizontais e a interação entre as distintas áreas disciplinares, cada professor restringe suas atividades dentro do marco profissional e de especialização do que lhe é próprio, resolvendo à sua maneira o compromisso formativo que lhe foi atribuído. De modo geral, qualquer tentativa de ruptura dessa tendência irá se confrontar com fortes resistências e contará com um prognóstico incerto.

Parte dessa tendência para a especialização é dada pela progressiva compartimentalização dos conteúdos disciplinares. O progresso exponencial das ciências nesses últimos anos fez com que fossem aparecendo novas áreas de pesquisa e conhecimentos. A pretensão de fazer uma abordagem detalhada dos diversos âmbitos científicos leva os *currículos* a se saturarem e os professores a passarem facilmente das dimensões genéricas do conhecimento em seu campo para os conteúdos mais especializados e atuais.

Nesse sentido, a situação está começando a variar, embora só em seus aspectos mais formais. Com muito esforço e com muitos conflitos, títulos mais polivalentes estão sendo implementados (nos quais se unificam estudos antes separados: econômicos e filológicos; direção de empresas e direito; psicologia e pedagogia, etc.); porém, a estrutura interna, a coerência desses títulos como projetos de formação profissional com uma forte conexão interna continua sendo inexistente. Muitas vezes, eles são reduzidos a meras justaposições de partes que continuam sem se integrar.

Ademais, a nova orientação profissionalizante que o ensino universitário adotou reforçou a passagem para a especialização. Quanto mais se pretende introduzir no início da formação conhecimentos ou atividades vinculados a âmbitos específicos e especializados da profissão, mais as disciplinas universitárias adquirem um caráter setorial e aplicado.

Alguns cursos chegaram ao limite dessa consideração compartimentada da formação. Em vez de buscar as origens comuns que unificam a atividade profissional (em termos de conhecimentos e competências básicos que os profissionais da área devem possuir, seja qual for o âmbito em que desenvolvem seu trabalho), buscou-se diversificar cada um dos possíveis espaços onde a profissão pode ser exercida, transformando cada um em uma unidade curricular. Dessa maneira, as disciplinas multiplicam-se (o que obriga a reduzi-las em tempo, porque, caso contrário, não cabem todas no currículo) e, normalmente, tendem a ser muito repetitivas quanto a seus conteúdos. Obviamente, isso exige um maior nível de especialização dos professores que as lecionam.

Somado a isso, deve ser apontado, entre as causas dessa tendência à especialização, o sistema de seleção dos professores. Quanto mais a seleção se pautar em função dos méritos de pesquisa (tarefa que necessariamente há de se desenvolver sobre aspectos muito específicos, com recursos sofisticados), mais a especialização fará parte das qualidades dos docentes.

De qualquer forma, a questão apresenta-se como um dilema. O perigo não está apenas na excessiva especialização, mas também na generalização indiferenciada. O importante é buscar esse equilíbrio na qualificação dos professores: deve-se atingir um nível suficiente de especialização para estar em condições de realizar pesquisas significativas em seu ramo e de aproximar seus alunos das áreas de aplicação especializada da profissão; deve-se ter, igualmente, o conhecimento geral necessário para saber auxiliar seus alunos a construir algumas bases firmes de conhecimento geral e a se colocar ao nível de suas demandas sem se desesperar.

- Ensino/Aprendizagem

O que nos faz ser bons professores, ensinar bem ou formar bons alunos? Estamos novamente diante de uma das preocupações centrais dos professores. Até onde chega nosso trabalho? Até onde chega nossa responsabilidade como docentes e onde começa a responsabilidade dos estudantes? Como conseguimos equilibrar o eixo disciplinar (explicar bem os conteúdos) com o eixo pessoal (ajudar nossos alunos para que aprendam o que ensinamos)?

Poucos professores universitários assumem seu compromisso profissional como docentes de fazer (propiciar, facilitar, acompanhar) com que os alunos aprendam. Eles não desejam assumir essa responsabilidade, nem se sentem preparados para fazê-lo. Como resultado disso, esse dilema concentra sua energia no pólo do ensino, ou seja, assume-se que ser bom professor é saber ensinar bem: dominar os conteúdos e saber explicá-los claramente. Se os alunos aprendem ou não, depende de muitas outras variáveis (motivação, capacidade, tempo dedicado ao estudo, estratégias de aprendizagem) que ficam fora do controle dos docentes.

Esta é uma perspectiva incompleta da função desempenhada pelos docentes em qualquer uma das etapas da formação (incluindo a etapa universitária, embora, nesse caso, os alunos já sejam adultos e a responsabilidade da aprendizagem dependa principalmente deles). Ensinar não é só mostrar, explicar, argumentar, etc. os conteúdos. Quando falamos sobre ensino, aludimos também ao processo de aprendizagem: ensinar é administrar o processo completo de ensino-aprendizagem que se desenvolve em um contexto determinado, sobre certos conteúdos específicos, junto a um grupo de alunos com características particulares.

> Teve um relativo sucesso a comparação de ensinar com vender. Assim como nada é vendido se alguém não fizer uma compra, caberia perguntar se nós, professores, realmente ensinamos se nossos alunos não aprendem.
>
> Esse duplo sentido do ensinar está muito bem expresso na piada: "O professor não só nos explicou o aparelho digestivo, como conseguiu que aprendêssemos algo sobre ele". Ensinar significa, nesse caso, "fazer aprender". Dessa maneira, aprender transforma-se em um verbo cujo sujeito é também o docente. Nós, professores, não explicamos em abstrato; nosso compromisso

não é só com os conteúdos (selecioná-los, apresentá-los, explicá-los, avaliá-los), mas também com os estudantes que têm de aprendê-los.

De acordo com a imprensa italiana, alguns dos parlamentares daquele país propunham ajustar o salário dos docentes à sua efetividade: os que tivessem menos alunos reprovados ganhariam mais, enquanto aqueles com mais alunos reprovados ganhariam menos, porque se supunha que não faziam direito o seu trabalho de ensiná-los. Essa medida não chegou a ser implantada, nem é provável que, se tivesse sido, fosse eficaz (talvez, no ano seguinte à sua implementação, não haveria nenhum aluno reprovado nas aulas italianas).

Outra forma mais completa e equilibrada de desempenhar a docência (na qual se integrem tanto ensino como aprendizagem) é sintetizada por Ramsden (1992, p.89) quando descreve as características do professor universitário competente que resumem as características que eles próprios atribuem ao ensino de qualidade. Segundo os professores participantes das pesquisas supervisionadas por Ramsden, o bom ensino universitário (e os bons professores) caracteriza-se por:

– desejo de compartilhar com os estudantes seu amor pelos conteúdos da disciplina;

– habilidade para fazer com que o material que deve ser ensinado seja estimulante e interessante;

– facilidade de contato com os estudantes e busca de seu nível de compreensão;

– capacidade para explicar o material de uma maneira clara;

– compromisso de deixar absolutamente claro o que se aprendeu, em que nível e por quê;

– demonstração de interesse e respeito pelos estudantes;

– responsabilidade de estimular a autonomia dos estudantes;

– capacidade de improvisar e de se adaptar às novas demandas;

– uso de métodos de ensino e tarefas acadêmicas que exijam dos estudantes o envolvimento ativo na aprendizagem, assumindo responsabilidades e trabalhando cooperativamente;

– uso de métodos de avaliação comparativos;

- visão centrada nos conceitos-chave dos temas e nos erros conceituais dos estudantes antes da tentativa de dominar, a todo custo, todos os temas do programa;

- oferta de um *feedback* da máxima qualidade aos estudantes sobre seus trabalhos;

- desejo dos estudantes (e de outras fontes) de aprender como funciona o ensino e o que se poderia fazer para melhorá-lo.

Em todo caso, estamos, de certo modo, diante de um importante dilema quanto ao modo como o professorado universitário concebe a função que tem de desenvolver e a forma mais adequada de fazê-lo. Tender em excesso para o eixo dos conteúdos (modelo academicista) pode nos levar a não atender às autênticas necessidades de nossos alunos e a não lhes proporcionar o apoio suficiente para que atinjam uma aprendizagem efetiva. Partir para o extremo oposto da atenção (modelo *pastoral*) pode nos levar a um certo paternalismo condutivista que se ajusta mal à necessidade de que os alunos universitários assumam sua própria responsabilidade no processo de aprendizagem. A questão é saber aplicar, com bom senso, aquela velha máxima pedagógica de "não oferecer menos apoio que o necessário nem mais que o suficiente".

NOVOS PARÂMETROS DA PROFISSIONALIZAÇÃO DOCENTE

Ainda que tenhamos de transitar nos terrenos pantanosos do "deve ser", é importante destacar aqui alguns dos eixos ou parâmetros sobre os quais se pede aos docentes universitários que reconstruam sua identidade profissional. A figura do professor universitário como pessoa dedicada à especulação, ao cultivo do saber pelo saber à margem de sua projeção instrumental, à pesquisa sobre questões de interesse mais científico ou doutrinal do que prático, à manutenção de longas conversas ou trocas com seus alunos sobre temáticas diversas, entre outros acabou sucumbindo à pressa e às pressões dos dias de hoje.

Dessa maneira, os novos parâmetros da profissionalização docente situam-se entre posições modernistas (caracterizadas por certos valores como a colaboração, a reflexão, o senso de pertencer à instituição) e outras mais pós-modernistas e liberais (sensibilidade, criatividade, orientação para o mercado de trabalho, desenvolvimento pessoal, etc.).

Embora seja por meio de referências muito sucintas, serão ressaltados alguns desses eixos de uma *profissionalidade renovada* na docência universitária:

Reflexão sobre a própria prática

Desde a publicação dos trabalhos de Schön (1983, 1987), a idéia de um profissional reflexivo transformou-se em um dos postulados básicos da nova profissionalização. Trata-se de romper com o preconceito pernicioso de que a "prática" gera conhecimento. Não é a prática que aprimora a competência, mas a prática planejada, que vai crescendo à medida que vai documentando seu desenvolvimento e sua efetividade.

Por outro lado, ainda há âmbitos do exercício profissional que marcam seu nível de qualidade com base na "quantidade de prática" de quem o exerce (o piloto pelas horas de vôo, o cirurgião pelas cirurgias realizadas, os escritores pelo número de romances, etc.). A prática pode reforçar o hábito, mas se não for analisada, se não for submetida a comparações e se não for modificada poderemos passar a vida inteira cometendo os mesmos erros.

De qualquer forma, refletir não é retomar constantemente os mesmos assuntos utilizando os mesmos argumentos; na verdade, é documentar a própria atuação, avaliá-la (ou auto-avaliá-la) e implementar os processos de ajuste que sejam convenientes.

Trabalho em equipe e cooperação

Frente ao individualismo, mesmo que com raras possibilidades de superar a inércia em que se apóia, está a necessidade do exercício profissional mais coeso e institucional.

Não existe possibilidade nenhuma de se implementar um *projeto formativo* relevante em um modelo tão dividido como é o atual ou em um marco de uma *cultura institucional* tão marcantemente individualista. Desenvolver um projeto implica algum eixo comum que potencialize a continuidade e a integração das atuações isoladas de cada agente formativo.

O trabalho em equipe pressupõe que se transite de "professor de uma turma ou de um grupo (ou de vários, conforme a carga horária que nos corresponda)" a "professor da instituição". Nossa identidade profissional não se constrói em torno do grupo a que atendemos ou da disciplina que lecionamos, mas em torno do projeto formativo de que fazemos parte.

Trata-se, então, de uma mudança fundamental na "cultura profissional" dos professores. Já vimos como, nas burocracias profissionais, a vinculação entre especialistas e a instituição a que pertencem constitui um dos pontos fracos do sistema. A identidade profissional dos docentes costuma dar ênfase ao "individual" e estar associada à disciplina que lecionamos ou à etapa a que atendemos: ser bom profissional significa, muitas vezes, ter um grande domínio de conteúdo e saber explicá-lo aos alunos.

Por isso, quando temos de sair de nossas turmas para criar um projeto conjunto (um plano de estudos de um curso), sentimo-nos perdidos, e cada um segue falando sobre o que é seu: sua matéria, seus horários, seus conteúdos, etc. Falta-nos a capacidade de dar esse salto qualitativo da visão individual para nos sentirmos membro de um grupo de formadores e de uma instituição que desenvolva um plano de formação. De alguma maneira, deveríamos ser capazes de ter "todo o plano" em mente e saber qual é o papel que nossa disciplina e que nós mesmos desempenhamos.

Essas novas demandas geram novas necessidades formativas do professorado universitário, muitas delas vinculadas à própria essência do que é criar um currículo que expresse um "projeto formativo integrado e original" para a faculdade, universidade, etc.: por exemplo, como elaborar, preencher com conteúdos e pôr em ação um plano de estudos que supere a mera soma de disciplinas; como estabelecer estruturas de coordenação capazes de dotar de coerência o trabalho coletivo; com que tipo de competências gerais e de especialidade se trabalhará; em que momento do curso isso deveria ser introduzido e assim por diante. Essas questões, mais uma vez, pouco se relacionam ao domínio da própria disciplina ou aos projetos de pesquisa de que a própria pessoa esteja participando.

Orientação para o mercado de trabalho

Uma das contradições subjacentes à identidade profissional dos professores universitários é que se busca nela uma formação orientada para o emprego, mas eles são selecionados em função de competências em pesquisa. O perfil atual dos professores seria mais adequado se os seus estudantes tivessem de receber uma formação orientada para a pesquisa ou para o desenvolvimento de uma carreira acadêmica.

Alguns especialistas perguntam-se, com bom senso, se é possível pedir esse tipo de formação a professores cujo único conhecimento do mercado de trabalho é o que tem sobre sua ocupação na instituição universitária. Como assinala Galinon-Melénec (1996, p.15):

> Um professor que jamais saiu do sistema de educação não pode ter incorporado o tipo de comportamento que se costuma encontrar em outras organizações profissionais e, não o tendo incorporado, não pode transmiti-lo com credibilidade e eficácia.

A capacidade de associar uma visão acadêmica sobre a atividade profissional com uma visão mais saturada sobre a vida profissional real surge, então, como uma necessidade crescente na identidade profissional dos docentes. Nem sempre é fácil que a mesma pessoa tenha ambas as dimensões (por exemplo, os professores de medicina, que combinam a docência e o trabalho profissional). No entanto, com maior freqüência, o problema foi enfrentado ao se combinar perfis diversos na atividade docente: professores com maior experiência acadêmica junto a outros com maior experiência de exercício da profissão. O sistema espanhol introduziu, com essa finalidade, a figura dos professores associados (profissionais de reconhecido prestígio que unem seu trabalho profissional com a docência por horas na universidade). Muitas outras iniciativas de alternância foram implementadas em diversas universidades, oferecendo a seus professores a possibilidade de cumprir parte de seu horário de trabalho colaborando em empresas ou instituições do setor (às vezes, aquelas empresas ou instituições vinculadas à universidade para o desenvolvimento dos estágios práticos de seus estudantes). Contudo, principalmente em determinados setores docentes, continua faltando essa integração clara entre exercício da profissão e da docência.

Ensino planejado a partir da aprendizagem e da didática

Outra mudança necessária na configuração da identidade profissional dos docentes universitários é a passagem de simples "especialista da disciplina" para "didata da disciplina". Tanto a legislação, com as orientações para o aprimoramento da docência, como a literatura internacional insistem durante os últimos anos no mesmo ponto: *o elo entre ensinar e aprender,* ou seja, a transferência do ponto de apoio da atividade docente (apresentar a informação, explicá-la, propor atividades, avaliar) para a aprendizagem (organizar o processo para que os estudantes possam ter acesso ao novo conhecimento proposto, desenvolver orientações e recursos que os ajudem, acompanhar seu processo de aprendizagem).

Este não é um passo fácil de ser dado. A "didática de..." tem uma identidade científica própria e distinta da que tem a disciplina em si mesma. Além disso, sem uma preparação adequada, é difícil poder se livrar da lógica e das condições próprias de cada uma (a disciplina tal como a definem e como a trabalham os especialistas) para adaptá-la em função das outras lógicas e condições com as quais entra em contato no processo docente (a lógica do aluno, do propósito formativo, as condições do contexto e dos recursos disponíveis, etc.).

Recuperação da dimensão ética de nossa profissão

Há poucas possibilidades de aperfeiçoar a docência universitária se não for planejada uma forte recuperação do compromisso ético que implica o trabalho docente. Muitas das deficiências que ocorrem no exercício da função de professor universitário não são ocasionadas por falta de conhecimento dos professores ou por insuficiente formação técnica, mas por conseqüência de um descaso no compromisso e na responsabilidade de seus protagonistas.

A ética ou a deontologia têm um perfil nebuloso e indefinível; são como caleidoscópios, esses canudos cheios de cristais que adquirem diferentes modulações de cor e som conforme o movimento que seja feito com eles ou com a posição a partir da qual ele está sendo observado: caleidoscópio múltiplo e mutante. Por isso, é difícil levar os conteúdos para o terreno ético: cada um pode fazer a leitura que lhe seja mais conveniente.

Um segundo inconveniente em relação a esse ponto se refere à transferência da ética para o campo particular. Pode-se dizer que, no que tange à ética do cotidiano, é preferível que questões passem despercebidas, redirecionando-as para a esfera privada, de maneira que cada um construa e articule sua ética pessoal conforme suas preferências e conforme os critérios que lhe sejam mais convenientes. É como se fosse impossível, ou talvez inútil, tentar definir uma base comum e pública de referências éticas que marcasse os limites do institucionalmente aceitável no âmbito da docência universitária.

Não há dúvida de que, sobre a docência, se projeta também, com um nível de exigência cada vez mais enfatizado, a ética individual de professores. Quanto mais poder ou capacidade de influência tem uma pessoa sobre outras, mais importante sua atuação torna-se a fim de que seja vista como sujeita a compromissos éticos. Por isso, as profissões com mais *status* desenvolveram seus próprios códigos deontológicos. A profissão docente também precisa de seu próprio código ético, mas poucas vezes falamos sobre ele.

Os códigos existentes atualmente se referem sobretudo a professores dos outros níveis do ensino. Jover (1998) faz uma revisão dos códigos deontológicos existentes na profissão docente:

- Na Espanha, o Conselho Escolar da Catalunha e o Conselho Geral de Colégios Oficiais de Doutores e Licenciados em Filosofia e Letras e Ciências estabeleceram códigos deontológicos.

- O primeiro código data de 1896 e foi promulgado pela Georgia Education Association. Posteriormente, foram surgindo outras formulações por parte de diferentes entidades estatais e federais nos Estados Unidos. Em 1924, a National Education Association estabeleceu um comitê de ética profissional que formulou um código que foi adotado em 1929.

- Em 1966, a American Association of University estabelecia sua declaração de ética profissional (compromisso já sugerido meio século antes por John Dewey).

- Esses códigos afetaram, principalmente, diferentes setores da ação educacional: a administração educativa; a orientação e o tratamento psicopedagógico dos alunos (aspectos como a privacidade, segredo profissional, dever de prevenção, proteção diante de outras pessoas, etc.) e a ação educativa no terreno social (pedagogia social, trabalho social, etc.) foram objetos de vários códigos; a pesquisa pedagógica (aspectos como objetividade, comunicabilidade, transgressão, etc.). Outros aspectos envolvidos são: consentimento informado dos pesquisadores, privacidade dos dados ou condições do seu uso, etc. O código mais conhecido é o da American Education Association (AERA) que propôs um código de normas éticas em 1992.

Em todo caso, os códigos existentes costumam centrar suas considerações em uma série de aspectos comuns: deveres em relação aos estudantes, à profissão, aos outros professores, à instituição onde se trabalha, à sociedade. Na realidade, os códigos partem e englobam as condições básicas exigíveis a qualquer tipo de atividade social: o compromisso com os valores humanos fundamentais como a *honestidade, a integridade, o respeito aos outros*, etc. Acrescentam-se a esses aspectos gerais outros, também básicos, mais relacionados ao trabalho de qualquer profissional que lide com pessoas e que implique o uso de poder ou de posições privilegiadas: *imparcialidade, uso adequado de informação privilegiada*, etc. Finalmente, relaciona-se ainda a questões específicas do exercício profissional diante das quais os profissionais docentes devem assumir o compromisso de desempenhar suas atividades com os recursos disponíveis (ou seja, a formação e a atualização para poder responder integralmente as demandas apresentadas a eles).

Em todos esses pontos, o compromisso ético é essa peculiar pressão do "dever" e do "compromisso institucional" que deveria nos levar a realizar o melhor possível as atividades que, como profissionais, nos cabe desempenhar.

O Conselho Geral do Ensino da Escócia promulgou em 1998 um código de ética profissional para os docentes que resume muito bem algumas das condições básicas para o exercício profissional. Três linhas fundamentais definem, para esse conselho, o bom profissional do ensino: *preocupação* com os outros; *competência* nas tarefas próprias da atividade que desempenha e *compromisso* pessoal com a transformação que desenvolve.

Além disso, a Harvard Business School (Piper, Gentile, Daloz, 1993) incorporou o tema da ética não apenas no marco de compromissos que os docentes dessa prestigiosa instituição universitária assumem, como também no plano de estudos que seus estudantes vão cursar. *Como das decisões de vocês podem derivar importantes conseqüências para as pessoas que se sintam afetadas por elas*, o decano diz a seus estudantes, *é necessário que recebam uma forte formação ética, e é nosso compromisso oferecê-la a vocês*. Nesse caso, a ética não reflete somente o compromisso institucional dos docentes universitários: ela se converteu também em conteúdo explícito da formação.

Enfim, a ética não pode ficar à margem do desenvolvimento profissional dos docentes e do aprimoramento da qualidade de suas atividades. No final, nosso crescimento e o do nosso trabalho não dependerão somente do aprimoramento das técnicas e dos recursos que utilizamos, mas, sobretudo, do reforço do compromisso profissional que sejamos capazes de assumir.

DIMENSÃO PESSOAL DO DOCENTE UNIVERSITÁRIO

"Os professores ensinam tanto pelo que sabem como pelo que são." Essa antiga sentença pedagógica recebeu pouca atenção no contexto universitário. Poderia ser dito que a dimensão pessoal dos professores desaparece ou torna-se invisível no exercício profissional. O que a pessoa é, sente ou vive, as expectativas com que desenvolve seu trabalho são fatores desconsiderados como variáveis que possam afetar a qualidade do ensino. Parece claro que não é assim e que boa parte de nossa capacidade de influência nos estudantes tem origem no que somos como pessoas, na nossa forma de nos apresentarmos, nas nossas modalidades de relação com eles.

Gostaria de abordar dois aspectos de especial relevância neste campo. Em primeiro lugar, a *satisfação pessoal e profissional* e, em segundo, a *carreira docente*. Ambos estão estreitamente relacionados entre si e com outros aspectos pertencentes à esfera profissional; o que parece lógico, pois a atividade profissional tem um sentido unitário e global.

Satisfação pessoal e profissional

No final do século passado, os estudos sobre as organizações coincidiram ao ressaltar a importância do fator pessoal. O especial vínculo dos indivíduos com a instituição, com seu trabalho, com a direção ou com os outros colegas mostrou-se como uma importante dimensão da efetividade da organização, tendo sido dada uma atenção especial à satisfação pessoal.

Por isso, quero me referir aqui ao modo como o crescimento da satisfação dos professores torna possível a otimização institucional das universidades e o aprimoramento da qualidade dos processos formativos que nelas ocorrem. Sendo a universidade uma organização educativa com forte predomínio do lado individual, é preciso promover os aspectos da satisfação pessoal, caso se pretenda que tudo funcione bem.

Durante muito tempo, costumou-se argumentar que, para a universidade ser mais dinâmica, é preciso que se invista mais dinheiro, que os professores sejam melhor remunerados, que tenham uma carga horária menor, que tenham menos alunos, que esteja à disposição deles melhores recursos, etc. Com base em tais argumentos (que costumam ser aceitos rapidamente como corretos) está a idéia de que quanto menos causas de insatisfação existam no ensino, maior será a satisfação dos professores. Isso quer dizer que há uma tendência a dar por certo que a relação satisfação-insatisfação é bipolar e dialética, de maneira que, quando um pólo aumenta, o outro diminui – ou o oposto disso.

Levando para a prática profissional, isso significaria que, para que os professores estejam satisfeitos e tenham um bom desempenho (pólo da satisfação), é preciso melhorar suas condições de trabalho (quer dizer, reduzir o pólo da insatisfação). Moral da história: menor insatisfação (porque se tem menos motivos para estar insatisfeito) é igual a maior satisfação e motivação para o trabalho.

No entanto, em 1966, Herzber (apud Ghilardi, p.22) havia advertido que, de acordo com suas pesquisas, a diminuição das causas de insatisfação não melhorava o nível de satisfação nem, portanto, a qualidade do trabalho profissional, de modo que muitas das medidas que habitualmente se destinavam a melhorar a satisfação e o moral dos professores (redução do número de alunos por classe, redução de carga horária, melhor remuneração, melhora no ambiente de trabalho, melhora dos recursos, etc.) conseguiam diminuir a insatisfação, mas não produziam efeitos positivos na satisfação (e, além disso, não provocavam mudanças qualitativas significativas nos processos de ensino).

Parece que, ao contrário disso, se relacionam com a melhora da satisfação no trabalho aquelas intervenções destinadas a provocar mudanças não tanto nos aspectos organizativos (que apenas diminuiriam a insatisfação), mas também nos modos de relação sujeito-trabalho. Ou seja, a melhora da satisfação virá pela melhora nas relações que os sujeitos mantêm com seu trabalho. Os itens a seguir são geralmente citados como atividades adequadas para a satisfação:

- aumentar as cotas de responsabilidade nos processos e de autonomia pessoal na tomada de decisões;

- facilitar o domínio de novas habilidades relacionadas ao trabalho a ser desenvolvido;

- ter expectativa de crescimento pessoal em nível profissional;

- ter maior reconhecimento do próprio trabalho;

- ter sucesso;

- reforçar uma visão profissional do trabalho a ser realizado.

Os diferentes níveis institucionais de tomada de decisões na universidade deveriam atender mais a esse tipo de aspectos relacionados ao professor como pessoa e às suas necessidades de reconhecimento, de expectativas de promoção, de envolvimento em responsabilidades, de formação, etc., o que condicionará bastante seu moral profissional, sua capacidade de trabalho e, com o passar do tempo, sua própria efetividade como membro da coletividade.

Isso ajudaria, além disso, a neutralizar os efeitos da desmotivação e o *burn out* que a docência costuma gerar com o passar do tempo ou com a progressiva complexidade que as situações de ensino-aprendizagem adquirem. Apesar de sua aparente simplicidade, a atividade docente constitui um foco constante de desgaste pessoal e, às vezes, de frustração.

> A repercussão da síndrome de *estafa* é negativa para a própria instituição, porque diminui a energia e o entusiasmo, o interesse pelo trabalho e por seus resultados; cria-se uma percepção de que os colegas e os estudantes são fonte de frustração irremediável e, por fim, cai-se na rotina e no tédio, com a redução das metas de trabalho, da abordagem de responsabilidades, dos níveis de idealismo e altruísmo, o que dá espaço a atitudes egoístas que levam a um confronto defensivo (Informe Bricall, p. 183).

Pollard (1992) perguntava-se, referindo-se aos professores do ensino fundamental, quais eram seus focos de satisfação (denominou-os "interesses fundamentais"), que aspectos de seu trabalho eram os que lhes produziam satisfação e quais eram os que lhes causavam desgosto. Sua pesquisa revelava que os professores (no caso do ensino fundamental) se sentiam bastante satisfeitos com seu contato com os alunos e, em troca, o que os chateava mais eram as tarefas burocráticas e administrativas.

O que poderíamos dizer em relação aos "interesse fundamentais" dos docentes universitários? O que lhes causa especial prazer e satisfação e o que lhes provoca desconforto e tédio? Não estou certo de que, em nosso caso, fosse apontado, como na pesquisa de Pollard, que "os alunos" (estar com eles, ensiná-los, ver como aprendem e se desenvolvem) constituem um interesse fundamental. Possivelmente extraiamos mais satisfação pessoal quando lemos, escrevemos ou estamos submersos com as atividades de uma pesquisa.

O dramático é que, às vezes (ou para alguns docentes), esse trabalho com os alunos não apenas não funciona como um *interesse fundamental,* como também faz parte das atividades que causam tédio e estresse, que dispersam do trabalho de pesquisa ou produção científica, que constituem um foco de tensões; somado a isso, é monótono repetir sempre as mesmas coisas, é frustrante não conseguir motivar, etc.

Evans e Abbot (1998) fizeram uma pesquisa, a qual é muito interessante não apenas pelos resultados obtidos (as percepções que os professores e os alunos têm sobre o ensino), como também pelos próprios postulados que compartilham. Sua idéia é que as universidades devem buscar sistemas de qualificação não através de simples considerações de custo-benefício, mas através de considerações que levem em conta o *tempo* dos professores e os fatores que podem ter influência em sua *satisfação.* Ademais, as perspectivas dos estudantes devem ser consideradas. A base conceitual desse trabalho está na afirmação de que a satisfação das necessidades individuais é um fator determinante em suas percepções e atitudes, incluindo o próprio exercício profissional.

Nesse sentido, parte-se da idéia de que as estratégias organizacionais que nós, docentes, aplicamos ao ensino são planejadas e selecionadas com o objetivo de satisfazer tanto as necessidades pessoais como as necessidades referentes ao desenvolvimento efetivo do trabalho a nós atribuído, as quais, por sua vez, refletem valores e podem diferir de uma pessoa para outra. Contudo, há, como componentes comuns, percepções acerca de diversos aspectos, como as necessidades dos alunos, as exigências dos cursos, das faculdades e dos departamentos, as ambições profissionais, a ambigüidade e o conflito de papéis.

A idéia que fazemos de cada um desses pontos e a forma como o vivenciamos orientam a maneira que cada um de nós se posiciona profissionalmente. É difícil supor que um professor modifique seus padrões de atuação apenas porque uma exigência formal lhe foi imposta ou porque as decisões coletivas tenham adotado certos critérios de "cumprimento obrigatório". À medida que as decisões de trabalho facilitam ou dificultam a possibilidade de que os docentes (também os estudantes, pelas mesmas razões) possam realmente satisfazer suas próprias necessidades pessoais, incluindo a de fazer o trabalho da maneira que considerem mais adequada, isso se transforma em um elemento-chave para o aprimoramento.

Enfim, parece claro que, em um contexto tão peculiar como é o universitário, o ensino de qualidade é aquele que é capaz de dar uma resposta efetiva seja às necessidades dos docentes, seja às dos estudantes.

Carreira docente

Outro aspecto que afeta de maneira significativa a dimensão pessoal dos professores é o itinerário pessoal e profissional que os docentes seguem, condicionado pelas possibilidades de formação e promoção que são oferecidas a eles. Dessa maneira, a carreira docente apresenta-se sob duas perspectivas distintas: os estágios formais, nos quais está estruturado o processo para atingir o *status* profissional (*carreira acadêmica*) e as fases ou os momentos pessoais pelos quais um docente costuma passar até alcançar sua plenitude *profissional (carreira profissional)*. A primeira perspectiva tem, normalmente, conseqüências relativas ao reconhecimento institucional e ao salário; enquanto a segunda perspectiva refere-se à auto-estima e à identidade profissional. De qualquer forma, ambas são importantes para entender como os professores universitários vivenciam a sua atividade profissional, os problemas que têm de enfrentar e o tipo de apoio de que precisam ou que podem proporcionar aos outros.

A *carreira acadêmica ou docente* e os estágios profissionais, pelos quais se passa desde que se começa a trabalhar na universidade, são um fator importante tanto do ponto de vista psicológico como profissional. Somente quem possui expectativas elevadas de crescimento e melhora profissional está em condições de se esforçar para alcançá-las.

> Com a denominação de carreira acadêmica, é indicado o itinerário individual de progressiva capacitação e aquisição de competências – combinação de conhecimentos, habilidades e aptidões – que se estende do nível básico que segue à titulação universitária até a máxima qualificação científica acadêmica.
>
> (...) Um modelo de carreira acadêmica tem de estabelecer quais são as expectativas iniciais de formação e quais são as exigências mínimas para a promoção. (Informe Bricall, p. 178-179)

Por isso, a questão da carreira acadêmica traduz-se em dois aspectos: a existência desses estágios ou dessas fases de progresso com seus correspondentes incentivos em forma de reconhecimento, de ascensão profissional, de remuneração, etc. e a passagem de um estágio para outro vinculada claramente ao esforço pessoal e aos méritos profissionais.

Em primeiro lugar, é necessário que a carreira acadêmica não seja linear, mas que haja sucessivas progressões ou melhoras. As diversas e sucessivas categorias profissionais costumam desempenhar esse papel: nós, professores, passamos por distintos estágios profissionais à medida que vamos reunindo os requisitos exigidos. Por outro lado, o fato de a aplicação real dessa possibilidade depender mais de fatores econômicos ou de estratégias institucionais que dos méritos individuais faz com que a capacidade de impacto motivacional da carreira docente seja reduzida.

Às vezes, é possível, inclusive, chegar-se a dinâmicas patológicas de progresso profissional: uma dependência política excessiva da carreira (só há possibilidades de promoção quando há interesses de quem ocupa o poder ou para os que estão próximos a ele); um distanciamento dos critérios de promoção em relação aos eixos básicos da atividade docente (a tão comentada prevalência da pesquisa sobre a docência); uma notável divergência entre as universidades quanto aos critérios e às possibilidades de promoção oferecidas a seus professores, etc.

Em segundo lugar, é igualmente necessário que esse progresso esteja associado a méritos profissionais. Em alguns casos, o salto de uma categoria para a imediatamente superior está vinculada apenas a critérios burocráticos ou a simples critérios de antigüidade. Nesses casos, é pouco provável que a mudança de categoria tenha efeitos de estímulo e enriquecimento da auto-estima, uma vez que se valoriza o que exige esforço.

A carreira docente não só tem importância pelo que tange ao desenvolvimento pessoal e profissional de seus agentes, como também pelo que tange ao próprio funcionamento da instituição universitária. No fundo, isso costuma ser um bom reflexo de como o trabalho profissional é visto, quais dimensões de seu perfil são priorizadas e quais os méritos condicionam o progresso. Se fizéssemos essa leitura da carreira docente na Espanha (e em muitos outros países vizinhos), poderíamos concluir, entre outras coisas, o seguinte:

- A tese de doutorado foi se generalizando, nos últimos anos, como base de incorporação à carreira docente. Esse fato está sendo positivo tendo em vista que propicia uma maior maturidade dos professores (a tese obriga-os a mergulhar profundamente em um tema científico e a se mover nele com rigor, levando em consideração as contribuições novas da literatura especializada). Esta é, então, uma espécie de noviciado em que os candidatos têm de demonstrar sua disposição a aceitar as regras do trabalho científico e os seus conhecimentos, suas habilidades e atitudes necessários para atingi-lo.

Em contrapartida a isso, ao se transformar em critério exclusivo, o doutorado marginalizou outras potencialidades mais vinculadas ao mundo profissional que seriam de muito interesse, ao menos em determinados cursos universitários mais diretamente profissionalizantes. É difícil que um profissional com uma coesa bagagem profissional possa, hoje em dia, enfrentar um processo de seleção com jovens pós-graduados cujo maior mérito é ter se dedicado exclusivamente a fazer sua tese de doutorado.

– Os mecanismos básicos da promoção estão vinculados à produtividade científica dos professores. Parece claro que a carreira docente utiliza como critérios de mérito pessoal atividades de pesquisa ou de produção científica. A trajetória docente dos professores ou suas competências pessoais (conhecimentos, habilidades, atitudes) nesse âmbito não são levadas em consideração ou aparecem em segundo lugar.

– Tanto no ingresso como na promoção, a questão docente é o "ponto que falta", o "buraco negro" da carreira docente. Não existe informe internacional sobre docência universitária que não aluda a essa questão, mas avançou-se pouco na busca de soluções. Não somos só nós, professores, que somos avaliados por critérios de produtividade que deixam à margem a docência: o mesmo acontece com as próprias universidades, de modo geral, às quais também são aplicados critérios de produtividade relativos aos seus resultados (patentes, verbas por contratos e pesquisas, presença em foros científicos, etc.). A consideração da docência como critério de importância institucional, talvez porque avaliar sua qualidade é mais complexo, fica relegada a um nível secundário.

De qualquer forma, é claro que o atual sistema de seleção e promoção na carreira acadêmica pode garantir, ao menos até certo ponto, que os candidatos por ele beneficiados vão alcançando cotas progressivas de qualidade na vertente da pesquisa. Todavia, essa melhora progressiva no âmbito da docência não fica, em absoluto, garantida. Chegar a ser catedrático de universidade é pouco expressivo em relação à qualidade docente de quem alcança esse patamar máximo na carreira docente.

Sejam quais forem os degraus que constituam a carreira docente (e a menos que se desliguem a pesquisa da docência), é evidente que os candidatos devem demonstrar progresso tanto em um campo como em outro, ou buscar sistemas de cruzamento e complementação de ambos: trabalhos científicos (incluindo as teses de doutorado) sobre o ensino da própria disciplina, sobre problemas específicos de aprendizagem nessa área, etc.

A *carreira profissional* faz parte da construção da identidade profissional dos docentes desde o momento em que eles iniciam tal processo como monitores ou assistentes até alcançarem a maturidade profissional. Trata-se de um longo itinerário em que vão mesclando-se muitos componentes dos mais diversos tipos: das circunstâncias pessoais e familiares até as oportunidades acadêmicas; das normas institucionais aos critérios políticos e econômicos de cada momento; das condições sociais características do momento à forma como nos afeta o próprio jogo de influências e divisão de poder que ocorra em nosso meio.

Um dos problemas importantes da vida profissional dos docentes (de seu processo como docentes e não como pesquisadores) é justamente o fato de se desconsiderar a *dimensão diacrônica* do desenvolvimento profissional. Poderia se dizer que a instituição universitária (cópia fiel do modelo de formação aplicado na universidade) considera que se formar, melhorar como profissional e aprender a ensinar são questões que dependem de cada professor. À exceção de alguns casos, não há um processo de acompanhamento e apoio aos professores que iniciam sua carreira docente. Eles iniciam sua carreira como substitutos na universidade, deparando-se com diversos grupos de alunos aos quais devem explicar (fazer aprender) um número indeterminado de conteúdo, como se isso fosse uma tarefa simples, na qual eles fossem reconhecidos especialistas.

Ao menos no contexto universitário espanhol, a carreira profissional é um processo sem um acompanhamento mais próximo, com todos os riscos que a desorientação, a frustração e o perigo de erros que vão consolidando-se com a prática implicam.

Certamente, por isso, é dada, faz alguns anos, muita importância ao tema das carreiras profissionais. Com diversos enfoques de análise, os especialistas em formação de professores têm identificado uma série de fases pelas quais nós, docentes, vamos passando em nosso desenvolvimento profissional. No quadro, estão reunidas algumas dessas contribuições.

Autores	Fases
Unruh e Turner (1970)	Período inicial (1-5 anos) Período de construção da segurança (6-15 anos) Período de maturidade (mais de 15 anos)
Katz (1972, p.50-54)	Sobrevivência (1-2 anos) Consolidação (3 anos) Renovação (4 anos) Maturidade (a partir de 5 anos)
Gregorc (1973, p.1-8)	Etapa de início Etapa de crescimento Etapa de maturidade Etapa de plenitude
Feinian e Floden (1981)	Sobrevivência Consolidação Renovação Maturidade
Burke et al.(1987)	Etapa de formação Etapa de iniciação Etapa de aprendizagem Etapa de expansão Etapa de frustração Etapa de recuperação e consolidação Etapa de desconexão Fim da carreira
Vonk (1989)	Etapa de práticas Primeiro ano de serviço Etapa de aprendizagens básicas Consolidação profissional Questionamento profissional Recuperação profissional Decadência profissional e pré-retirada
Huberman (1995, p.172-199)	Fase de início e adaptação Fase de experimentação e afirmação Fase de questionamento Fase de serenidade e distanciamento Fase de conservadorismo e lamentações Fase de desengajamento
Formosinho (2000)	Aprendizes Iniciandos Iniciados Profissionais complexos Profissionais influentes

Os autores (Huberman, 1995, p.172-199) insistem na tese de que a construção profissional não é um processo linear que se vai passando de uma fase a outra de maneira consecutiva e fixa, muito menos é algo que possa ser definido em termos temporais, atribuindo uma determinada duração a cada fase. Embora alguns autores falem em "anos", eles mesmos têm consciência, e assim o expressam, de que isso se trata de uma consideração aproximativa que depende das circunstâncias específicas do ambiente em que se desenvolve o trabalho de cada um e do apoio que receba.

Justamente pelo fato de os fatores externos exercerem grande influência sobre o desenvolvimento profissional, é necessário considerar cada uma das fases por que se passa. Cada uma delas apresenta uma exigência específica para o profissional. O crescimento profissional não é algo que dependa de cada um, ou seja, é preciso acontecer uma confluência de condições favoráveis (entre elas, e com uma grande capacidade de influência, o apoio da instituição e dos colegas) para que esse crescimento pessoal e profissional resulte em algo enriquecedor e dele derive um exercício profissional da máxima qualidade.

Fessler (1995, p.162-171) propõe um modelo muito interessante para a análise do desenvolvimento profissional dos docentes. Partindo da seqüência que ele, junto com Burke e outros pesquisadores tinham feito, afirma que a forma, o ritmo e as condições em que esse processo ocorre são influenciados por dois tipos de fatores contextuais: o pessoal e o organizacional ou institucional.

O *contexto pessoal* inclui aspectos como a *família* (com um impacto maior nas mulheres), os *momentos positivos* da própria experiência de vida (casamento, nascimento de filhos, eventos especiais, experiências religiosas ou humanas marcantes), as *crises* ou momentos negativos (doenças, morte de algum familiar, problemas econômicos, problemas matrimoniais), a *disposição pessoal* (prioridades que o indivíduo mesmo se impõe e empenho pessoal para consegui-las), os *interesses pessoais* à margem do trabalho e os *ciclos de vida* pelos quais passa.

A carreira profissional não acontece à margem do que somos ou do processo pessoal que seguimos nos demais contextos de vida. Costumou-se dar especial importância à vida familiar. Os estudos feministas, muitas vezes, insistem que o período de expansão da família (nascimento dos filhos e fases sucessivas de cuidado e educação) coincide com os períodos mais importantes para o crescimento profissional (o que alguns autores assinalaram como de construção de competências, de consolidação profissional, etc.), e que, por essa causa, as mulheres, ao terem de se encarregar da parte fundamental da atenção à família, sofrem uma considerável estagnação (quando não um claro retrocesso) em suas carreiras profissionais.

As outras condições pessoais são igualmente importantes, seja pelos fatores externos que nos condicionam, seja pela capacidade e pelo esforço pessoal para conduzir o processo. Como afirmou Huberman (1995, p.172-199), o progresso profissional não é algo que se produza "sobre nós". Não somos marionetes que se movimentam em função de um relógio social ou institucional predeterminado. Muito de nosso desenvolvimento profissional é conduzido por nós mesmos, isto é, "o sujeito observa a situação e planeja a seqüência através da qual vai passar e pode, portanto, influenciar e inclusive determinar a natureza ou a sucessão das etapas de sua carreira" (p. 173).

O *ambiente organizacional* exerce também uma forte influência no desenvolvimento profissional dos professores universitários. Nesse segundo fator de influência, Fessler situa os seguintes elementos: a *legislação,* em tudo aquilo que afeta as condições que regulam o trabalho profissional e as condições para exercê-lo; o *estilo de direção e gestão* da instituição, o que condiciona a dinâmica de atuação e o estilo de trabalho, assim como o estilo das formas de estímulo e apoio oferecidos para o crescimento; a *confiança social* (ou a desconfiança, em sua versão negativa), a qual condicionará bastante a autonomia do professorado e a segurança no que faz; as *expectativas sociais* surgidas em relação à universidade e aos objetivos que deve cumprir, o que afetará o envolvimento da comunidade, o esforço de investimento em educação e a própria capacidade das instituições para apresentarem a si mesmas e ao seu pessoal desafios cada vez mais exigentes; as *organizações profissionais,* as quais constituem importantes elementos na definição da identidade profissional e dos padrões da qualidade no exercício profissional; os *sindicatos,* os quais constituem garantias das propostas salariais e de condições de trabalho que tornam possível o desenvolvimento profissional e uma melhor qualidade de vida.

Enfim, o exercício da profissão e seu domínio não ocorrem por uma transferência direta de sabedoria divina. Não se pode supor que um jovem que ingressa como professor na universidade já esteja preparado (mesmo que seja doutor e competente em pesquisa) para enfrentar a docência, ou, não estando, que ele mesmo tome decisões oportunas para estar.

Como assinalou Júlia Formosinho, desenvolvimento significa ir crescendo em racionalidade (saber o que se faz e por que se faz), em especialidade (saber por que umas coisas são mais apropriadas que outras em determinadas circunstâncias) e em eficácia. Nesse processo, estão envolvidos tanto os conhecimentos como os sentimentos (a vida pessoal em geral) e a experiência sobre a área.

A professora Gewerc (1998), ao estudar em sua tese de doutorado a vida profissional de uma amostra de catedráticos de universidade, pôde demonstrar como, para todos, tinha sido muito importante ter se encontrado, nos momentos iniciais, com uma espécie de mentor: um catedrático em cuja sombra (no duplo sentido do termo, isto é, seja contando com seu apoio e participando das atividades que ele ou ela desenvolvia, por um lado; seja beneficiando-se de sua capacidade de influência no outro) cresceram e consolidaram-se como profissionais.

Esse apoio institucional, o qual deveria ser generalizado, é o que não ocorre normalmente nas universidades. Por isso, as carreiras profissionais transformam-se em batalhas que cada pessoa tem de enfrentar com suas próprias forças através de processos de autoformação, convertendo-as em processos lentos e incertos. Em alguns casos, acabam se consolidando vícios profissionais, práticas deficientes e enfoques equivocados sobre o que significa exercer a docência na universidade, não por maldade individual, mas por falta de oportunidades para uma correta construção da profissionalização. Em outros casos, alguns docentes estagnam-se nas primeiras fases de seu crescimento profissional: incapazes, por si mesmos, de desenvolver as competências próprias do exercício docente, acabam se acomodando às poucas exigências das etapas iniciais do desenvolvimento profissional.

DIMENSÃO PROFISSIONAL DO DOCENTE UNIVERSITÁRIO

Envolvidos como estávamos em considerações de nível mais elevado, poderia parecer um excesso de pragmatismo apresentar aqui aspectos relativos às condições de trabalho, horário, remuneração, etc. dos professores de universidade. Entretanto, na verdade, a questão profissional refere-se aos direitos e deveres dos professores como trabalhadores de uma instituição pública ou privada.

Pensar que os professores universitários, como acontecia antes com os professores de um modo em geral, formam um grupo vocacional para o qual conta mais o reconhecimento e prestígio social que a remuneração ou as condições de trabalho é, sob qualquer hipótese, uma ingenuidade. Ao contrário disso, os últimos anos presenciaram um leque permanente de reivindicações (em alguns casos, acompanhadas de greves e manifestações) de melhoras salariais, melhoras nas condições de trabalho e políticas claras para estabilidade e promoção dos professores.

Ainda que considerássemos muitas questões vinculadas a essa dimensão profissional da docência (dos aspectos referentes à legislação trabalhista até outros referentes ao estatuto de funcionários que constituem a forma básica de contratação nas universidades públicas, os salários, etc.), três *aspectos* são de especial interesse nesse tópico, porque eles tratam de questões que exercem uma forte influência no desenvolvimento da docência: políticas de seleção e critérios aplicados; características diferenciais de diversos contratos e categorias de professores e as condições de funcionário público atribuídas à maior parte dos professores.

Em resumo – e reiterando às considerações que fez Davies (1998, p.307-316) –, podemos concluir que as universidades têm de enfrentar o novo cenário da formação para o exercício profissional alterando suas políticas de administração de pessoal. A mão-de-obra necessária para realizar essa nova orientação necessitará de novas competências profissionais, e os processos de ingresso e estabilidade no mercado de trabalho terão de se adequar às novas condições. Davies levanta os seguintes pontos (p. 314):

– Novo perfil profissional que incorpore às competências tradicionais (capacidade de pesquisa e de ensino) e outras novas, como alto domínio das tecnologias da informação e da internet, habilidades no desenvolvimento de trabalho em equipe e na direção de projetos, familiaridade com um amplo campo de métodos pedagógicos, habilidades de assessoramento.

– Capacidade de manter relações e trabalhar em um contexto de transnacionalidade. Por isso, são necessárias habilidades lingüísticas e competências estruturais. Certamente, será necessário também uma ampliação das contratações internacionais.

– Essas habilidades deverão ser incluídas nos cursos de graduação (incluindo o doutorado) caso se queira que tais estudos preparem o aluno para um melhor exercício da profissão.

– Como é difícil que os sujeitos tenham todas essas qualidades no momento de sua contratação, é preciso incorporar programas de acompanhamento (formação de aprendizes) como uma condição para ser contratado, como um elemento que faz parte do período de experiência ou como um fator que afetará a possibilidade de obter vantagens no contrato.

– O desenvolvimento do pessoal, entendido como processo permanente na universidade, poderá ser reforçado ao se modificar a ênfase em seus objetivos, isto é, combinando as necessidades de formação da instituição com as necessidades e com os interesses pessoais de formação.

– A idéia de aprendizagem contínua é perfeitamente aplicável aos acadêmicos. Nesse sentido, é de especial importância poder contar com os instrumentos que facilitem a sua reflexão sobre a própria prática profissional, de forma que possa acontecer uma formação permanente mais vinculada ao mercado de trabalho.

Nós, professores, desenvolvemos nossa atividade profissional nesse contexto instável, e é justamente toda essa cadeia de mudanças (institucionais, científicas e profissionais) que exige a criação de políticas de formação e atualização dos professores. A convicção de que a formação dos professores constitui um compromisso certo para as universidades é, contudo, difícil de se operacionalizar. A criação de planos de formação e sua implantação têm enfrentado muitas situações dilemáticas, assunto que abordarei no próximo capítulo.

NOTAS

1. A resultados muito similares parecem ter chegado as últimas pesquisas realizadas na Universidade de Murcia (Ato, M. e outros) através de análises das avaliações dos professores feitas pelos estudantes.

2. Trata-se do curso que aqueles estudantes que, na Espanha, uma vez acabada a universidade, desejem se dedicar ao ensino no nível secundário. A formação desses professores, agora em processo de reforma, se baseia em um curso de alguns meses de duração sobre questões pedagógicas.

3. O recente processo de configuração dos novos planos de estudo é um belo exemplo dessa prevalência dos interesses pontuais de indivíduos ou grupos sobre a "visão de conjunto" e do desenvolvimento dos propósitos curriculares declarados.

4. Nem é necessário falar que não se trata de propor aqui uma reivindicação de tipo corporativo (deixando passar, como quem não quer nada, que *os pedagogos devem desempenhar um papel mais significativo na organização dos estudos universitários e na formação didática de seus professores*). Todos os argumentos apontados, de individualidade e predomínio de interesses individuais e de grupo, são igualmente aplicáveis às faculdades e professores de pedagogia.

4 Formação do docente universitário

O exercício da profissão docente requer uma sólida formação, não apenas nos conteúdos científicos próprios da disciplina, como também nos aspectos correspondentes a sua didática e ao encaminhamento das diversas variáveis que caracterizam a docência. Parece evidente que a formação dos professores universitários, no sentido de qualificação científica e pedagógica, é um dos fatores básicos da qualidade da universidade. Essa convicção é mais evidente na doutrina do que nas políticas ativas das instituições; porém, o fato de subsistirem incongruências ou de não se poder falar ainda sobre convicções generalizadas em torno da necessidade da formação (desse tipo de formação) não deve diminuir a intensidade de sua exigência.

A formação dos professores universitários tem muito em comum com alguns dos aspectos analisados em capítulos anteriores:

- A idéia do *profissionalismo*, isto é, a consideração da docência universitária como uma atividade profissional complexa que requer uma formação específica.

- As novas proposições em torno da *formação contínua*, a qual apresenta o desenvolvimento pessoal e profissional como um processo que requer atualizações constantes que capacitem os indivíduos para dar uma resposta adequada ao instável mundo dos novos cenários de trabalho.

- A constante pressão em torno da *qualidade dos serviços* que as instituições oferecem, principalmente as instituições públicas.

Certamente, essa terceira circunstância é a que mais está mobilizando esse grande mecanismo institucional, que são as universidades. As outras duas circunstâncias costumam ser interessantes (e aparecem sempre nos informes oficiais), mas possuem pouca capacidade de impacto. A avaliação da qualidade e a constatação de que há muitas coisas que podem melhorar levaram os responsáveis a apresentarem iniciativas de formação. De fato, são muitas as universidades que situaram os programas de formação no mesmo marco que os de crescimento da qualidade.

QUESTÕES BÁSICAS NA FORMAÇÃO DOS PROFESSORES UNIVERSITÁRIOS

Situados nesse novo cenário institucional e profissional, a formação dos professores universitários deve enfrentar, no mínimo, as seguintes questões que, por sua vez, nos levarão a um grande leque de dilemas formativos:

- Sentido e relevância da formação: que tipo de formação? Formação para quê?
- Conteúdo da formação: formação sobre o quê?
- Destinatários da formação: formação para quem?
- Agentes da formação: quem deve ministrá-la?
- Organização da formação: que modelos e metodologias?

Gostaria de analisar esses desafios como dilemas:[1] aqueles que a formação dos professores universitários deve enfrentar atualmente.

Sentido e relevância da formação: formação para quê?

Essa questão poderia parecer irrelevante, já que, hoje em dia, ninguém discute a importância e a necessidade da formação nos diversos âmbitos profissionais, e o âmbito universitário não é alheio a essa convicção. Todavia, essa suposição não é correta, ao menos não o é na universidade, ou não o é no que se refere à formação mais estritamente vinculada às atividades docentes.

Continuam sendo muito numerosos, em alguns casos claramente a maioria, os responsáveis e professores universitários que questionam (quando não negam decididamente) a possibilidade de discutir a "formação" dos professores universitários, a qual ou é dada como certa (para isso, existem os sistemas de seleção e ingresso), ou é incumbência do professor universitário (ninguém melhor do que ele sabe de que tipo de formação necessita; por isso, buscará meios de ler ou de se inteirar dos fatos por conta própria). Por outro lado, continua prevalecendo a antiga idéia de que "se aprende a ensinar ensinando".

Apesar disso, também são cada vez mais numerosos os que aceitam a necessidade da formação e perguntam-se que tipo de formação é necessária e que orientação da formação é a mais adequada na universidade. É nesse sentido, então, que começam a aparecer contradições, quer dizer, *dilemas*.

• *Dilema entre uma formação para o desenvolvimento pessoal ou uma formação para a resolução das necessidades da instituição*

Tradicionalmente, a formação foi considerada incumbência dos próprios professores. De modo geral, a estrutura das operações universitárias gira quase sempre em torno do eixo individual (turmas, pesquisa, publicações, formação, etc.). Supõe-se que cada um adotará as posições que melhor se adaptem à sua situação e às suas necessidades.

Com a formação aconteceu algo semelhante: cada professor universitário é responsável por sua própria formação, e fica em suas mãos a decisão de buscá-la, de que tipo, em que momento e com que objetivo. A conseqüência imediata disso é que, quando existe, a formação está direcionada à resolução de necessidades individuais dos professores ou a seus interesses particulares. Sendo assim, esse é um estilo de formação de que cada professor faz parte se o quiser e que está centrada no que cada professor deseja.

No outro pólo do dilema, estão as necessidades institucionais. Como instituição, a universidade (na qual estão ocorrendo mudanças muito significativas conforme já vimos) precisaria que seu pessoal adquirisse competências capazes de enfrentar os novos desafios que se vão apresentando. Então, ela deveria seguir uma política de formação centrada nas necessidades de seu próprio processo de desenvolvimento.

Surge, desse modo, o primeiro dilema bipolar: as políticas de formação devem ser orientadas para a resolução das necessidades institucionais ou, ao contrário disso, para deixar que cada um decida por si mesmo que formação deseja ter?

Como acontecerá em cada um dos dilemas que veremos, a solução não pode ser outra senão achar um certo equilíbrio entre as necessidades individuais e institucionais.

Quando a formação é definida como um compromisso institucional (com planos projetados sob a própria instituição e orientados para a melhor resolução dos problemas detectados no seu funcionamento: avaliações realizadas, informes, decisões das instâncias institucionais, etc.), os sujeitos não assumem uma responsabilidade pessoal em seu próprio desenvolvimento e, às vezes, envolvem-se muito pouco nas propostas formativas oferecidas. Quando a tendência é deixar nas suas mãos a formação, ela se torna secundária ao desenvolvimento da instituição como um todo e à melhora da qualidade dos serviços que oferece. Além disso, é comum acontecer de a formação referir-se a aspectos de interesse dos próprios indivíduos, sem haver uma conexão clara com suas atividades docentes (outras carreiras, formação lingüística, tecnológica, etc.).

Pode se buscar uma fórmula intermediária por meio de uma maior participação dos departamentos como instâncias que dão equilíbrio aos diversos tipos de necessidades institucionais e individuais. Nos departamentos, são visualizados com mais clareza ambos os tipos de necessidades, podendo ser dada uma orientação mais concisa à formação.

A *avaliação formativa* também pode ser interessante como sistema de pressão institucional indireta no momento de equilibrar as necessidades individuais e o crescimento da instituição. A formação seria programada em função das necessidades ou dos pontos fracos detectados na avaliação (que pode ser das pessoas, dos departamentos, dos programas, das faculdades, etc.). No entanto, ela deve ser sempre um tipo de avaliação feita em um contexto de confiança e de desejo de superação, pois, de outro modo, o processo, os resultados e as suas repercussões terão um caráter burocrático, sendo pouco útil no que tange à formação.

De qualquer forma, está claro que o desenvolvimento do pessoal deve estar intimamente relacionado com as estruturas institucionais: mudanças estruturais podem demandar uma formação suplementar, e certas estruturas universitárias colaboram com a eliminação de desajustes e necessidades de formação.

- *Dilema entre a obrigatoriedade e a voluntariedade da formação (e, de modo secundário, a difícil relação entre liberdade e formação)*

Como assinalou Brew (1995, p. 8), um aspecto importante e generalizado da cultura acadêmica está vinculado à *liberdade*, isto é, liberdade e autonomia acadêmica, o que, a não ser nos momentos mais difíceis de pressão política e ideológica sobre os acadêmicos, momento em que adquire sentido, serviu, às vezes, como desculpa para o *laissez-faire*. Em nosso país, assim como em outros que seguem sistemas similares, à liberdade soma-se o *status* de funcionário de boa parte dos professores das instituições públicas. Com isso, o direito à individualidade é ampliado e consagrado.

Essa liberdade para se tomar decisões e organizar o próprio rumo profissional foi se configurando como uma sólida tradição de direitos adquiridos. Sua concretização, de modo geral, dá-se quando decidimos, por nós mesmos, ter a capacidade para determinar o que é melhor para nós, para nossos alunos e para a instituição a que pertencemos; recorre-se, inclusive, a tal princípio, como ressalta o próprio Brew, para reclamar o direito a não participar de qualquer processo de formação proposto em nossa instituição. "Ninguém tem de nos dizer o que temos de fazer ou como devemos fazê-lo", costuma-se dizer quase explicitamente.

Os níveis de autonomia individual são, de certo modo, variáveis e, às vezes, estão vinculados ao tipo de contrato: os professores contratados por hora podem ter em seu contrato cláusulas que os comprometem com programas de formação ou que condicionem sua permanência na vaga a certos compromissos nesse sentido.

Em todo caso, as políticas de formação devem enfrentar, de uma maneira ou de outra, esse difícil dilema. Não adianta nada assumir que, como as coisas são assim mesmo e como os professores, no fim, farão o que lhes for conveniente, não é possível planejar uma política de formação aceitável do ponto de vista institucional.

Talvez fosse melhor aplicar também aqui as três condições da aprendizagem (*eliminação, estimulação* e *pressão*) a que aludiu há anos o professor Fernández Huerta, o qual já mencionei ao falar sobre a universidade como organização que aprende. O primeiro compromisso do formador é "*eliminar* os obstáculos que dificultam a aprendizagem". Com freqüência, esses obstáculos são numerosos (de origem organizacional, de falta de recursos ou oportunidades, de pressão orientada em outra direção, etc.) e, se não são neutralizados, impossibilitam ou, no mínimo, dificultam a aprendizagem. Vencida essa primeira etapa, em geral, torna-se necessário continuar com a segunda, a *estimulação*. Para aprender, necessitamos estar motivados, conhecer o interesse e as contribuições que essa aprendizagem nos trará, os benefícios que poderemos obter com ela, etc. Uma tarefa importante dos formadores (ou da instituição interessada em que seu pessoal se forme) é a de motivar e elucidar o sentido e os benefícios das novas aprendizagens, e as políticas de incentivos desempenham esse papel. Entretanto, às vezes, nem a eliminação nem a motivação são suficientes para promover a formação. Então, entra em jogo a *pressão*, que pode ser direta ou indireta, vinculada a exigências explícitas ou a benefícios derivados de sua realização.

Esse modelo que une o compromisso institucional e pessoal pode ser interessante se aplicado também à formação. É pouco provável que a formação possa funcionar se a própria instituição não faz tudo o que está em seu alcance para eliminar as dificuldades que atrapalham o desenvolvimento. É necessário, de igual maneira, animar os professores com o objetivo de que enfrentem o aprimoramento da qualidade de seu trabalho por meio de uma formação permanente. Hargreaves dizia que as inovações não iam adiante se não houvesse alguém que as defendesse, que relembrasse seu interesse e os benefícios que dela advêm. Com a formação acontece quase o mesmo: alguém tem de acreditar nela e transmitir esse sentimento aos colegas da instituição. No fim, não pode faltar alguma forma de pressão (em seu sentido positivo de reconhecimento dos esforços) capaz de superar a tendência inata à inércia e a se manter em uma posição cômoda que não traga complicações e que permita, com o mínimo de esforço, vencer os compromissos docentes.

Atuando conjuntamente nos três níveis, torna-se possível estabelecer uma dialética equilibrada entre sujeito e instituição, comprometendo-os no desenvolvimento de uma estratégia de melhora do funcionamento e produção da instituição.

• *Dilema entre a motivação intrínseca e a motivação pelo reconhecimento (os efeitos da formação na carreira docente)*

Esse aspecto foi um dos que mais atenção recebeu nos últimos anos. Tendo em vista que a motivação intrínseca (envolver-se em processos formativos pelo próprio interesse) tem pouca capacidade de atração e que, com o tempo, poderia resultar inclusive em uma proposição injusta (pelo fato de não se avaliar o importante esforço feito pelos professores envolvidos em programas formativos), buscaram-se formas diversas de vincular a formação a sistema de credenciamento (reconhecimento e avaliação institucional da formação realizada) e à própria carreira docente (crescimento profissional ou salarial em função dos créditos alcançados na formação para a docência).

Há universidades que condicionam a consolidação e a promoção de seus professores à obtenção de qualificações em docência universitária: a

Oxford Brooks tem, desde 1982, um programa obrigatório de um ano de duração; a universidade de Birminghan condiciona a superação do período de teste como docentes universitários à freqüência a cursos de formação; estratégias similares seguem as universidades norueguesas, suecas e algumas holandesas. Fazer um curso (e, menos ainda, apenas freqüentá-lo) não implica um docente melhor, mas dá armas para alcançar isso.

Somado a isso, é freqüente constatar como os professores que mais procuram a formação são justamente aqueles que mais formação tiveram, o que depõe a favor desses cursos: incentivam o desejo de formação, tornam os professores mais conscientes de suas necessidades e das possibilidades que têm para enfrentar em melhores condições a grande complexidade da docência universitária atual. Cabe constatar que esses professores que repetem várias vezes cursos de formação pouco se importam com os títulos ou com os diplomas e com o que eles possam lhes trazer como reconhecimento. Quanto mais fundo se entra na formação, mais ela funciona por seu próprio valor e menos ela funciona pelas compensações externas oferecidas.

Em resumo, poderíamos dizer que fundamentar a formação na motivação intrínseca (o interesse da formação por si mesmo e dos temas relativos a ela) descompromete a instituição e acaba esgotando a capacidade de "sedução" das iniciativas de formação que poderiam surgir. Este não é, naturalmente, um bom sistema, ao menos quando funciona de modo isolado, ou seja, sem outras modalidades que o completem. Todavia, fundamentar a formação no reconhecimento externo (nos incentivos prometidos) costuma implicar vícios importantes (muitas das ações formativas acabam se transformando em meras expedições de certificados para utilizar em avaliações periódicas da qualificação docente). Tanto um como outro extremo é contraproducente, mas tanto um tipo de orientação como o outro deve estar presente no momento de propor a formação docente na universidade.

As universidades devem propor a formação sob uma perspectiva que integre as duas dimensões: programas e atividades de formação que sejam interessantes por si mesmas e que, ao mesmo tempo, tenham repercussões benéficas para os professores em relação ao reconhecimento institucional, as quais não têm razão para se reduzir a incentivos materiais. O fato de que sejam cursos que nos permitam melhorar como docentes e estar em condições mais favoráveis para ajudar os alunos já são contribuições importantes à formação. Nasr (1996) descreve como foi um fator importante na consolidação da formação em seu país comprovar que os professores melhor avaliados por seus alunos são os que possuem um certificado de docência.

Em minha opinião, a formação não deve ser orientada somente para o desenvolvimento e para a aquisição de novos conhecimentos e de novas habilidades para enfrentar e resolver com mais segurança os problemas da docência universitária, mas para possibilitar que quem a realiza *ascenda* na própria instituição (seu *status*, seu nível, sua remuneração, etc.).

Como apontou Wright (1994), a partir dos dados de uma pesquisa internacional, o que mais poderia influir na qualificação do ensino universitário seria, sem dúvida, a promoção profissional baseada na qualidade da docência. Esse critério tem maior capacidade de impacto, na opinião de numerosos professores consultados, que os sistemas habituais (avaliação de cursos, sistemas de avaliação da qualidade institucional, avaliações feitas por estudantes, formação em metodologias didáticas, etc.). Atualmente, não chega a 10% o número de universidades que considera a qualidade da docência como um critério relevante de promoção de seus professores (Gibbs, 1996, p.42-60).

Por outro lado, já há experiências interessantes nesse sentido. O próprio artigo de Gibbs descreve o sistema empregado na Universidade de Oxford baseando-se na *avaliação por pares* e nos sistemas de *portfólios*. Nesse sentido, Anderson (1993) analisou diversas possibilidades metodológicas destinadas a operacionalizar uma avaliação adequada da qualidade da docência por parte das instituições.

Conteúdo da formação: formação em quê?

Mesmo que acabasse prevalecendo a convicção de que é preciso impulsionar e articular a formação dos professores universitários, continuaria aberta a questão sobre o tipo de formação e com quais conteúdos ela se daria.

São vários os dilemas que surgem em torno da identificação dos conteúdos:

• *Dilema entre formação generalista (de tipo pedagógico) e formação específica e vinculada à própria área de conhecimentos*

O debate inicial nesse ponto foi feito entre os defensores de um direcionamento para os processos de ensino-aprendizagem em geral (ao qual poderíamos conceituar como "pedagógico", bem entendido) e os seus opositores, que, ao contrário, entendem que a formação deve se centrar nas disciplinas ou campos científicos nos quais se situam os professores (por isso, poderíamos denominá-la orientação "disciplinar").

O pressuposto básico dos primeiros é que o que define o papel formador dos docentes universitários e sua dimensão profissional essencial não é tanto a disciplina específica que lecionam, mas a missão formadora que deles é exigida. Os problemas fundamentais que os professores irão enfrentar estão vinculados, de acordo com essa perspectiva, a questões que são comuns ao conjunto dos professores: os aspectos relativos à motivação dos estudantes, às relações interpessoais, à capacidade de lhes transmitir uma visão da vida e do exercício profissional de acordo com princípios éticos e de responsabilidade social, o domínio dos recursos para o desenvolvimento curricular da disciplina e dos distintos processos que inclui seu ensino (conhecimentos dos processos básicos da aprendizagem e do ensino, preparação de materiais, habilidade na preparação de apresentações de fácil entendimento, criação de atividades, planejamento de avaliação, etc.), domínio dos recursos genéricos que condicionam o exercício profissional (cuidado com a voz, habilidades relacionadas com as novas tecnologias, habilidades na gestão de grupos, etc.). Todos esses elementos constituem um território comum dos profissionais da docência e não estão vinculados de maneira específica ou exclusiva a nenhuma das áreas de conhecimento.

O argumento básico dos que defendem uma orientação mais disciplinar, na maior parte das vezes, se baseia na convicção de que os processos de ensino-aprendizagem estão condicionados pelos conteúdos próprios de cada disciplina. Em sua opinião, a formação tem de estar vinculada a cada setor do conhecimento: dar boas aulas em cursos de engenharia, por exemplo, não é o mesmo que dar aulas em educação física ou em direito.

Outra vez, a estrutura bipolar do dilema obriga a busca de um equilíbrio entre as posições. Na verdade, um tipo de formação orientada exclusivamente para questões gerais pode ser menos motivadora para pessoas cuja identidade profissional está enraizada em questões próximas da disciplina ou da área que lecionam. Os exemplos dados e as considerações feitas podem lhes parecer alheias a sua própria área, mas se as coisas vão em direção contrária, os efeitos são ainda mais contraproducentes: acabam sendo empobrecidos os conteúdos formativos no que eles têm de discurso comum e de espaço compartilhado pelos professores.

Leitner (1998, p.339-349) diz que "a *pedagogia acadêmica*, em especial a formação pedagógica permanente dos professores, constitui uma contribuição essencial para a qualidade do ensino". Eu não seria tão otimista, mas parece ser senso comum (e assim avaliam os informes internacionais e algumas das pesquisas realizadas a esse respeito) que uma boa formação sobre os processos de ensino-aprendizagem servirá para elucidar e dar sentido à ação docente, contribuindo, assim, para sua melhora.

O que todos os professores têm em comum é a função docente e seus conteúdos, ou seja, aquele espaço compartilhado no qual podemos trocar experiências e conhecimentos. Em contraposição a isso, os conteúdos disciplinares são estruturas pouco adaptadas ao amálgama profissional, isto é, mais que unir, desunem. Um professor de "grego" falando sobre seus conteúdos não tem nada em comum com o de "resistência de materiais", no entanto ambos têm muito em comum se falarem sobre como poderiam apresentar uma avaliação adequada, ou sobre o tipo de dispositivos que seriam necessários para motivar mais seus alunos, para lhes ensinar a trabalhar melhor em grupo ou para melhorar o "astral" de suas aulas.

Por isso, a pedagogia universitária tem um importante papel no que diz respeito à formação como estimuladora da criação desse espaço profissional comum entre os professores das diversas especialidades, apesar de nós, pedagogos, nem sempre contarmos com o reconhecimento e com a credibilidade por parte de nossos colegas docentes na universidade.[2]

- *Dilema entre formação para a docência e formação para a pesquisa*

Como já vimos, uma das controvérsias básicas na formação docente na universidade ocorre, ao menos na Espanha, em torno dessa dupla orientação: docência e pesquisa. Como entre nós não existem as instituições universitárias especificamente docentes (*teaching institutions,* na denominação internacional), todas se vêem levadas a desenvolver atividades direcionadas tanto em um como em outro sentido. A cultura universitária teve, por outro lado, de atribuir um maior *status* acadêmico à pesquisa até transformá-la no componente básico da identidade e do reconhecimento do docente universitário. O que normalmente é avaliado nos concursos de ingresso e promoção são os méritos das pesquisas; o que os professores e seus departamentos tendem a priorizar por causa dos efeitos econômicos e do *status* são as atividades de pesquisa; o destino prioritário dos investimentos para formação do pessoal acadêmico, em geral, é orientado principalmente para a formação em pesquisa (muitas vezes, é administrado pelas vice-reitorias de pesquisa) e assim sucessivamente. Isso faz com que, embora possa soar contraditório, a *docência* transforme-se em uma atividade marginal dos *docentes*. Na realidade, são muitos, e de muito poder no organograma das universidades, os que defendem que, para ser um bom professor universitário, o mais importante é ser um bom pesquisador. Eles entendem que "pesquisar" constitui um nível de desenvolvimento intelectual superior, uma capacidade para ver as coisas de forma mais rigorosa e sistemática, um maior conhecimento dos assuntos que transitam nesse campo científico, etc.

Em contrapartida, essa argumentação é fraca, caso seja analisada sob a ótica do ensino. Parece que há poucas dúvidas de que a pesquisa requer competências e qualidades profissionais completamente diferentes das exigidas pelo ensino (Task Force Resource Allocation, 1994). Elas podem apresentar-se todas nas mesmas pessoas, obviamente; porém, é freqüente encontrar excelentes pesquisadores que são professores medíocres (ou não se comunicam bem, ou utilizam um tipo de discurso muito elevado e complexo, ou mantêm relações conflitantes com seus estudantes, ou não têm tempo suficiente para preparar a aula, ou estão mais envolvidos com os conteúdos que explicam do que com a forma como seus estudantes os decodificam e assimilam, etc.).

Às vezes, não há coincidência entre conteúdos da pesquisa e conteúdos da docência. A experiência como pesquisador das "formas do subjuntivo na Idade Média" pouco servirá a um professor se o que ele tem de explicar a seus alunos é poesia barroca. Em geral, quando se quer estabelecer uma ligação forçada de contextos (fazer coincidir o que se está pesquisando com o que se ensina), o que se consegue é descaracterizar, no próprio interesse, o programa que se deve lecionar (que normalmente tem uma necessidade didática e formativa muito mais ampla, geral e básica que o conteúdo específico da própria tese de doutorado ou de pesquisas posteriores).

A pesquisa pode se aproximar mais da docência quando as aulas são ministradas em cursos de doutorado ou de pós-graduação, nos quais os conteúdos podem até coincidir. É interessante que nós, professores, falemos, nesses contextos, principalmente o que estamos estudando e no que temos nos aprofundado.

De qualquer forma, essas funções (docência e pesquisa) precisam de formação. A incorporação ao mundo da pesquisa, na maior parte das vezes, ocorre em um contexto mais específico e regulado (cursos de doutorado, integração em equipes de pesquisa ou de trabalho com um orientador das teses, realização da tese de doutorado como iniciação, participação em projetos que serão avaliados, etc.). Em troca, a incorporação à docência é um processo muito mais desacompanhado e irregular. Enfrentamos sozinhos, apenas com nossas forças, um grupo de alunos, muitas vezes, pouco antes de acabar o curso, sem nenhuma preparação específica para fazê-lo.

- *Dilema entre uma formação para
o ensino ou para a aprendizagem*

Esse dilema constitui um dos debates mais ricos e esclarecedores dos últimos anos no que se refere à formação dos docentes universitários. Os enfoques atuais sobre formação desses profissionais insistem na necessidade de modificar a "formação centrada no ensino", dominante até agora, por uma "formação centrada na aprendizagem", que deverá ser a que prevalecerá no futuro.

Essa modificação básica da "visão" da formação responde às profundas mudanças que ocorreram no âmbito universitário seja em relação às características dos alunos, seja em relação à disponibilidade de novos recursos tecnológicos mais eficientes que o professor para armazenar, codificar e apresentar conteúdos. Já aludimos a essas mudanças no primeiro capítulo deste livro.

O perfil ideal do professor universitário, em geral, remete à condição de "pessoa com grandes conhecimentos em sua disciplina, a qual sabe explicá-los com clareza e convicção a seus estudantes". Ou seja, a função de apresentação e explicação dos conteúdos constituía um componente básico desse perfil. Mesmo ela sendo importante, atuar como facilitador e guia das aprendizagens dos estudantes é muito mais que isso. O importante não é que se fale ou explique bem os conteúdos: o importante é como eles são entendidos, organizados e integrados em um conjunto significativo de conhecimentos e habilidades novas.

O modelo convencional de ensino respondia adequadamente à estrutura dos modelos condutivistas: estímulo-reposta (E-R). Nós, professores, atuamos primeiro como agentes do estímulo (apresentamos a informação e a explicamos aos alunos); depois, como constatadores de suas respostas (comprovamos através de sua produção em exames ou exercícios se assimilaram o que foi dado). No meio disso, está o hífen que une o estímulo (E) com a resposta (R): essa é uma "caixa negra" cujo conteúdo e funcionamento nos passa despercebido. "Cada aluno é um mundo; nesse espaço do hífen" – costumamos pensar –, "cada um aprende à sua maneira e vive como pode. Nesse mundo particular, não podemos entrar". No entanto, esse é justamente o centro da atenção das novas proposições da formação: esclarecer o que há por trás desse hífen, ou seja, saber cada vez mais como os alunos aprendem para poder facilitar, orientar e melhorar, na medida de nossas possibilidades, essa aprendizagem.

O processo de massificação das universidades nos últimos anos trouxe consigo o conseqüente aumento da heterogeneidade: turmas mais numerosas, estudantes com diversos *backgrounds* acadêmicos (oriundos de diversos cursos, com um nível de conhecimentos prévios muito desigual), com diversas idades (na medida em que vão incorporando-se aos estudos alunos adultos que retornam para completar sua formação), com diversos conhecimentos da língua (principalmente naqueles casos de estudantes estrangeiros), com diferentes condições econômicas (que condiciona muito sua capacidade para comprar livros, dispor de tempo para o estudo, desenvolver programas complementares, etc.). Acrescentamos a isso a necessária reflexão sobre como funcionam os processos de aprendizagem em modalidades que se afastam dos formatos convencionais do ensino presencial: ensino a distância, semipresencial, baseado na aprendizagem autônoma dos estudantes, etc.

Nesse novo cenário do ensino universitário, o tema da aprendizagem e das condições para sua otimização transformou-se no desafio principal dos professores e no objetivo de sua formação, o que é muito mais profundo e prioritário que a própria organização e apresentação da informação (que passa a ser um componente subsidiário no ensino, dirigido à obtenção da aprendizagem, a qual se torna o referencial principal da ação didática).

• *Dilema sobre a formação para tarefas de gestão, de relações externas, etc.*

Na ocupação profissional dos professores universitários, ao menos na Espanha, integram-se unidades de competência que pertencem a níveis diversos de atividades. É comum a função docente universitária dividir-se em torno de três eixos básicos: a docência, a pesquisa e a gestão. Ultimamente se acrescentou a eles a função do *business* (conseguir recursos financeiros através de convênios, cursos, projetos, consultorias, etc.). Os quatro são compatíveis em teoria, mesmo que, na prática, as interações sejam mais problemáticas.

A carência de formação é notória no âmbito da pesquisa (a não ser em algumas áreas de conhecimento com muita tradição nessa área, nas quais os futuros professores se integram desde o primeiro momento em equipes de pesquisa que os acolhem e estimulam em sua formação); é, de fato, preocupante, no que se refere à docência, tal como está sendo analisado neste capítulo; mas ela é total no que se refere à gestão: quanto aos professores envolvidos nessa área, nenhum certificado e nenhum processo de seleção avaliam uma formação mínima para o seu desempenho (da gestão macroinstitucional das equipes da direção ou dos serviços mais abrangentes da universidade até os níveis microestruturais de departamentos, equipes de pesquisa, coordenação de programas, coordenação de cursos de pós-graduação, *mestrados*, convênios, etc.). Ninguém, ao menos entre os docentes, recebe formação específica para as tarefas de gestão que lhes são atribuídas.

Estamos, desse modo, diante de outro âmbito sobre o qual é cada vez mais necessário a formação se pensamos nos novos desafios que o docente universitário tem tido de enfrentar nos últimos anos, cada vez em maior escala. O modelo gerencialista para o qual muitas universidades estão se orientando, a necessidade de buscar fontes de renda complementares, o forte incremento das relações interinstitucionais: tudo isso faz redobrar a atenção aos problemas da gestão e da coordenação da atividade das diversas instâncias nela envolvidas.

Destinatários da formação: formação para quem?

Algumas questões interessantes foram se elucidando nos últimos anos em relação a este tópico: a importância da formação inicial para os novatos, possibilidade de desenvolver programas integrados de formação que abarquem todo o pessoal da instituição, necessidade de buscar alternativas de formação adaptadas aos diversos tipos de professores (contratados, titulares, etc.). Cada um desses aspectos apresenta os seguintes dilemas:

• *Dilema da formação específica
para novatos ou formação para todos*

Muitos afirmam que é pouco viável, dada a situação atual na universidade, a criação de programas de formação direcionados a todos os professores. Na opinião dos que pensam assim, é desnecessário gastar tempo e esforço para formar os professores já estabelecidos profissionalmente ou em fim de carreira (não por uma discriminação em razão de idade, mas por já estarem, talvez, muito habituados a uma determinada forma de atuar, muito acostumados a uma cultura baseada no individualismo e arbítrio pessoal; portanto, com poucas possibilidades de assumir mudanças). Para os que defendem essa posição, a prioridade formativa teria de ser estabelecida claramente na formação dos professores iniciantes, em relação aos quais é válido apresentar novos estímulos que motivem a formação, chegando inclusive a poder exigi-la como pré-requisito para se integrar à docência ou para se consolidar em sua ocupação.

No entanto, aceitando as melhores perspectivas da formação referentes aos novatos (proposições que muitas universidades já assumiram), é excessivamente pessimista excluir da formação os professores com experiência já consolidada. Mesmo que a tarefa não seja certamente fácil, talvez seja proveitoso que as universidades continuem oferecendo oportunidades de formação a todos os seus professores, e é necessário que elas respondam adequadamente (em seus conteúdos e em sua organização) aos anseios dos professores mais experientes que são, sem dúvida, diferentes dos anseios dos professores novatos. Mais adiante abordarei esse ponto: o caminho básico de formação para os professores experientes é a reflexão sobre sua própria prática.

• *Dilema da problemática específica dos professores associados e substitutos*

As possibilidades de formação para a docência ficam ainda mais distantes no caso dos professores substitutos. A característica principal desses professores, ao menos em seu sentido original, é que eles pertencem ao mundo da prática, exercendo a docência apenas como uma atividade secundária e provisória. Portanto, especificamente nesse caso, não há disponibilidade nem tempo suficiente para que se planeje um tipo de formação que possa incluí-los.

No entanto, é importante que haja a preocupação com sua qualificação docente. Sua participação na docência universitária costuma ser elevada (superior a 30% do total dos professores na média das universidades), assim como a importância de seu papel, já que trazem ares de renovação da vivência e dos cenários profissionais reais. Contudo, essa considerável contribuição que farão à formação dos estudantes universitários pode ser obstruída se seus estilos docentes são pouco apropriados, ou se suas contribuições se situam em um lugar à margem da formação.

Torna-se necessário, nesses casos, buscar fórmulas de formação flexíveis e abrangentes, às quais é possível ter acesso através de sistemas semipresenciais. Os próprios dispositivos de coordenação curricular devem desempenhar um papel de integração de suas contribuições e deles mesmos no projeto formativo global de cada faculdade ou escola técnica.

• *Dilema das diferentes culturas existentes entre os professores e o pessoal administrativo e gerencial da universidade*

Em geral, coexistem nas universidades diversos corpos funcionais, mas fundamentalmente podemos falar de duas culturas básicas: a dos acadêmicos e a do pessoal de administração e serviços (Brew, 1995, p.7). A diferença entre ambos está ainda no tipo de formação que recebem, seja em termos de conteúdos, de organização, seja em termos de efeito. Via de regra, a formação dos acadêmicos é resultado da livre opção deles e tem por objetivo a atualização de seus conhecimentos científicos. O pessoal administrativo recebe uma formação de caráter obrigatório e centrada, principalmente, na resolução das necessidades da instituição.

Há pouca oferta formativa capaz de integrar esses dois grupos (mesmo que não faltem as áreas de interesse comum para ambos: novas tecnologias, gestão de pessoal, direção de equipes, criação de materiais, desenvolvimento de programas de bibliotecas, etc.). Esse é um dos grandes desafios que algumas instituições tentam enfrentar buscando um sistema formativo integrado e orientado para a qualificação da instituição como um todo. É fácil entender como certos processos, nos quais esses grupos assumem responsabilidades compartilhadas ou complementares (por exemplo, gestão e coordenação de cursos, projetos ou convênios; uso dos recursos tecnológicos, etc.), exigem também um sistema unificado de formação.

Agentes da formação: quem deve ministrá-la?

A experiência dos últimos anos de prática da formação tornou essa questão fundamental ao se definir as responsabilidades e os compromissos na instituição. Com freqüência, uma deficiente e pouco clara delimitação das responsabilidades nos programas de formação levou suas ações ao enfraquecimento; em outros casos, levou à fragmentação ou à superposição ao ser distribuída entre muitos agentes desorientados e incapazes de estabelecer uma linha de ação significativa que de fato resultasse na qualificação dos serviços da instituição.

Vamos analisar vários dilemas vinculados a essa questão:

• *Dilema da responsabilidade da formação*

A responsabilidade principal da formação está nas próprias instâncias de administração das universidades, a quem corresponde projetar as linhas básicas da política de formação e estabelecer as prioridades (por exemplo, formação de novatos, reformulação dos cursos com maior índice de reprovação ou abandono, novos cursos, etc.). Obviamente, a ela corresponde também a responsabilidade de viabilizar os recursos necessários para que tal política de formação seja colocada em prática e não fique no mero enunciado político de intenções.

De qualquer forma, a dinâmica da formação nem sempre funciona bem em um sistema hierárquico como esse. Por isso, alguns colegas insistem em outra visão da formação, a qual parta das demandas que os professores e os departamentos façam.

Esta questão não é simples e, justamente por isso, torna-se um dilema. Tanto um modelo como outro tem suas contradições: aqueles que são baseados na liderança política da instituição (de suas instâncias responsáveis) resultam na falta de envolvimento dos professores, que não chegam a sentir as iniciativas de formação como algo que responda realmente a suas necessidades ou a seus interesses.

Em contrapartida, um sistema de formação entregue aos professores ou aos departamentos costuma se ajustar melhor a suas necessidades reais, mas pode gerar uma grande dispersão de esforços (com freqüente ambigüidade nas propostas). Por outro lado, a divisão que implica esse sistema e as diferentes orientações dadas à formação dificultam o estabelecimento de uma linha coerente na instituição como um todo (que sirva para melhorar todos os serviços oferecidos).

Outra vez, a *solução* para o dilema deverá ser construída sobre uma cuidadosa integração desses pólos. É preciso algumas metas de política de formação que devem ser projetadas pela própria instituição e que devem envolvê-la por completo, garantindo, com isso, o compromisso institucional e a disponibilidade de recursos para sua implementação. Uma dessas metas será atribuir um papel especial ao diagnóstico das necessidades formativas e ao planejamento das estratégias mais adequadas para as faculdades e para os departamentos da universidade.

A iniciativa dos indivíduos continuará tendo sempre um papel importante em uma instituição como a universidade, principalmente se chega a implementar a idéia de refletir sobre a própria prática como uma das condições básicas para a qualificação da docência.

As universidades precisam de uma instância institucional capaz de estimular e coordenar as iniciativas de formação. Já lembramos antes a idéia de Hargreaves de que as inovações não prosperam se não há pessoas (nesse caso, haveria de acrescentar, também, departamentos ou instâncias da instituição) que as defendam, promovam e mantenham. Todavia, a tendência ao *status quo* é forte o bastante para neutralizar um tipo de proposta que surge esporadicamente e que tenha responsabilidades incertas na instituição.

• *Dilema do debate sobre as competências dos formadores*

Outra questão interessante em relação aos agentes da formação se refere à própria figura dos formadores e às competências que devem ter para desempenhar seu trabalho. Como qualquer liderança, na universidade, não é tarefa fácil levar adiante a formação. Os colegas apresentam fortes exigências de "legitimidade" e "credibilidade" a seus possíveis formadores. Eles não dariam, com facilidade, a qualquer um o título de formador, mesmo que a instituição tenha feito isso formalmente e tenha atribuído a ele essa função.

A idéia de que "ninguém tem nada a me dizer nessa área que eu não saiba" é um empecilho aos possíveis candidatos a formadores. Não foram pesquisadas suficientemente as possíveis "unidades de competência" atribuíveis aos formadores, embora a literatura, muitas vezes, assinale como condições básicas um bom conhecimento da docência universitária, da própria instituição, a capacidade para planejar e administrar programas de formação, incluindo aqueles em que se atribui um papel importante aos próprios professores participantes nos programas de formação – em resumo: capacidade de diálogo, de observação, de direção de grupos, etc.

Hill, Jennings e Magdwick (1992) definem como traços necessários ao perfil do orientador (o que poderíamos estender a todos aqueles que se dedicam à formação aos docentes) as qualidades de experiência profissional ampla,[3] atitude reflexiva e habilidades específicas da orientação (que dizem respeito à capacidade de envolver, de dirigir grupos, de oferecer *feedback*, etc.). Essas três condições resumem os aspectos principais que os formadores da universidade[4] devem reunir.

Uma parte importante desse debate girava em torno da questão: é preferível o formador ter um *background* fundamentalmente pedagógico ou psicológico, ou, ao contrário disso, um grande conhecimento em determinada especialidade (melhor ainda se for naquela em que vão ser formadores)? Essa questão tem uma difícil solução visto que cada um destes perfis trará contribuições muito variadas para a formação. Até onde eu sei, as universidades fizeram experiências nessas duas direções com sucesso, mas talvez a posição mais equilibrada e efetiva pudesse ser encontrada no perfil de equipes mistas em que estejam presente: pessoas com uma forte formação pedagógica junto a outras com uma ampla experiência como professores de disciplinas específicas.

• *Dilema da formação com pessoal próprio e alheio*

Como ninguém é bom profeta em sua terra, as universidades, muitas vezes, preferem contar com pessoal de outras universidades ao implantar iniciativas pontuais de formação. Por outro lado, essa alternativa só é viável para esse tipo específico de atividades (cursos, oficinas, atividades muito específicas e com prazo de duração limitado). Quando se trata de pôr em prática planos mais abrangentes (de pesquisa-ação, de desenvolvimento de materiais didáticos, de introdução de inovações sistemáticas e supervisionadas, de modificação de objetivos metodológicos, etc.), fica claro que é imprescindível contar com uma equipe da própria universidade que dê estabilidade e continuidade ao projeto.

Isso, por si mesmo, gera novos compromissos para a própria instituição, a qual deverá oportunizar a existência de instâncias especializadas em formação que funcionem como centros de estímulo e coordenação das iniciativas nesse sentido. Comprovou-se em estudos transnacionais que a formação do pessoal será melhor naquela instituição ou empresa que contar com instâncias responsáveis especificamente por essa função, com pessoal preparado para realizá-la (departamento de formação, responsáveis pela formação, formadores, etc.). Dadas as qualidades profissionais de seu pessoal, não deveria ser difícil para nenhuma universidade contar com estruturas nesse molde.[5]

- *Dilema da profissionalização dos formadores*

Alguns países, quase sempre por pressão das próprias universidades ou dos próprios formadores, estão examinando a possibilidade de definir e dar identidade e estabilidade profissional à figura do formador.

Nesse caso, também estamos diante de um dilema. A profissionalização do formador permite dar maior sistematicidade, estabilidade e dedicação a seu trabalho (incluindo a possibilidade de abrir linhas de pesquisa específicas sobre temas de formação); as pessoas dedicadas a isso podem se especializar, ir gerando seu próprio material e acumulando experiência.

Em outras situações, a profissionalização é encaminhada como uma reivindicação profissional dos formadores que entendem que, dessa maneira, melhorariam suas condições de trabalho, reforçariam sua identidade profissional e estariam em condições mais favoráveis para se unir, para trocar experiências e para otimizar seus serviços.

Em contrapartida, a especialização e a profissionalização dos formadores podem distanciá-los do autêntico exercício profissional para o qual formam. Dedicados exclusivamente à formação ou à pesquisa, deixariam de ministrar aulas e poderiam perder esse contato direto com a docência e com todas as ações e emoções ligadas a ela (o que, posteriormente, constitui o conteúdo básico da formação que pretendem oferecer).

Organização da formação: que modelos e metodologias são mais eficazes?

Com freqüência, as considerações gerais não passam de meras elucubrações que não chegam a constituir processos concretos e bem-definidos de formação sobre a área. Falamos sobre a formação muito mais do que trabalhamos sobre ela e a operacionalizamos. Parece que sentimos uma espécie de vergonha epistemológica quando devemos transformar nossas idéias em propostas concretas. Pretendo fugir dessa sensação: vou considerar possibilidades específicas de desenvolvimento de planos de formação nas universidades.

• *Dilema entre formação fundamentada nos sujeitos ou em grupos ou unidades funcionais*

Como já destaquei anteriormente, pesa muito na universidade a tradição de certas modalidades de formação baseadas nos indivíduos. As instâncias encarregadas da formação (vice-reitorias, serviços criados com esse fim, etc.) oferecem uma série de iniciativas, às quais os professores, caso desejarem, se incorporam. O próprio fato do reconhecimento individual da formação, quando existe, não faz mais do que reforçar esse modelo. Contudo, como já se destacou em tópicos anteriores, essa dinâmica exclui a possibilidade de realizar planos de formação sistemáticos que envolvam grupos ou serviços completos.

Por isso, tem-se insistido, nos últimos anos, na necessidade de complementar essas modalidades baseadas nos indivíduos com outras fórmulas dirigidas especificamente a grupos, serviços ou unidades. Dessa maneira, obter-se-ia um impacto mais generalizado sobre o funcionamento dessa unidade ou desse grupo como uma *comunidade que cresce* (que aprende). De qualquer forma, essas estratégias foram apresentadas mais no âmbito administrativo do que no docente.

• *Dilema entre iniciativas de formação a curto prazo (cursos, oficinas, etc.) e a médio e longo prazo (programas, sistemas de credenciamento específico, etc.)*

Se analisamos as ofertas formativas das universidades a seu pessoal nos últimos anos, pode-se constatar um deslocamento dos programas pontuais e de curta duração (que, em todo caso, continuam sendo a maioria) para programas a médio prazo. Os próprios enfoques atuais sobre a formação do pessoal seguem também essa linha. Questionam-se muito as contribuições reais que advêm de um curso, de uma oficina ou de algumas jornadas por serem esporádicas e por terem menor capacidade de vincularem suas contribuições às práticas e aos problemas profissionais vivenciados pelos seus freqüentadores.

As atividades pontuais têm a vantagem de serem mais práticas e de terem baixo custo institucional e pessoal, ao mesmo tempo que são eficazes para criar um ambiente de motivação e reflexão sobre as questões apresentadas. Porém, se não obtêm uma continuidade, seus efeitos desaparecem logo, carecendo, em geral, de efeitos claros na origem de uma autêntica cultura institucional favorável à formação.

As atividades a longo prazo (processos de inovação continuada, cursos de pós-graduação, mestrado ou doutorado sobre ensino universitário, modalidades de pesquisa-ação sobre a prática docente, participação em equipes que desenvolvem e experimentam novas metodologias, novos materiais ou novas experiências formativas, etc.) costumam ser menos "glamourosas" que cursos ou congressos (tem-se uma menor possibilidade de atrair personalidades e de ter destaque na imprensa), mas são muito mais eficazes em relação à transformação real das práticas docentes. Por outro lado, elas podem dar a oportunidade de obter um reconhecimento acadêmico (o título de especialista ou mestre, o doutorado, etc.) que poderá ser convenientemente avaliado em concursos e em sistemas de promoção.

Esse interesse por ações mais duradouras e vinculadas ao próprio progresso profissional possibilitou a oferta de *cursos de doutorado baseados na prática* que podem ser de grande interesse, principalmente para os novatos que quiserem transformar sua própria prática docente em pesquisa. Nesse caso, o doutorado não está direcionado apenas à formação de jovens pesquisadores, mas à *qualificação da prática profissional* nas instituições a que o doutorando pertence, nesse caso, a universidade (embora se aplique igualmente a outro tipo de profissional em empresas ou instituições diversas). O trabalho é orientado, então, para a *mudança organizacional, para a potencialição de uma prática reflexiva por parte do doutorando* e, em especial, *para gerar novo conhecimento*. Essa idéia foi proposta, a todos os processos gerais e específicos de formação voltados ao trabalho, pelo United Kingdom Council for Graduate Education (1997).

• *Dilema das diversas modalidades de formação e suas contribuições*

Curiosamente, algumas das antigas tradições formativas, como a do microensino (aquelas simulações de aulas em um estúdio de gravação e outras atividades docentes, como mediar grupos de debates, criar programas, etc.) que foi abandonada com a decadência dos modelos condutivistas, continuam trazendo saudade a alguns professores que afirmam ainda se lembrarem daquelas experiências de formação e do muito que aprenderam com elas.

Hoje em dia, estão mais na moda outros sistemas baseados nas doutrinas cognitivistas da aprendizagem que priorizam a reflexão em lugar da prática e da revisão coletiva das atividades docentes. A idéia-chave é que os profissionais aprendem mais por meio da "análise estruturada de sua prática" (Padfield, 1997). Os profissionais precisam ordenar as lições advindas de sua experiência em torno de padrões gerais de análise que os ajudem a construir um marco conceitual capaz de generalizações úteis.

Apesar do lugar-comum de que ensinar se aprende com a prática e de que "a experiência vale um diploma", sabe-se bem que a prática, por si mesma, não resulta em aprendizagens claras. Muitas experiências no exercício profissional não costumam redundar, ao menos não de maneira unívoca e direta, em uma maior qualidade dessa prática. Existem dados a respeito disso, mas não apenas a respeito da docência: há outras profissões envolvidas (medicina, engenharia, etc.).

Assim, as novas modalidades de formação foram girando em torno dos eixos básicos: a idéia da *reflexão sobre a prática*, ou, o que resulta no mesmo, a revisão sistemática do próprio exercício profissional através de diversos sistemas de observação e avaliação e a *vinculação entre teoria e prática profissional real* ou conexão entre o mundo da teoria próprio da formação universitária e os cenários reais de trabalho (a formação através do trabalho, diversas fórmulas de práticas em empresas, etc.).

Um dos aspectos básicos de ambas as orientações é que a incorporação de modelos baseados na reflexão ou na revisão da própria prática apostou, em primeiro lugar, em iniciativas que têm grande identificação com estratégias de *documentação* e de *análise dos registros* obtidos. Registrar aulas em vídeo, coletar informação mediante diversos tipos de instrumentos de medição, observar a aula de outros colegas, fazer auto-informes e diários de classe, preparar portfólios profissionais, entre outros, desenvolveram-se muito nos últimos anos.

Parte-se da idéia de que à medida que nós, professores, tomamos consciência das nossas ações, melhor será nossa condição para aperfeiçoá-las.

Outro ponto importante nessa renovação das práticas formativas é insistir na qualidade formativa do trabalho e na necessidade de unir as instituições formativas com os ambientes reais de trabalho. Essa expectativa concretizou-se na nova concepção dos planos de estudo e sistemas de credenciamento[6] para os estudantes, já que, se a preparação para o mercado de trabalho é importante para eles, os professores têm de ter capacidade de oferecê-la ou, no mínimo, administrá-la.

Na verdade, boa parte desse trabalho ocorre fora do espaço do *campus*, o que exige modificações na organização dos estudos e um esquema flexível de horários (os quais, às vezes, não se ajustam aos módulos diários, semanais ou anuais dos cursos acadêmicos).

Davies (1998, p.307-316) avaliou corretamente como esse novo sistema formativo implica consideráveis modificações na política de pessoal das universidades, como um sistema de incentivos específicos que estimule os membros da equipe (docentes e pessoal administrativo) a assumir compromissos fora de seus horários regulares; um sistema de contratos flexíveis, o qual possibilite a viabilidade desse tipo de formação, o que entra em choque com o sistema organizacional vigente em alguns países. Ao contrário disso, ele está mais próximo aos contratos de trabalho diferenciados, com dedicação parcial ou compartilhada a fim de atrair profissionais da indústria; fortalecimento dos mecanismos de defesa da propriedade intelectual, principalmente quando os professores pesquisam temas próximos da produção industrial ou do desenvolvimento do mercado.

• *Dilema da vantagem dos modelos democráticos e participativos sobre os modelos centralizadores nos processos de formação dos professores universitários*

Os professores universitários costumam resistir muito aos modelos centralizadores (ou seja, centralizar as decisões na direção das instituições, a qual determinará os objetivos e as razões da formação como um componente da gestão da instituição ou da empresa). Por estarem na condição de funcionários e por serem pessoas com alta qualificação e com orientação individualista de trabalho, a capacidade de influência exercida pela direção fica bastante condicionada.

A essas considerações, muitos acrescentam outras de cunho político (a democratização do funcionamento da universidade) e ético (o reconhecimento da capacidade pessoal para o compromisso e para a tomada de decisões sem que seja transformado em simples executor das decisões adotadas por outros).

Essas considerações fazem-nos retomar o dilema do "institucional *versus* o individual" nos processos de formação. É claro que as coisas não funcionam quando os processos se concentram demais em um ou em outro pólo: nem os modelos voltados aos indivíduos, predominantes até agora, funcionaram bem; nem teriam muita possibilidade de fazê-lo os sistemas formativos obrigatórios e impostos pela direção das universidades. Conclui-se, então, que o "individual e o institucional" devem estar em sintonia.

Berendt (1998, p. 324) apresenta um modelo de "oficinas baseadas nos participantes" que integra essas condições e que, segundo sua própria experiência, funciona razoavelmente bem. Essa formadora, que atuou em muitas universidades européias, africanas e, por último, das Filipinas, no marco de programas assumidos pela Unesco e pelas respectivas universidades (está nisso a parte do compromisso institucional), organiza suas oficinas em seis fases com a seguinte estrutura:

I. Manifestação comum das diversas atividades que os participantes realizam, dos seus conhecimentos prévios e das suas experiências. Além disso, é feita uma análise das necessidades que inclui os principais problemas e interesses dos participantes, o que servirá de base para a seleção dos tópicos que serão abordados na oficina.
II. Durante as sessões de trabalho, um tópico é encaminhado em uma reunião, na qual o organizador expõe os pontos principais dessa questão, seguido por uma discussão aberta.
III. Pequenos grupos de trabalho são organizados com a proposta de que os participantes resolvam problemas vinculados a sua prática, utilizando a informação dada na fase anterior.
IV. Informes são apresentados em relação aos trabalhos realizados em grupo.
V. Os diferentes informes apresentados pelos grupos são discutidos e revisados. A discussão é orientada para a transferência e aplicabilidade dos resultados e das propostas: de que maneira poderiam ser aplicados à otimização das práticas dos participantes.
VI. Quando as oficinas fazem parte de um programa mais amplo de formação permanente, os participantes põem em prática as propostas tratadas na oficina e preparam um novo informe sobre seus resultados, o que será analisado e servirá de *feedback* nas sessões consecutivas.

O modelo de Brigette Berendt, como se pode comprovar, não é excessivamente novo nem se afasta muito dos formatos habituais, mas é útil para "se avaliar" como se podem integrar essas duas fontes de demandas: a institucional e a individual. Esta também é uma proposta sensível ao que eu desejava destacar nesse ponto: a importância de respeitar o papel dos participantes na formação e de buscar sistemas participativos em seu desenvolvimento.

GRANDES DESAFIOS DA FORMAÇÃO DOS PROFESSORES UNIVERSITÁRIOS

Examinando as idéias e as reflexões desenvolvidas nas seções anteriores, gostaria de destacar, a título de conclusão, as cinco linhas básicas de desenvolvimento de programas de formação dos professores universitários nos próximos anos.

Passagem de uma docência baseada no ensino para a docência baseada na aprendizagem

Esta é, em síntese, a principal moral da história de todas as reflexões analisadas anteriormente. O desafio da formação dos professores universitários (e dos professores em geral) é ter uma orientação distinta para sua função, é transformá-los em profissionais da "aprendizagem", em vez de especialistas que conhecem bem um tema e sabem explicá-lo, deixando a tarefa de aprender como função exclusiva do aluno, o qual terá de esforçar-se muito até conseguir assimilar, de fato, o que o professor lhe ensinou.

Antes do compromisso com sua disciplina, está o compromisso do docente com seus alunos, motivo pelo qual ele deve servir como facilitador, fazendo o que estiver ao seu alcance para que os alunos tenham acesso intelectual aos conteúdos e as práticas da disciplina. Por isso, fala-se tanto atualmente sobre a "dupla competência" dos bons professores: a *competência científica*, como conhecedores fidedignos do âmbito científico ensinado, e a *competência pedagógica*, como pessoas comprometidas com a formação e com a aprendizagem de seus estudantes.

Certamente, o principal desastre didático ocorrido no ensino (não apenas na universidade) foi tornar independente o processo de ensinar e de aprender. Disso se derivou a nefasta divisão de funções: ao professor, cabe o ensino; ao aluno, a aprendizagem. Situados nessa dicotomia, não é possível que as coisas funcionem bem. Os professores não se preocupam com o modo como os alunos aprendem e atribuem os fracassos deles à falta de capacidade, de interesse ou de conhecimentos. Os alunos vêem-se obrigados a passar por um processo de aprendizagem abandonados às suas próprias forças e aos seus estilos de trabalho. Alguns são bem-sucedidos; todavia, muitos, apesar do interesse e do esforço, fracassam nessa tentativa ou menosprezam a aprendizagem (estudam na última hora, somente com o objetivo de responder o tipo de pergunta cobrado nas provas).

O que significa essa "orientação para a aprendizagem" da docência universitária? Os seguintes aspectos poderiam servir como pontos de referência para a formação dos professores universitários:

- Transformar o "aprender" (o sentido, as estratégias adequadas para atingi-lo, etc.), sobretudo o "aprender continuamente" em conteúdo e em propósito do ensino e da contribuição formativa que nós, professores, representamos. Não adianta nada insistir na tese de que somos a "sociedade da aprendizagem" se conduzimos esse processo no sentido da reprodução de idéias alheias, centrando-nos em uns poucos documentos ou incentivando os alunos a passarem nas provas para, em seguida, esquecerem o que aprenderam (a "teoria da vacinação" sobre a qual falava Postman e a qual nossos alunos interpretaram como "provas eliminatórias").

- Refletir sobre nossa disciplina não a partir dela mesma (como se o objetivo fosse traduzir um manual do programa), mas a partir da perspectiva dos estudantes: como poderiam abordá-la melhor, com que tipo de dificuldades podem se deparar, que esclarecimentos ou apoios complementares poderiam lhes ser úteis, etc. Levar em conta nossa experiência em cursos anteriores é muito útil nesse sentido (em vez de nos empenharmos em repetir sempre os conteúdos e os modos de explicação, apesar de sermos conscientes de que não funcionaram). Uma das experiências mais interessantes realizadas na formação dos professores universitários durante os últimos anos foi, precisamente, a elaboração de "guias didáticos" para os estudantes. Ao fazer esses guias, os professores eram obrigados a refletir sobre sua disciplina em função dos estudantes, a imaginar qual seria o processo que eles poderiam seguir para enfrentar cada um dos temas ou das experiências incluídas em sua disciplina. Dessa forma, estavam em condições de prever a ajuda que seria interessante para a melhor compreensão dos aspectos fundamentais dos temas (ou a melhor forma de relacioná-los com outros ou de lhes sugerir como complementar essas idéias, etc.).

- Ampliar os conhecimentos que nós, professores, temos sobre a aprendizagem e sobre o modo como os alunos aprendem. É lugar-comum que quanto mais aprofundamos nossos conhecimentos sobre a aprendizagem, melhores serão as condições para facilitá-la. Além disso, na falta de conhecimentos suficientes sobre isso, tendemos a conceber a aprendizagem alheia em função dos parâmetros pelos quais nós mesmos funcionamos: nosso estilo de aprender é o que atribuímos aos outros.

Esse conhecimento não tem razão de ser de grande profundidade e extensão, mas tem de nos fornecer parâmetros básicos dos estilos e das estratégias habituais de aprendizagem para projetá-las sobre o desenvolvimento de nossas aulas.

Davies (1998, p.107), coordenador de vários estudos sobre ensino universitário desenvolvidos pela Unesco, em colaboração com a Associação das Universidades Européias, atreveu-se a concretizar a mudança entre a docência orientada para o ensino e as novas propostas de orientação para a aprendizagem.

Nessa proposta, está mais explícito o que se deseja evitar e menos claro o que se pretende potencializar. Os parâmetros de um ensino baseado na aprendizagem ainda estão bastante dispersos, mas começa a se destacar, como contraposição às práticas convencionais, a importância das metodologias (que devem estar muito atentas ao modo como os alunos "entendem" o que lhes é ensinado), a necessidade de ajustar a amplitude dos conteúdos às condições reais de tempo disponível, a atenção imprescindível ao número de alunos como condição que nos permitirá adaptar melhor os processos de ensino às características e às condições dos sujeitos que formamos.

Docência orientada para o ensino	Docência orientada para a aprendizagem
Predomínio metodológico de atividades relativas a grandes grupos, seja turmas, seminários, seja laboratórios ou trabalho na biblioteca, entre outros.	Ênfase nos métodos de disseminação de informações e de comunicação.
	Duração média das aulas.
Cursos com currículos já predeterminados em sua maior parte (embora, algumas vezes, possam incorporar outras opções, mas também serão predeterminadas).	Extensão do que, em relação ao currículo, deve ser ensinado.
	Produtividade no emprego de professores.
Horários baseados em turmas, com tempo de início e fim das atividades.	Características das pessoas envolvidas no processo.
Supremacia de uma estrutura de disciplinas individuais no currículo (o que poderia se chamar de tirania das disciplinas individuais e sua carga horária específica).	

Além disso, Bourner e Flowers (1998) levantaram meios de a docência universitária fazer frente aos desafios da massificação. Eles aludem a duas opções opostas:

– "processo de ajustes progressivos": assumir os custos readequando a oferta, quer dizer, ampliar os grupos; diminuir o papel das atividades de orientação coletiva ou individual; centrar o trabalho nas atividades docentes e de pesquisa que ofereçam maior viabilidade econômica e reduzir aquelas com menor retorno financeiro; reduzir os *inputs* educativos para se direcionar a outras atividades mais rentáveis;

– desenvolvimento de "estratégias de aprendizagem autodirigida", baseadas nos princípios resultantes da auto-aprendizagem (elucidação e exame das teorias e estruturas pessoais, reflexão e aprendizagem colaborativa). Os autores desenvolvem em seu trabalho uma taxonomia destas metodologias.

Parece claro que a primeira opção foi mais aceita que a segunda em nossas universidades públicas. A tendência a priorizar aquelas atividades mais rentáveis foi bastante comum a todas as instituições de educação superior. O crescimento "a custo zero" foram habituais entre nós, mas, na realidade, esse tipo de resposta continua deixando os problemas onde eles já estavam.

Mais interessantes, do ponto de vista didático, são as opções que introduzem modalidades de ensino mais personalizadas e autônomas. A incorporação de novas tecnologias permite assumir cotas maiores de auto-aprendizagem, deixando para o professor um maior espaço para atuar como "orientador" e "facilitador" das aprendizagens de seus estudantes. Em minha opinião, é nessa questão que se encontra o desafio da transformação da docência universitária.

Incorporação das novas tecnologias

Não existe uma só análise prospectiva sobre o ensino universitário ou sobre a atividade docente que não mencione o novo cenário tecnológico em que a formação dos próximos anos transitará, caracterizado pela presença de novos recursos técnicos que facilitarão o armazenamento e a gestão da informação.

No entanto, a presença de novas tecnologias não será a principal mudança a ser observada. O mais importante, sem dúvida, será o fato de que, junto aos novos recursos, surgirão e terão expansão novas (a novidade apenas é relativa, pois algumas universidades, há anos, estão envolvidas nela) modalidades de formação que trazem consigo outras condições para o ensino e para a aprendizagem: ensino a distância ou semipresencial, modelos diferentes de auto-aprendizagem baseados em planejamentos instrutivos em diversos suportes, formação através da internet, etc.

Esses novos modelos didáticos geram enfoques diferentes em relação ao modo como organizar a informação, como divulgá-la, como facilitar a aprendizagem, como potencializar experiências formativas enriquecedoras, como avaliar as aprendizagens, entre outros. Já existe *software* adequado para desenvolver estratégias de resolução de problemas (Abi-Raad, 1997), para consolidar estratégias de trabalho em grupo (Chang e Chen, 1997; Evans e Honour, 1997), para estabelecer debates nas salas de aula ou na internet (Light e Light, 1997; Marttinen, 1997).

Por isso, são necessários programas paralelos de formação dos professores, visando à criação e ao desenvolvimento de meios didáticos; à orientação das aprendizagens realizadas com esses meios, e, de um modo geral, de todos aqueles que, mesmo não estando vinculados a programas formativos baseados em novas tecnologias, poderão complementar e enriquecer seu ensino com esses meios.

A maioria dos cursos anunciados atualmente ditos como sendo "a distância", através da internet ou da auto-aprendizagem baseada em suportes multimídia e assim por diante permanecem fundamentados ainda nas mesmas estratégias dos sistemas convencionais. Disponibilizar um texto na rede não é difícil, mas transformá-lo em uma proposta de auto-aprendizagem orientada, sim, é. Oferecer aos alunos a possibilidade de telefonar quando tiverem dúvidas é bastante diferente de ter estruturados um acompanhamento e uma orientação de suas aprendizagens.

Este é o desafio das novas tecnologias na formação dos professores. É preciso insistir, mais uma vez, no fato de que não se trata apenas de uma formação no conhecimento e no uso dos recursos (formação em informática, uso da rede, etc.), mas nas possibilidades didáticas e formativas das novas tecnologias. Trata-se, por fim, de enriquecer os processos de aprendizagem unindo-os ao novo contexto tecnológico, e não de fazer a mesma coisa que se fazia antes com meios mais sofisticados.

O estágio prático

A incorporação de novas modalidades de aprendizagem baseada no trabalho, com uma maior presença de empresas e instituições nos programas de formação (estágios práticos e fórmulas de parceria formativa), é outro grande desafio da formação.

A parceria entre instituições de formação e o setor empresarial apresentou um crescimento progressivo nos últimos dez anos à medida que ia ganhando força a idéia de que a formação universitária tinha de estar mais vinculada à profissionalização. Há poucos cursos universitários concebidos hoje como experiências puramente acadêmicas, isto é, quase todos implementaram modelos formativos mistos mediante estágios práticos, de vivências práticas em empresas, de modelos de formação em cooperação, de realização de projetos, etc.

Em muitos casos, essa nova dinâmica não conseguiu alterar a estrutura formativa convencional (porque cada professor continua desenvolvendo sua disciplina do mesmo modo que o fazia antes, sem vincular seus conteúdos ou suas metodologias às experiências práticas integradas ao curso). Porém, justamente por isso, torna-se necessária a formação: para poder readequar os programas convencionais às novas oportunidades que um currículo *formativo* vinculado ao mercado de trabalho oferece.

Faz anos que venho defendendo que o estágio prático não é mais um componente dos cursos (como se representasse mais uma disciplina acrescida ao currículo), mas um componente transversal da formação que deve influir e ser influenciado por todas as disciplinas curriculares. A natureza formativa do *estágio prático* ou das *práticas em empresas* descaracteriza-se e perde sentido se ela estiver desvinculada dos conteúdos, das metodologias e das referências feitas nas disciplinas do curso.

Dois tipos de necessidades formativas estão à parte dessas novas colocações:

– A necessidade de formar as pessoas que irão encarregar-se do estágio prático ou das *práticas em empresas*. A falta de formação das pessoas encarregadas de planejar, supervisionar e avaliar a formação, seja na universidade, seja na empresa (os chamados orientadores de práticas) fez com que, em muitas instituições, esse aspecto do currículo ficasse em um plano secundário e pouco importante.

– A necessidade de formar todo o grupo de professores que atende a um curso ou a uma especialidade para poder tirar o máximo proveito desse novo segmento curricular incluído no currículo: inteirar-se sobre o que o estágio prático pode trazer à formação de nossos alunos, de que maneira se pode enriquecer o programa da própria disciplina com as experiências obtidas durante o período de práticas, o que podemos fazer, partindo de nossa disciplina, para otimizar o desenvolvimento das práticas (para que os alunos entendam melhor o que acontece nessa situação e os processos produtivos ou as atividades em que estarão envolvidos, etc.).

Flexibilização do currículo universitário

Um aspecto interessante, nos atuais movimentos de reestruturação curricular na universidade, refere-se a essa tendência à flexibilização dos modelos curriculares através dos módulos. Dessa forma, os alunos podem seguir diferentes cursos e complementá-los acrescentando elementos de formação a seus cursos originais. É fácil ser licenciado em arte e em história se esses cursos têm módulos comuns e módulos de especialidade, pois, para obter ambos os certificados, é possível cursar primeiro um deles e depois complementá-lo com os módulos específicos do outro. Dessa maneira, abrem-se mais possibilidades de formação e mais opções profissionais.

A estrutura curricular por módulos implica, por outro lado, uma mentalidade diferente por parte dos professores no momento de planejar suas atividades docentes (Allen e Layer, 1995). Sendo assim, a hierarquia nos estudos que equivale à estrutura convencional (nos melhores casos, as disciplinas foram planejadas como um processo de avanço contínuo nos conhecimentos, e algumas delas se transformavam em pré-requisito das seguintes) desaparece ou diminui muito. Os módulos devem ser pensados como estruturas quase autônomas e passíveis de trocas. Exceto às restrições específicas, os estudantes poderão escolhê-las quando o considerem oportuno, o que supõe que, em cada módulo, haverá de se prever momentos para identificar os conhecimentos prévios exigidos e, se for necessário, para indicar meios de recuperação das principais carências detectadas. Justamente por isso, os módulos exigem um ágil sistema de acompanhamento dos estudantes, orientando-os sobre a conveniência de cursarem certos módulos, sobre a melhor seqüência para cursá-los ou sobre a possibilidade de troca, se for o caso, dependendo de suas finalidades. Todavia, efetivamente, eles permitem uma maior liberdade de escolha e oferecem aos alunos a chance de comprometerem-se com perfis profissionais mais identificados com seus interesses (Jenkins e Walker, 1994).

Outro aspecto importante dessas inovações curriculares remete a uma concepção mais interdisciplinar e polivalente dos cursos e dos estudos universitários. Em alguns casos, a interdiciplinaridade reflete-se na própria estrutura concêntrica dos planos de estudo organizados em torno de problemas ou unidades de competência dessa profissão (posteriormente, falarei sobre a experiência da Universidad Autónoma Metropolitana de México-Xochimilco[7] e seu curso de veterinária, entre outras universidades; da mesma maneira, poderíamos mencionar o Imperial College de Londres e seus cursos de medicina e engenharia (Goodlad, 1995, p.31-34). Esse modelo de estruturas curriculares não foi experienciado por nós, o que justifica nossa necessidade de formação sob outras perspectivas curriculares para atender às novas demandas de nossos estudantes.

Por outro lado, houve avanços na configuração de cursos mistos (direito e administração de empresas; economia e letras; sociologia e direito; arquitetura e belas artes; educação física e educação, entre outros), o que gera, de igual modo, novas condições no desenvolvimento das disciplinas e na sua orientação para modelos de perfil profissional mais polivalente.

De qualquer forma, essas inovações nos modelos curriculares implicam novos desafios para os professores e para suas práticas, indo ao encontro, novamente, da formação.

Busca da qualidade através da revisão das práticas docentes

A qualidade está vinculada aos problemas da massificação da educação superior devido ao grande declínio na capacidade das instituições para atender, de maneira digna, as expectativas e as demandas dos alunos (como são em maior número, são necessariamente mais heterogêneos e apresentam lacunas em relação aos conhecimentos prévios, à motivação para os estudos e aos recursos disponíveis). A necessidade de atender a uma população cada vez mais numerosa resultou no descuido de alguns dos parâmetros determinantes para a qualidade do ensino universitário (preparação dos professores, proporção professor-alunos, supervisão individual, existência de práticas, nível de exigência dos programas, recursos e equipamentos disponíveis para os estudantes, etc.).

Em contrapartida, a massificação coincidiu com um período de recessão, ao menos em termos relativos, quanto aos recursos financeiros à disposição das universidades, sobretudo no que se refere aos recursos públicos para a educação superior. Aumentou, ainda, o controle sobre a gestão dos gastos, obrigando a universidade a manter uma atitude empresarial, baseada na rentabilidade.

A pressão pela qualidade foi aumentando também junto a um novo contexto social cada vez mais exigente com os administradores dos serviços públicos. A cidadania é cada vez mais consciente de seus direitos e não se conforma facilmente com uma resposta ineficiente dos serviços que considera como um direito.

Enfim, nós, professores, situados até então em um contexto de atuação profissional bastante independente, no qual ninguém exigia prestação de contas, deparamo-nos com um novo marco de exigências: nossa produção científica é controlada, os estudantes avaliam-nos, prestamos contas de nossa atividade docente, temos de apresentar nossos programas e buscar consenso, é feito um levantamento dos reprovados e aprovados, entre outros. Isto é, ocorreram grandes mudanças no estilo de trabalhar. Na verdade, nem sempre "caminham juntas" a cultura do controle e a da qualidade (às vezes, o controle acaba em si mesmo e não gera um processo de melhora), mas é certo que a exigência por qualidade está se transformando no *slogan* principal dos que se referem à universidade e aos desafios que ela enfrentará nos próximos anos.

Não há dúvida de que a qualidade está ligada à formação, já que ela é, certamente, a principal condição para que se progrida na qualidade. É pouco provável que qualquer crescimento da qualidade não passe por um maior esforço em investimentos e na organização (a "qualidade de projeto") e, ao mesmo tempo, por um desenvolvimento mais consciente das práticas docentes (a qualidade de "processos") que, na realidade, constituem a autêntica *missão institucional* da universidade.

Por fim, o tema da qualidade resume-se em três compromissos:

- *Fazer bem o que se está fazendo mal*, o que significa introduzir sistemas de diagnóstico do funcionamento dos diversos setores e das diferentes instâncias universitárias para identificar seus pontos fortes e fracos.

- *Fazer melhor o que se está fazendo bem*, o que implica um plano estratégico de qualificação e desenvolvimento institucional capaz de ir consolidando e sustentando as realizações obtidas.

- *Fazer o que não se está fazendo e fazê-lo bem*, isto é, incorporar dispositivos que facilitem e tornem possíveis inovações e processos de crescimento sistemáticos.

Em resumo, o que mais me interessa destacar nesta reflexão sobre a formação dos professores universitários é a importância de uma combinação de esforços e compromissos entre a instituição e seus profissionais. Sem essa integração, é pouco provável que as iniciativas de formação prosperem.

É comum acontecer, quando esses temas são trazidos à discussão, de os responsáveis pela instituição darem sua versão dos problemas de qualidade, na qual os professores estão envolvidos como causadores ou como condicionadores da solução. O oposto ocorre quando são os professores que dão sua "versão" dos problemas: a causa está na ineficiência dos responsáveis políticos e institucionais que reduzem os investimentos, ou são incapazes de proporcionar as condições necessárias para que tudo funcione bem.

Logo, a questão básica está em buscar pontos de confluência entre os dois lados capazes de suscitar a harmonia na instituição.

CONCLUSÃO

Em um encontro organizado pelo Centro Buendía da Universidade de Valladolid (1999), sobre "Desenvolvimento Profissional do Professor Universitário", o professor Malapiera, então vice-reitor de Professorado da Universidade de Barcelona, propôs um oportuno questionamento em relação ao compromisso institucional: *o que seria ou como haveria de se operacionalizar o compromisso institucional que vocês exigem?* Os membros da mesa-redonda que debatiam esse ponto expuseram suas opiniões. Gostaria de repetir aqui o que talvez constitua os elementos básicos e insubstituíveis desse compromisso institucional. O que nossas universidades devem fazer, como expressão de sua vontade para potencializar a formação de seus professores, seria, em minha opinião, o seguinte:

- Elaborar planos de formação para a docência que especifiquem as prioridades, os responsáveis e os recursos para seu desenvolvimento. Eles deveriam ser apresentados como propostas básicas, as quais iriam ramificando-se nas instâncias intermediárias (faculdades, departamentos, áreas de conhecimento, etc.) como iniciativas concretas de formação.

- Criar e apoiar uma estrutura institucional encarregada de otimizar esse plano de formação e de supervisionar e avaliar seu desenrolar. Essa estrutura deveria envolver tanto pedagogos ou especialistas em formação como pessoal de prestígio das diversas áreas científicas que poderiam estimular a formação e dar credibilidade à oferta formativa em suas respectivas faculdades.

- Estabelecer mecanismos de *feedback* sobre o funcionamento do ensino e do sistema universitário como um todo. Com tal finalidade, podem contribuir diversas modalidades de avaliação da qualidade, a avaliação feita pelos estudantes, as memórias docentes dos departamentos, etc.

- Reconhecer tanto o certificado como os méritos da docência, transformando-os em critério de promoção. Isso poderia ser uma exigência para a certificação em docência universitária, resultando em critério de promoção ou de ascensão na hierarquia profissional (salário, nível, responsabilidade, entre outros).

Tais medidas criariam uma "cultura" da formação para a docência de que tanto carecem, atualmente, nossas universidades.

NOTAS

1. Como se disse anteriormente, também nesse caso me parece adequada a idéia de *dilema*, porque estamos, sem dúvida, diante de questões que não têm uma solução linear e única. Não cabem receitas universais para tentar resolver o objetivo da formação dos professores. Assim, as diversas opções, pelas quais se pode optar nesse processo, trazem sempre consigo algumas incertezas e efeitos colaterais. Trata-se de dilemas que devem ser resolvidos buscando o equilíbrio entre as alternativas disponíveis e/ou aquele tipo de proposta que se acomode melhor às características de cada instituição.

2. Consola pensar que Leitner descreve uma situação bastante semelhante nas universidades alemãs. A formação pedagógica também é pouco popular lá. Ele trata de explicar isso aludindo ao grande predomínio da pesquisa como critério de promoção e reconhecimento profissional dos docentes. Isso resulta em que o ensino e tudo o que é relacionado com ele fique relegado a uma posição muito marginal.

3. Este é um dos aspectos mais freqüentemente mencionado como característica dos formadores: um conhecimento amplo do mercado de trabalho. Em muitas instituições universitárias, isso se concretizou na figura institucional dos *senior teacher*, reconhecido pela competência técnica (bom conhecimento de sua própria disciplina e da forma de ensiná-la) e, ao mesmo tempo, experiência suficiente no mercado de trabalho.

4. Um elenco mais pormenorizado de características do mercado de trabalho de formador e das condições para exercê-lo pode ser encontrado em Zabalza, M. A. e Cid, A. (1997): "El Tutor de Prácticas: un perfil profesional", em Zabalza, M. A. (Dir.): *Los tutores en el prácticum*. (2 volumes) Diputación de Pontevedra. T. I. p. 17-64. Embora o título se refira explicitamente à figura dos tutores, boa parte das considerações é aplicável aos formadores em geral e às condições para desenvolverem seu trabalho.

5. Isso é o que vem acontecendo em algumas universidades com os ICEs: essas estruturas são constituídas na instância especializada em formação dos professores universitários e estão em condições de operacionalizar e enriquecer as políticas de formação que ponham em prática suas universidades. Outras universidades preferiram, em troca, criar estruturas novas que se encarregassem desse compromisso institucional.

6. Numerosos enfoques foram produzidos dentro desse âmbito da formação para o trabalho e no trabalho (formação baseada no posto de trabalho) que afetam igualmente estudantes e

formadores: aprendizagem baseada no trabalho; formação baseada em competências; formação centrada em habilidades transferíveis; formação dual (com componentes acadêmicos e componentes laborais), etc.

7. Denominaram-no "Sistema Modular por Objetos de Transformação" e o estão aplicando em diversos cursos. Vide: Outon, M. e Ysunza, M. (1995): "Diseño Curricular en la UAM-Xochimilco", Documento mimeografado. UAM. México DF.

5 Os alunos universitários

Assim como acontece com os professores de universidade, também os alunos têm algumas características específicas, e seu horário de estudo se vê sujeito a várias condições particulares. O desenvolvimento deste capítulo sobre os alunos nos dará a oportunidade de considerar o conjunto de fatores que afetam a forma como os alunos interagem com a universidade e a maneira como se formam e buscam o aprendizado. Vamos analisar dois pontos neste capítulo: os alunos tanto como membros da comunidade acadêmica, tanto como aprendizes.

Cada um desses pontos vê a situação dos alunos universitários sob uma perspectiva diferente. Obviamente, nesse caso, o mais importante é considerar os estudantes como aprendizes, já que essa condição constitui o eixo central das atividades formativas da universidade. Porém, em todo caso, os dois pontos complementam-se e permitem conceber uma idéia da posição e das dinâmicas institucionais estabelecidas em torno dos alunos da educação superior. Por meio da aproximação das considerações a esse respeito, poderemos analisar também algumas das mudanças mais importantes ocorridas nos últimos anos, as quais afetam o grupo universitário.

> Caberia ainda incorporar mais um tópico em que se analisasse os universitários como grupo social com características próprias: classe social de origem, características sociológicas, expectativas e interesses pessoais, convicções políticas e religiosas, *background* escolar, etc. Isso nos forneceria uma imagem completa das características dos indivíduos que ingressam na universidade.

OS ESTUDANTES COMO MEMBROS DA COMUNIDADE UNIVERSITÁRIA

Se os alunos universitários forem analisados como grupo que busca ou que tem acesso aos vários serviços que as instituições de educação superior oferecem, devem ser consideradas algumas características que esse grupo apresenta atualmente e a forma como elas interferem na docência.

Processo de massificação

Um duplo processo foi sendo criado nos últimos anos: a crescente massificação da educação superior e a concentração cada vez maior de estudantes em determinados cursos.

Na realidade, como efeito de uma contínua análise do acesso ao ensino superior como recurso de ascensão social, a expectativa de ingresso na universidade cresceu muito. Este é um caminho que desestrutura a antiga concepção elitista da universidade e as condições de funcionamento atribuídas a ela. Hoje em dia, a educação superior já não é mais um privilégio social para poucas pessoas (normalmente provenientes da classe social média alta), mas que, com exceções, se transforma em aspiração plausível para camadas cada vez mais amplas da população. Essa abrangência ocorre não apenas em sentido horizontal (jovens de diferentes classes sociais e de diferentes localizações geográficas), mas também em sentido vertical (indivíduos de diferentes faixas-etárias começam ou continuam seus estudos).

Ao citar a massificação, não nos referimos apenas ao aumento no número de estudantes, já que outras variáveis são atingidas de maneira direta ou indireta pela "quantidade" de alunos em sala de aula. Pensemos, por exemplo:

- na necessidade de atender a grupos muito grandes;
- na maior heterogeneidade dos grupos;
- na pouca motivação pessoal para estudar;
- na necessidade de contratar de modo precipitado novos professores ou de fazê-los iniciar no magistério antes mesmo de estarem em condições ideais para isso (estagiários, monitores, pessoal sem experiência docente nem preparação pedagógica);
- no retorno aos modelos clássicos da aula para grupos com muitos alunos frente à possibilidade de implementar um procedimento mais individualizado;
- na menor possibilidade de responder às necessidades específicas de cada aluno;

– na menor possibilidade de organizar (planejar e fazer o acompanhamento), em condições favoráveis, os períodos de práticas em contextos profissionais.

De qualquer forma, a massificação constitui um empecilho para se introduzir inovações. Em casos de universidades com grande número de alunos (disciplinas de ciclo básico, disciplinas que são pré-requisitos etc.), os professores e a instituição renunciam explicitamente ao ensino de qualidade. Busca-se apenas "sobreviver" e vencer os obstáculos esperando que só os alunos mais capacitados ou mais motivados superem a barreira das primeiras disciplinas, tornando, desse modo, mais suportável a situação nas futuras disciplinas.

Mesmo que seja paradoxal no contexto espanhol (no qual todas as vagas são preenchidas independentemente de qualquer critério seletivo), a massificação de alguns cursos aconteceu paralelamente à necessidade de implementar estratégias de seleção de alunos (subentende-se que se trata de selecionar "bons alunos"). Essa situação, que vem sendo prolongada nos últimos anos, é causada por dois fenômenos que convergem em seus efeitos: a queda da natalidade a partir dos anos de 1980 e a falta de políticas eficientes de orientação profissional. Ainda que, por causa da queda da natalidade, aumente o número de pessoas que têm acesso à universidade (em relação à população juvenil em condições de fazê-lo), contraditoriamente, os números absolutos de ingresso estão reduzindo justamente por ter diminuído muito essa população. Além disso, em virtude da falta de políticas eficientes de orientação profissional ou, às vezes, apesar delas, os estudantes dirigem-se a áreas específicas, geralmente aquelas vinculadas a um maior prestígio social, a uma melhor perspectiva de remuneração ou a uma novidade no mercado profissional.

Nesse contexto, alguns cursos (aqueles em que nem o prestígio social nem a remuneração nem a novidade em termos de profissão colaboram para melhorar sua imagem) são obrigados a realizar grandes esforços para preencher as vagas disponíveis (processo em que se incluiria tanto a divulgação do curso como os sistemas de seleção dos candidatos) com um duplo propósito, ou seja, que haja estudantes matriculados e que eles não tenham menor capacidade intelectual (os que nele ingressam como 2ª opção) ou não tenham certeza de seu projeto pessoal (vocação, objetivos, definição profissional).

Foi esse o caso, por exemplo, dos cursos de licenciatura[1] e outros da área das humanidades.

Aumento da participação feminina

O progresso e um clima social mais propício à igualdade de direitos e expectativas entre homens e mulheres trouxe consigo, ao menos na Espanha, uma maior presença de mulheres entre a população universitária. As mulheres não apenas igualaram, mas superaram amplamente a presença dos homens na universidade. Essa constatação não ocorre em todos os cursos e em todas as áreas, mas começa a ser um traço comum da maior parte das faculdades, principalmente as relacionadas com a área das humanidades, do direito ou da saúde.

É difícil saber o impacto que tal fenômeno terá na organização e na distribuição da docência. Obviamente, a maior presença feminina nas salas de aula não alterará os propósitos nem os conteúdos da formação, mas, como abordarei a seguir, é possível que condicione as relações entre professores e alunos e, com certeza, que leve a novos níveis de sensibilidade nessas trocas. Os discursos feministas estão frisando sobretudo a necessidade de se revisar muitos dos componentes dos programas de formação universitária, até a distribuição e uso do poder por parte dos professores. Na verdade, nos últimos anos, tornaram-se mais freqüentes as acusações de sexismo, assédio sexual ou desigualdade nas condições de estudo, não só feitas por alunas, como também por professoras. As novas condições do ambiente universitário estão obrigando muitos homens (tanto alunos como professores) a rever seus "estilos" de trabalho e convivência, o que, às vezes, não é suficiente se acontecer apenas em âmbito individual, na medida em que afeta o conjunto da instituição, que terá de atualizar suas estruturas, seus equipamentos, suas dinâmicas de funcionamento e distribuição de responsabilidades administrativas a fim de responder às exigências da nova maioria feminina.

Processo de seleção

A seleção dos estudantes faz parte de um autêntico campo de contradições tanto para as instituições universitárias como para os próprios estudantes e suas famílias, que têm sofrido. A chegada massiva de candidatos à universidade (ainda mais acentuada, se é que isso seja possível, naqueles países onde, assim como a Espanha, existe uma imagem de desprestígio dos estudos que levam à formação profissional) obrigou a implementação de mecanismos de seleção e distribuição de estudantes entre as diversas faculdades. Para isso, são aplicadas provas de *seleção*, com o objetivo de *homogeneizar* os critérios de acesso ao sistema universitário e de *distribuir* os alunos (conforme a nota obtida na seleção) entre os diversos cursos.

Há diferenças entre as exigências nesse processo de seleção, o que resulta em alunos que conquistaram seus méritos através de diferentes políticas de avaliação. Isso quer dizer que há alguns critérios de seleção mais rigorosos e outros mais brandos, e os alunos das instituições mais rígidas ficam em desvantagem em relação aos alunos das instituições mais "brandas".

Esta é a "doutrina política" da seleção que não conseguiu resolver os problemas existentes e gerou uma cadeia de efeitos negativos. Ainda que não fosse esse seu propósito principal, a *seleção* restringiu-se a defender o sistema (serve para que a universidade possa resolver alguns problemas que surgem com a chegada massiva de estudantes) à custa dos alunos.

Talvez por isso ela tenha recebido tantas críticas; não deve estar ausente também um sentimento de culpa por parte dos políticos se considerarmos a quantidade de modificações introduzidas.

Como já tive oportunidade de dizer em outras ocasiões (Zabalza, 1996), minha opinião em relação à seleção é negativa. Nelas, eu analisei algumas contradições da *seleção*, tal como ela é atualmente:

- Esvazia de sentido o *projeto de futuro* dos jovens. Eles não serão o que sonharam ser (pior ainda: nem sequer se atreverão a sonhar em ser "alguém"), mas o que a seleção lhe permite ser. Poucas coisas são tão deprimentes para mim, como formador, do que perguntar a um jovem o que quer ser, que curso gostaria de fazer, e ele responder que isso dependerá de seu desempenho na seleção.

- Transforma a vida escolar, a partir do ensino médio, em uma escalada competitiva. A necessidade de tirar boas notas (o que deveria ser algo positivo como estímulo ao rendimento), quando é instaurada pelo sistema (é preciso tirar boas notas no ensino médio, porque isso conta na seleção: é delas que depende o acesso ao curso superior), acaba exercendo uma pressão angustiante e pouco compatível com uma boa formação. É essa forte carga de estresse e *ansiedade* com que muitos jovens (justamente aqueles mais preocupados com seu futuro ou mais pressionados por suas famílias) enfrentam seus estudos.

- Exige uma qualidade generalizada, sem ponderações, já que o que conta é a média das diversas provas. São mais lógicos os sistemas, como o inglês, em que se exige dos candidatos um bom domínio em duas ou três disciplinas próximas à área de estudos de interesse do aluno. Parte-se da idéia de que, se a pessoa foi bem (se alcançou nível A) em três disciplinas importantes de sua área de conhecimentos, ela poderá ser igualmente capaz em outras.

- Faz surgir a comercialização dos resultados. O importante é ter boas notas, ainda que não haja correspondência com a formação que expressam. Isso gera diversas estratégias (legais e ilegais) para que os alunos sempre tenham um bom rendimento escolar. Foram muitas as denúncias nesse sentido.

- Suscita o questionamento acerca da qualidade técnica dos exames e da sua real capacidade como sistema de previsão da futura atividade dos alunos uma vez integrados à respectiva faculdade. Os estudos existentes negam que os alunos melhor colocados na seleção escolham com mais certeza seu curso e, o que é ainda mais grave, que tenham um bom desempenho nele. As notas da seleção não se correlacionam significativamente com as notas obtidas ao longo do curso.

- Torna inócua a *orientação profissional* realizada durante o ensino médio, ou seja, não adianta muito orientar o aluno para uma determinada área que melhor responda aos seus interesses ou às suas habilidades se depois sua escolha depender dos resultados que obtiver na seleção.

- É bem-elaborado o processo seletivo, mas os alunos não fazem boas escolhas. Em alguns casos, o fato de terem obtido notas altas na seleção leva alguns estudantes (certamente como conseqüência das pressões familiares) a optar por cursos que exigem médias altas para ingresso. Agindo assim, não desperdiçam a qualificação obtida, embora isso traga como conseqüência a escolha por cursos que não correspondam a seus interesses e a suas capacidades. As trocas de curso, nesses casos, têm índices muito elevados.

Em minha opinião, deve-se buscar medidas equilibradas entre as necessidades do sistema e os direitos individuais dos estudantes. Algumas dessas medidas estão surgindo timidamente nos últimos anos: favorecer a mobilidade dos alunos, oferecer a eles informações mais precisas sobre os cursos universitários durante o ensino médio, estabelecer algumas disciplinas iniciais mais genéricas, as quais permitam o conhecimento do perfil da área profissional antes de ser feita a opção por uma ou outra faculdade.

De qualquer forma, continua prevalecendo a idéia (conforme Informe Universidade 2000) de que o acesso à universidade faz parte do direito das instituições e se trata, desse modo, de algo que cabe a elas decidirem. Pessoalmente, não estou em absoluto de acordo com essa postura. O acesso ao ensino superior é, antes de mais nada, o direito de os indivíduos crescerem e desenvolverem-se cultural e profissionalmente. O Estado e suas instituições devem zelar para que esse direito seja cumprido, embora entre os direitos fundamentais reconhecidos não esteja o acesso à educação superior. Ter ou não um curso superior, fazer ou não o curso desejado: isso não pode depender das necessidades do mercado de trabalho ou das limitações que as instituições de educação superior desejam impor.

Nesse sentido, o objetivo não é melhorar tecnicamente a seleção dos estudantes, mas tornar desnecessária a seleção para que todos possam seguir o rumo que melhor se ajuste às suas condições pessoais e às suas expectativas. Enquanto esse objetivo não é possível, tem sentido falar de seleção, mas sem deixar de considerá-la como um mal menor contra o qual temos de lutar para acabar.

Os estudantes universitários como sujeitos adultos

Na linguagem coloquial, quando se fala de "adultos", normalmente se pensa em pessoas mais velhas. Essa acepção também é válida para os universitários, pois cresce, a cada dia, o número de pessoas "adultas" que iniciam ou continuam seus estudos. Em todo caso, temos de considerá-los como adultos, e seus 17 ou 18 anos são suficientes para lhes dar esse *status*. Por isso, podemos dizer, com razão, que uma característica fundamental dos estudantes universitários é que são sujeitos adultos, ao menos legalmente, em total posse de sua capacidade de decisão. Dessa condição geral, derivam outras várias que têm grande relevância ao se desenvolver o trabalho da universidade.

A atual regulamentação reconhece o direito de os estudantes participarem dos diferentes órgãos institucionais (conselho, juntas, departamentos, etc.) e intervirem na tomada de decisões.

Uma das características importantes da "nova universidade", ao menos no caso das universidades públicas, é a *democratização*. Os diferentes setores participam, de maneira proporcional, na tomada de decisões que afetam a instituição ou alguma de suas instâncias intermediárias. Em alguns casos, bastante freqüentes nos últimos anos, a eleição do reitor, do diretor ou chefe de departamento tem dependido do voto dos alunos.

Os alunos ingressam na universidade com alguns interesses profissionais definidos. Ou seja, por serem clientes, fazem certas exigências específicas à instituição. Isso leva a universidade a ampliar e a diversificar a oferta de formação, de maneira que se adapte melhor às expectativas diferenciadas dos alunos.

Uma das prerrogativas dos adultos é que eles "sabem o que querem", ou seja, eles têm o direito de seguir o seu próprio caminho, de traçar um projeto de vida, o que nem sempre acontece com as universidades.

O fato de serem estudantes acadêmicos significa que têm um amplo *backgraund* cultural. Isso implica que a universidade tem de elevar seu ensino para um alto nível, considerando as aprendizagens prévias dos alunos.

Os alunos têm de responder, em muitos casos, a exigências alheias ao que é estritamente universitário (o preenchimento dos quesitos de estudante é incompleto): às vezes, são pessoas casadas com obrigações familiares; às vezes, trabalham; às vezes, vivem longe dos *campi*, etc. Com freqüência, isto lhes impede de assistir regularmente às aulas, o que cria a necessidade de sistemas docentes alternativos.

Levar em conta a condição de "adultos" dos estudantes serviu como ponto de partida importante para inovações significativas na universidade, tanto em relação a aspectos estruturais (participação nos diversos níveis de decisão; distribuição de espaços e horários; chance de optar por um currículo formativo melhor adaptado às suas condições, etc.) como metodológicos (professor orientador; ensino a distância; reconhecimento de *know-how* e experiências adquiridas fora da universidade, etc.).

OS ALUNOS COMO APRENDIZES

Uma das características e das condições básicas de identidade do estudante universitário é justamente a de pessoa que está em um período de formação, isto é, de aprendizagem.

Para os professores universitários, considerar esse aspecto é fundamental e, apesar do que poderia parecer, é algo extremamente novo, já que, no melhor dos casos, sabemos apenas como nossa formação e como nossa identidade profissional se construiu a partir dos conteúdos científicos da disciplina que lecionamos. No entanto a dimensão pessoal de como os alunos aprendem, de como transitam por sua mente e por seu coração os conteúdos que lhes explicamos, isso é "alheio" ao espaço de preocupações e saberes dos professores.

Essa costuma ser a primeira reação de muitos docentes em relação ao processo da aprendizagem dos estudantes: considerá-lo como algo que não lhes compete diretamente. Sobre essa consideração bastante defensiva, criou-se uma visão da aprendizagem como algo que depende do aluno, e não do professor. Nós, professores, apenas ensinamos. A aprendizagem depende da inteligência, da motivação, do esforço, entre outros que o aluno possa dedicar à sua formação. Logo, a possibilidade de aprender depende dos alunos, e essa idéia coloca a questão da aprendizagem em termos quase platônicos: nós, professores, podemos acrescentar muito pouco ao que o aluno já tem, seja motivação, conhecimentos prévios, expectativas pessoais, seja capacidade de trabalho e esforço.

A perspectiva sob a qual abordamos a aprendizagem está bastante distanciada desse enfoque, não porque defende que o papel dos alunos com suas capacidades e com sua motivação seja uma questão secundária, mas porque, evidentemente, se refere a um fator fundamental para que a aprendizagem ocorra: é uma espécie de *conditio sine qua non*. Além disso, necessita-se também de uma intervenção precisa e bem-orientada por parte dos professores. A aprendizagem surge como a confluência de ambos, professor e aluno, no marco de uma instituição (um programa, alguns recursos, um sentido da formação, um ambiente, etc.), o que constitui o terceiro fator de influência.

A idéia principal a esse respeito é conceber a universidade como "instituição de aprendizagem" frente à idéia mais geral de entendê-la como instituição de ensino. Essa foi a grande revolução, mesmo sem ser efetivamente consolidada (devido à avalanche de mudanças culturais, didáticas e organizacionais que comporta): transformar algumas instituições de educação superior concebidas como "centros de ensino" (*teaching institutions*) em organizações ou comunidades de aprendizagem (*learning organizations*).

A Copenhagen Business Scholl, à qual já me referi anteriormente, diz o seguinte em sua definição institucional:

> A CBS quer desenvolver um ambiente formativo centrado mais na aprendizagem do que no ensino e mais no desenvolvimento de talentos individuais do que em uma educação de massas. A realização dessa estratégia exigirá um envolvimento ativo dos estudantes no processo de aprendizagem, assim como o desenvolvimento de novos métodos de ensino baseado em projetos. (página WEB da CBS)

Uma preocupação essencial para quem desenvolve seu trabalho formativo na universidade é a reconsideração constante dos processos e das estratégias por meio dos quais os estudantes chegam à aprendizagem. Somente a partir de um claro conhecimento desses processos estaremos em condições de poder aprimorá-lo, ajustando para isso nossos métodos de ensino. No entanto, os métodos de ensino e os processos que os estudantes aplicam para realizar a aprendizagem pertencem, na maioria das vezes, à esfera das instituições e/ou das aprendizagens práticas (o que a pessoa acaba aprendendo depois de anos como professor). Por isso, o avanço nesses temas é tão pequeno.

Estamos diante de um tema fundamental para a docência universitária. As estratégias às quais os estudantes recorrem para aprender, os problemas que vão enfrentar nesse processo, a forma como é afetada a aprendizagem pela incorporação das novas tecnologias ou pelas novas situações de aprendizagem (a distância, etc.) constituem elementos que permanecem ainda em uma zona relativamente desconhecida do conhecimento profissional. Porém, como já vimos, nós, professores, somos levados a transitar em um contexto cada vez mais heterogêneo de estudantes, os quais têm diversos interesses, diversas motivações, capacidades e expectativas.

As mudanças ocorridas na universidade, nesses últimos anos, obrigam os professores a revisar suas práticas à luz das novas condições de exercício profissional. Algumas dessas transformações institucionais exercem um grande impacto no planejamento e no desenvolvimento da docência.

Aludimos, muitas vezes, ao fenômeno da massificação e à sua responsabilidade pelo aumento da heterogeneidade entre aqueles que têm acesso à educação superior. Essa situação gera importantes demandas às estratégias formativas. Principalmente nos países onde os grupos amplos e heterogêneos não eram comuns na universidade, a nova situação constituiu uma quebra importante da dinâmica e da qualidade institucional.

Por outro lado, existem outras mudanças que afetam muito a organização da formação; por exemplo, a incorporação de novas tecnologias, a nova orientação da formação para o mercado de trabalho, a diminuição da duração de alguns cursos, entre outros fatores.

Há, em contrapartida, as próprias disfunções do sistema universitário que atingem a forma como os estudantes avançam em seus estudos. O *Informe Brincall* (2000) traz algumas dessas condições negativas que afetam os alunos: a grande incidência de reprovação em alguns cursos, o grande desajuste entre duração prevista de um curso e o tempo que, de fato, os alunos levam para concluí-lo, o alto índice de abandono, etc.

Enfim, o objetivo da docência é melhorar os resultados da aprendizagem dos alunos e otimizar sua formação. Isso implica, sem dúvida, grandes esforços didáticos para adequar a organização dos cursos e os métodos de ensino utilizados aos diferentes modos e estilos de aprendizagem dos alunos e aos seus diversos interesses profissionais, já que se trata de adultos.

Sendo assim, como os aspectos ou as variáveis da aprendizagem podem servir de referencial para o desenvolvimento de uma docência eficiente? De maneira muito sucinta (e por isso incompleta, pois esse tema poderia dar lugar a considerações muito mais amplas), é importante refletir sobre três fatores que afetam a aprendizagem: cognitivo, social e institucional (incluídas as próprias estratégias didáticas que analisaremos a seguir).

Aprender na universidade

Ao falar da profissionalização docente na universidade, aludi reiteradamente à necessidade de levar em consideração não apenas os processos vinculados ao ensinar, como também ao aprender. O especialista em determinada matéria, se, além disso, é um bom comunicador, pode fazer uma boa explanação dos conteúdos de sua disciplina. Todavia, para ser bom docente, ainda falta adequar essa apresentação e as atividades vinculadas a ela ao processo de aprendizagem dos estudantes. Devemos ter conhecimento de como aprendem os estudantes e sob quais condições a aprendizagem é eficiente.

A primeira questão que conviria assinalar é que, de uma forma ou outra, nós, professores universitários, construímos uma determinada imagem sobre o que é aprender e como se aprende. Talvez nos tenhamos baseado em nossa própria experiência como aprendizes; talvez, à medida que íamos acumulando experiência como docentes, tivemos de modificar algumas das idéias que tínhamos. Está claro que a experiência como docente é muito diferente da experiência como aprendiz. Agora estamos "no outro lado da trincheira", ou seja, podemos observar como nossos estudantes vão construindo seus conhecimentos, como os processos que uns seguem são muito diferentes dos que outros seguem.

Como o tema da "aprendizagem" é extremamente complexo, não gostaria de entrar aqui em discussões acadêmicas sobre conceitos e modelos de aprendizagem. Prefiro utilizar algumas *metáforas* que nos situam diante das diversas formas de ver o processo por meio do qual os alunos e nós mesmos aprendemos.

Metáfora do "quebra-cabeça"

Sob essa perspectiva, "aprender" significa que vamos unindo pequenas peças de conhecimentos e habilidades até construir uma aprendizagem mais complexa. Ela vai se formando por aproximações sucessivas (cada vez com um maior nível de profundidade e complexidade) aos assuntos a serem assimilados ou aos objetivos a serem alcançados. Essa visão da aprendizagem é muito comum e serve de base para boa parte dos modelos de ensino. Parte-se da idéia de que qualquer aprendizagem ou habilidade complexa é formada por estruturas simples que o sujeito deve ir assimilando progressivamente até alcançar o domínio de todo o conjunto.

> Acabo de ver uma fita de vídeo em que se ensina a dançar a rumba cubana. Ela tem um conjunto de lições, e o aprendiz avança progressivamente nos diversos movimentos que fazem parte da dança. Os alunos devem ir se exercitando, lição por lição, nos diversos movimentos em que a rumba foi dividida. Cada nova aprendizagem parcial vai sendo integrada às anteriores, e, em cada lição, há exercícios que devem ser feitos, de uma forma conjunta, com os movimentos trabalhados até o momento. Supõe-se que, uma vez assimilados todos os movimentos simples, os aprendizes estarão em condições de seguir o ritmo completo da rumba cubana.

A literatura psicológica conta que foi assim que Skinner ensinou pombas a jogar pingue-pongue em seu laboratório. Primeiramente, identificou os passos que fazem parte do jogo: pôr-se em um lado da mesa, olhar para o lado oposto, pegar a raquete, bater na bolinha com a raquete na direção contrária, devolver a bolinha que o adversário envia, etc. Pouco a pouco, através de mecanismos de reforço (premiando as ações pertinentes), foi fixando, uma a uma, as atitudes que faziam parte daquelas que deveriam ser aprendidas. No fim, as pombas da experiência foram capazes de "jogar pingue-pongue".

Como pode ser constatado, trata-se de um processo de aprendizagem externamente orientado. O aprendiz segue uma espécie de receita em que estão enumerados os diversos passos que deverá seguir em seu caminho para a aprendizagem. Isso requer um esforço de planejamento (já que se tem de partir de conhecimentos ou habilidades mais simples para ir progredindo em direção aos mais complexos, sem que haja lacunas) e o estabelecimento de um contexto de aprendizagem muito controlado.

Muitas aprendizagens desenvolvidas por computador ou por meio de simuladores funcionam assim. Essa estratégia acumulativa de domínios e informações foi desenvolvida a partir das proposições condutivistas da psicologia.

Metáfora do "lego"

A origem do nome está no jogo de peças que permite que construções, dos mais diversos tipos, sejam desenvolvidas. As construções iniciais dão a base para outras mais sofisticadas e complexas.

Aprender, disse Develay (1991), é passar de uma representação para outra. À medida que vamos aprendendo, abandonamos certas representações da realidade ou algumas competências para chegar a outras mais complexas. Isto é, vamos construindo e reconstruindo nossas estruturas conceituais e nossas competências prévias à medida que assimilamos novos elementos. Contudo, não é o fato de receber novos *inputs* o que resulta na aprendizagem, e sim a reconstrução que ocorre. O que os professores nos dizem não resultará em aprendizagem, mas o fato de que nós, com esses novos elementos, iremos reestruturar as idéias que já tínhamos ou o que já sabíamos fazer. Assim, cada nova fase no processo implica uma dupla aquisição. Por um lado, temos mais informação ou um grau superior de competência; por outro, essa nova aquisição deixa-nos em situação de poder aprender algo mais complexo e ascender, assim, a um grau superior.

Podemos relacionar esse mesmo processo com nosso "estado físico". Certamente, sem preparação, não podemos fazer um exercício físico muito exigente. Nosso estado físico inicial aponta-nos certos limites. Os menos preparados, ao correrem os primeiros 50 metros, estarão extenuados. Todavia, se repetimos o exercício, pouco a pouco veremos que nosso estado físico vai melhorando, e os 50 metros já não serão nada. O novo estado físico alcançado nos permite enfrentar tarefas mais complexas: já não serão 50 metros, podem ser 80 metros – e faremos o percurso em muito menos tempo e chegaremos muito menos cansados. Logo, alcançar uma meta significa encontrar-se em melhores condições para enfrentar metas cada vez mais complexas e exigentes.

Salvatis salvandis, o mesmo acontece com a aprendizagem. Cada nova aquisição, se for aproveitada, serve para poder reestruturar o conhecimento anterior, aprimorando-o. Esse crescimento põe-nos em situação de avançar nas aprendizagens (sabemos mais e, quanto mais sabemos, em melhores condições estamos para saber ainda mais).

O importante no processo de aprendizagem, de acordo com os construtivistas, é essa atividade mental que leva o aprendiz a reestruturar constantemente seus conhecimentos e suas habilidades. Por isso, destacam o importante papel que o próprio aprendiz desempenha em sua aprendizagem. Já o nosso papel como docentes consiste em apoiar o processo, dar pistas, estimulá-lo, oportunizar situações em que cada nova estrutura conceitual possa ser posta à prova e questionada de maneira tal que o aprendiz se veja em situação de ter de introduzir novos reajustes em seus conhecimentos prévios.

"Os erros de vocês nos interessam" (Astolfi, 1997) é o que traduz essa visão da aprendizagem. Os erros não são perda de tempo ou fracassos no processo, mas oportunidades para retomar o ponto de partida. Como se quer recompor as estruturas prévias, os erros fazem parte importante da estratégia didática (De la Torre, 1993, 2000, p.211-228).

Metáfora do "diálogo" ou do "coro"

A aprendizagem, então, é vista como um jogo social em que são fundamentais os *participantes*. Ainda que aprender seja um processo interno do indivíduo (uma experiência subjetiva de aquisição e mudança), é também algo que não ocorre no vazio social, mas em um contexto de trocas. Aprendemos em um marco cultural, nas instituições (nesse caso, a universidade), em relação às trocas feitas com os outros (professores e colegas).

> Dizia o candidato ao exercício de um cargo que ele pesquisava muito, que se fechava em um quarto e pensava, e pensava... Ficamos bastante perplexos diante da idéia de pesquisar sem se defrontar com os fatos, sem contrastar resultados, sem debater procedimentos e conclusões. Vem dessa situação a metáfora do diálogo.

Aprender é como conversar: recriamos nosso próprio discurso à medida que interagimos com o discurso alheio, ou seja, o que os outros dizem ou fazem modifica o que eu mesmo digo ou faço; caso contrário, isso não seria um diálogo em que cada um intervém sem considerar o que o outro diz e sem mesmo considerar o que dissemos em fases anteriores da conversa, agindo à margem das condições que o próprio contexto determina.

A aprendizagem, desse modo, é um processo mediado pela interação com o meio e com as pessoas que fazem parte dele, especialmente professores e colegas. Por isso, as escolas e as universidades constituem ambientes privilegiados de aprendizagem, porque se especializam nesses processos de mediação e criam as condições adequadas para que os diversos momentos da "conversa" sejam efetivos.

Frente ao sentido mais individual e subjetivo dos processos de aprendizagem defendidos por Piaget, foi se destacando, nos últimos anos, o componente social da aprendizagem, destacado por Vygotsky. Poderíamos dizer que, em última instância, é o sujeito que aprende e assimila cada nova aquisição. Por outro lado, isso não deve fazer que esqueçamos que, para essa aquisição individual ocorrer, o sujeito obtém e troca informação no contexto de suas relações. Muitas vezes, quanto mais rica for essa interação, quanto mais se transforma em espaço de trocas (de experiências, de idéias, de hipóteses, de crenças, de dúvidas, etc.), mais e melhor se habilita cada sujeito para que elabore sua própria aprendizagem a partir da análise de suas idéias e de sua experiência (seus conhecimentos prévios) em relação às experiências alheias, o que Vygotsky chamou "aprendizagem em coro".

Situações desse tipo costumam estar muito presentes entre crianças. Quando elas têm a oportunidade de iniciar uma conversa sobre algum tema, imediatamente começam a expressar seus próprios conhecimentos sobre o assunto (a razão de o sol se pôr, como os aviões voam, por que a o cachorro de Félix teve filhotes, entre outros). As idéias das crianças vão fluindo com facilidade, e elas mesmas não têm problema nenhum em retomar e repetir o que quem falou antes disse ou em lançar uma idéia nova. No processo dessa profícua troca, cada um vai formando suas próprias idéias, e, no final, é provável que uma nova percepção seja incorporada ao que se pensava antes sobre a questão: visões derivadas do que os outros disseram (afirmando ou negando possibilidades). Assim, o conhecimento, embora se mantenha como uma aquisição pessoal, surge das contribuições alheias e do confronto entre as próprias idéias (quando já existentes) e as dos outros. Desse modo, a metáfora do "diálogo" funde-se com a do "Lego".

Além disso, entre os adultos universitários, a aprendizagem se dá de um modo similar, ainda que as idéias possam chegar até nós através da troca direta ou de outros meios (livros, documentos, filmes, etc.). Vamos construindo nossas próprias idéias e dando sentido às nossas experiências a partir do confronto com as idéias alheias. Dessa maneira, o que acaba consolidando-se como uma aprendizagem individual precisa dessa fase prévia da aprendizagem em coro. O grupo (e a interação entre seus membros) age como catalisador de idéias e experiências que, ao se tornarem públicas, nos permitem reagir diante delas e assimilar o que nos pareça conveniente.

A conseqüência fundamental dessa condição da aprendizagem é a necessidade de criar espaços e tempos em que a interação e a troca de idéias e experiências dos aprendizes sejam possíveis. Com freqüência, os modelos "solitários" de aprendizagem são deficitários de oportunidades de interação, o que acaba empobrecendo as próprias oportunidades de aprendizagem. Os sujeitos acabam dependendo de sua própria bagagem de experiências e correm o risco de desenvolver um sistema de aprendizagem excessivamente endogâmico (sem a possibilidade de confrontar as próprias idéias e as próprias hipóteses com as dos outros).

> A experiência que tive com alunos da UNED (Universidad Nacional de Educación a Distancia) reforça essa sensação em mim. Como eles não tiveram oportunidade de comparar suas idéias com a explicação de um professor nem com as contribuições de outros colegas, têm um forte sentimento de insegurança e uma tendência à repetição e à dependência dos textos aos quais tiveram acesso na formação.
>
> Não estou certo de que, no futuro, algumas das experiências de aprendizagem virtual não sofram (principalmente aqueles sistemas que tenham prescindido de modalidades de interação freqüentes e efetivas) parte desses mesmos problemas.

Enfim, os alunos aprendem por meio de um processo que vai enriquecendo progressivamente os conhecimentos que já tinham. Não se parte do nada; na universidade, menos ainda. Ela recebe indivíduos com uma bagagem de conhecimentos e experiências muito grande, motivo pelo qual superaram todos os níveis do processo escolar. Isso não quer dizer que eles não continuem apresentando pontos fortes e fracos quanto a seus conhecimentos, mas, neste momento, começa seu processo de aprendizagem universitária, retomando o que já têm e enfrentando aquilo de que carecem. Não se abre, nesse sentido, uma etapa nova e separada das anteriores: os alunos continuam sua formação em um novo contexto, com um novo marco de exigências e expectativas.

Sobre essa idéia foram construídos os sistemas inovadores da aprendizagem, ressaltando o papel principal do aluno na construção de sua própria aprendizagem e redefinindo o papel do docente como uma fonte essencial de apoio e facilitação do processo como um todo.

Em resumo, a aprendizagem é um processo complexo e compartilhado. Entre as diferentes estruturas de mediação, o próprio estudante é, com certeza, a mais importante, já que filtra os estímulos, organiza-os, processa-os, constrói com eles os conteúdos da aprendizagem e, no final, age a partir dos conteúdos e das habilidades assimilados. Por outro lado, a mediação não é só cognitiva: também se interpõe entre ensino e resultados da aprendizagem uma mediação emocional (que depende do próprio estado de ânimo do aprendiz e de suas relações interpessoais).

Para a efetividade da aprendizagem, é fundamental destacar esse importante papel do aluno em seu próprio aprender, seja porque, ao se sentir protagonista, melhora seu rendimento (teorias do *locus of control*), seja porque, de qualquer forma, ele intervém como "causa próxima" de sua própria aprendizagem, algo que é impossível de substituir pelas estratégias de ensino, por mais elevada que seja sua eficácia.

Além disso, essa orientação é especialmente reforçada pelas colocações cognitivistas em que se baseiam boa parte das atuais propostas didáticas. Como assinalam Weinstein e Mayer (1986), o modelo cognitivo traz consigo três mudanças importantes na concepção do processo de ensino-aprendizagem:

- Em vez de conceber o aluno como alguém que memoriza passivamente os estímulos que o professor lhe apresenta, concebe-se o ato de aprender como um processo ativo que ocorre no aluno e que sofre sua influência.

- Em vez de definir que os resultados da aprendizagem dependem, principalmente, do que o professor apresenta ou faz, é melhor defini-los como algo que depende tanto da informação que o professor apresenta como do caminho seguido pelo aluno para processá-la.

- Portanto, configuram-se dois tipos de atividades que condicionam o processo de aprender: as estratégias de ensino (como é apresentado o conteúdo em tempo e forma determinados) e as estratégias de aprendizagem (como o aprendiz, por meio de sua própria atividade, organiza, elabora e reproduz tal conteúdo).

A aprendizagem é, desse modo, em sentido estrito, uma atividade de quem aprende e só dele. Pode-se afirmar também que, em um contexto didático, a aprendizagem é o efeito de um processo vinculado ao ensino e, portanto, ao professor que o desempenha. Por isso, as modernas tendências didáticas insistem na necessidade de orientar o processo de aprendizagem para a "autonomia do sujeito". No *aprender a aprender* está esse equilíbrio entre ensino e aprendizagem a que várias vezes aludi. Essa é também a direção que deverá ser adotada pelas futuras inovações do ensino.

Referenciais cognitivos da aprendizagem

Como a aprendizagem tem um forte componente de *interação* (para alguns autores, esse é o aspecto principal a ser considerado ao falarmos sobre a aprendizagem humana), o aspecto cognitivo não se circunscreve unicamente ao subjetivo e pessoal, mas abarca também o contexto das interações em que a aprendizagem acontece.

A seguir, há reflexões sobre algumas *dimensões básicas* da aprendizagem:

- Em primeiro lugar, a aprendizagem está condicionada pelo conjunto de *capacidades* e *habilidades* que os alunos têm como equipamento pessoal e que lançam mão adequadamente como estratégia de uso.

Talvez não seja muito correto começar esta revisão por um aspecto relativo às condições dos aprendizes. Poderia se concluir que, por fim, o que um aluno aprende ou não aprende depende de sua capacidade. No entanto, o aprendizado dos alunos depende não apenas deles (da sua sagacidade, das capacidades que tenham, do esforço que estejam dispostos a fazer, da preparação com que chegam à universidade, etc.), mas também das condições em que se dá o processo de aprendizagem e da capacidade dos professores para ajudá-los. Dessa maneira, os alunos, assim como as instituições e os profissionais, são protagonistas, causa e condição da eficácia dos processos de aprendizagem. As outras dimensões que serão analisadas formam uma boa mostra dessa idéia.

Por outro lado, a variável *habilidade* ou *competência* tem de positivo o fato de que dirige seu olhar mais para o processo do que para o resultado, ou seja, como os sujeitos enfrentam a tarefa de aprender, de que capacidades lançam mão e como lidam com ela.

Diversas habilidades foram sendo identificadas há bastante tempo na literatura sobre a aprendizagem:

- White (1965) distinguiu *habilidades de associação* (coleta inicial dos dados e primeiro agrupamento) de *habilidades cognitivas* (processamento posterior e transformação da informação).

- Cook e Mayer (1983) identificaram quatro momentos do processo de aprendizagem que têm correspondência com outras tantas capacidades dos sujeitos: *seleção* (o aprendiz fica atento a alguns dos elementos da informação e transfere-os para sua memória de trabalho), *aquisição* (o aprendiz transfere a informação para sua memória a longo prazo a fim de conservá-la), *construção* (o aprendiz constrói nexos entre as unidades de informação que mantêm em sua memória de trabalho: surgem os esquemas) e *integração* (o aprendiz transfere conhecimentos prévios para sua memória de trabalho; depois, estabelece conexões entre a nova informação e a que já tinha).

- Winne e Marx (1982, p.493-518) estudaram a forma como os estudantes operam com três estratégias cognitivas: *orientação*, relativa ao uso da atenção; *operações mentais*, relativas aos processos de comparação, criação de estruturas e metacognição; *consolidação*, relativa ao armazenamento e à recuperação da informação.

No conjunto das referências assinaladas, diversos níveis de habilidade são diferenciados: o *estrutural* básico (percepção, memória, atenção, etc.), o qual constitui equipamento, em parte, genérico, em parte, adquirido por meio de diversas práticas de exercícios com que os sujeitos contam; o *operacional cognitivo* ("esquemas", conforme Piaget; "metacognição", conforme Vygotsky; "conexão novo-velho", conforme Ausubel). Isso ilustra como os indivíduos são capazes de lidar com seus recursos cognitivos e tirar proveito de suas capacidades naturais.

Essa dupla categoria de habilidades estaria fundamentada no que se denominou "capacidades de absorção", isto é, a aptidão dos indivíduos (poderia se aplicar também às organizações e aos sistemas) para "reconhecer o valor de um novo conhecimento, para assimilá-lo e para aplicá-lo às finalidades desejadas" (Informe Bricall, p. 73). Essa capacidade depende das experiências prévias de aprendizagem, assim como das habilidades e dos conhecimentos que foram sendo alcançados com elas. Cada nova experiência formativa gera novos conhecimentos que se integram aos anteriores, gerando aptidões cada vez mais coesas (capazes de enfrentar aprendizagens cada vez mais complexas).

À margem dos diversos exames técnicos feitos em relação a essa enumeração de habilidades, é preciso destacar que o desenvolvimento das habilidades de aprendizagem dos sujeitos está muito condicionado pelas *oportunidades de aprendizagem* que tenham sido oferecidas a eles, e que essas habilidades *podem ser ensinadas*.

As habilidades são aprendidas e aperfeiçoadas através de estratégias facilmente aplicáveis em sala de aula, e, quanto mais cedo esse processo for iniciado, mais efetivo ele será, devido à flexibilidade neurológica e à disposição positiva para a aprendizagem que caracteriza a infância. Porém, nunca é tarde para aprimorar a capacidade natural e enriquecer seu uso efetivo. Podem ser criadas estratégias didáticas que favoreçam ambas as dimensões. Por meio dessas estratégias, o processo de codificação e decodificação da informação que os sujeitos realizam é melhorado e, com ele, os resultados alcançados na aprendizagem.

> Em meus tempos de estudante de psicologia, uma de minhas professoras, famosa psiquiatra, contava-nos que, em suas consultas, utilizava testes (principalmente os de inteligência e aptidão) como instrumentos para o desenvolvimento intelectual (e não apenas para sua avaliação). Assim, dizia ela, ao se familiarizarem com o tipo de atividade e de lógica que os testes empregavam, os indivíduos acabavam adquirindo novas habilidades, as quais os deixavam mais confiantes quando tinham de realizar atividades que as requeriam (incluindo qualquer outro tipo de exploração psicológica através de testes).

Em alguns casos, mesmo que os sujeitos tenham a capacidade mental necessária para realizar processos de aprendizagem, não o fazem porque não sabem como fazê-lo. Isto é, não lhes falta a habilidade básica nem o conhecimento necessário, mas a estratégia para saber fazer uso de ambos. Flavell (1970, p.887-897) refere-se, nesses casos, à "deficiência na produção": basta um pequeno treinamento para que os sujeitos incorporem a nova estratégia a seu conhecimento. É por isso que a ação escolar tem tanta importância no estabelecimento e na consolidação de habilidades e estratégias de aprendizagem.

Essa situação é bastante freqüente, segundo os estudantes, nos exames. Não é que eles não saibam o que lhes está sendo perguntado, o que não sabem é como elaborar a resposta ou, ainda, como identificar a resposta que está sendo pedida. Às vezes, esse aspecto é parte importante da questão proposta, mas, em outros casos, não. Normalmente, dar uma resposta significa demonstrar um certo conhecimento (que é o que se pretende comprovar) através de algum tipo de resposta codificada (um texto, um esquema, um desenho, um resultado). A "deficiência na produção" ocorre quando o problema está na elaboração dessa resposta, e não no conhecimento que deve ser entendido.

Desse modo, tais dimensões (construção tanto do conhecimento como da competência para expressá-lo e usá-lo) constituem fatores fundamentais no processo de aprendizagem. Seja qual for a direção, o docente pode e deve buscar fortalecer e enriquecer o *know-how* dos estudantes. É importante considerar esse aspecto, pois, com freqüência, estamos muito mais envolvidos com o trabalho sobre os conhecimentos do que com as atividades sobre as capacidades vinculadas ao seu uso.

É comum os professores universitários solicitarem aos alunos que façam trabalhos ou práticas variados que exigem, ao mesmo tempo, as duas dimensões mencionadas (capacidade ou conhecimento/habilidade para entender ou construir a resposta). Entretanto, muitas vezes, nós trabalhamos somente com a primeira. Queremos que os alunos saibam fazer bons resumos ou bons esquemas, mas nunca lhes mostramos como fazê-los; queremos que saibam representar graficamente dados ou diagramas, mas nunca desenvolvemos neles essas habilidades. Essa é a razão pela qual as dificuldades de produção são importantes, porque, na realidade, trabalhamos o conhecimento, mas não sua produção.

- A aprendizagem também é produto da *prática* do aprendiz, do trabalho solicitado e das condições para realizá-lo.

O sentido e o reflexo da prática na aprendizagem foram temas que tiveram muita atenção dos estudos didáticos, sendo abordados sob diferentes enfoques, com diferentes denominações: no sentido de *repetição* (Thorndike, 1932), de *atividades iniciais e de repassar* o conteúdo a ser aprendido (Fz. Huerta, 1974, faz distinções entre recitação, prática com perguntas abertas ou fechadas, prática orientada ou autônoma – com tarefas homogêneas ou heterogêneas) e de *tempo dedicado à tarefa* (Carrol, 1963, p.723-733; Berliner, 1979).

Em todo caso, o papel dos professores na prática e no uso do conhecimento constitui um recurso fundamental no processo de aprendizagem.

Analisando nossa atividade como docentes, talvez seja importante destacar três aspectos relacionados com a prática: a *instrução*, o *apoio* e o *repouso*.

O desenvolvimento de atividades de aprendizagem costuma ser precedido de uma *instrução*, a qual tem como função esclarecer o que se pretende com essa atividade (a explicação, o desenvolvimento de um problema, de uma prática, etc.).

Com freqüência, nós, professores, somos pouco claros em relação a essa instrução, e isso transforma a prática subseqüente em uma "prática cega" ou, no mínimo, "obscura" para nossos estudantes.

A explicitação do objetivo das atividades acabou se transformando em peça importante para o desenvolvimento efetivo do processo de aprendizagem. Talvez quanto mais claro estiver para um aluno *o que* e *por que* fazer algo, em melhores condições estará para desenvolver a atividade proposta.

> Essa situação é muito freqüente na universidade. Depois de explicada a atividade a ser desenvolvida, supõe-se que todos entenderam do que se trata. No entanto, à medida que vai passando o tempo, é necessário repetir e explicar as instruções mais de uma vez, porque alguns indivíduos ou grupos estão perdidos, sem saber o que devem fazer. Apesar de tudo, quase sempre, ao final, ainda restam alguns alunos que entregam seu trabalho com problemas ("não sabíamos que se tratava disso...").

Muitas vezes, atividades são malfeitas não porque falte capacidade ao aluno (a "deficiência na produção" sobre a qual falava Flavell), mas porque a tarefa não foi compreendida por ele. Voltaremos a esse ponto ao analisar à percepção da tarefa.

Algumas metodologias didáticas começaram a dar uma especial ênfase às *instruções*. A preocupação está em saber se os alunos (não apenas os que sempre dizem imediatamente que sim, que já entenderam) as compreenderam.

Existem algumas técnicas específicas para tornar mais claras as instruções:

- "Repetição": até que a explicação se torne suficientemente redundante ao ponto de ficar clara a todos.

- Técnica "do espelho": pedir a algum participante que explique com suas próprias palavras o que se pretende fazer (corrigindo-o se for necessário).

- Técnica da "exemplificação": os próprios professores podem fazer a atividade (em uma versão resumida) ou mostrar um exemplo dela realizado anteriormente (se é um trabalho, um produto, etc.).

Um segundo aspecto importante em relação à prática diz respeito ao *apoio* prestado pelo professor.

Nesse sentido, como já afirmei em outras situações, existe uma regra de ouro: "Nunca oferecer mais ou menos ajuda do que a necessária (Zabalza, 1999, p.191)". Nunca devemos perder de vista que o objetivo básico de qualquer atividade de aprendizagem é que o aluno possa desenvolvê-la com autonomia, mas isso não deve significar que façamos da aprendizagem uma atividade "desacompanhada".

É comum que nós, professores, desenvolvamos atividades de aprendizagem sem apoio algum que oriente o trabalho de nossos estudantes. Essa situação é bastante perturbadora para os estudantes, principalmente se eles nunca fizeram algo semelhante ou se não sabem como poderiam enfrentá-lo com mais segurança.

O resultado disso é a nossa frustração, porque os alunos copiam literalmente o que está nos livros ou, os mais "modernos", na internet. Porém, o problema reside na parte do processo de aprendizagem relacionada às estratégias e técnicas necessárias à realização da atividade que não foram aprendidas anteriormente.

Em minha opinião, o *apoio* ou a *ajuda* que devemos oferecer a nossos estudantes constitui um aspecto crucial do ensino e uma condição básica para que haja aprendizagem.[2]

É problemático supor que a prática "cega" ou que a ausência de domínio dos pré-requisitos para realizá-la sejam realmente eficientes, que seja possível aprender algo com ela. Por isso, os estudantes queixam-se muito de que os trabalhos que devem fazer, em boa parte das disciplinas na universidade, lhes traga pouco retorno.

A terceira condição da prática é a função denominada *repouso,* cujo fator fundamental é o *tempo*. Talvez devêssemos mencionar ainda o *prazer* das novas aprendizagens: ambos constituem, sem dúvida, importantes condições da aprendizagem, a qual não é possível se não houver tempo suficiente para atingi-la e consolidá-la. Além disso, não é fácil manter a tensão intelectual e a boa disposição emocional se não nos permitimos desfrutar as nossas realizações. Esses aspectos merecem especial atenção em relação ao "tempo" da aprendizagem: a possibilidade de *sedimentar* a aprendizagem e de desfrutar dela. Qualquer aprendizagem necessita de um processo demorado de *sedimentação.*

> Um colega de universidade sente-se orgulhoso por ter ajustado perfeitamente seu programa ao tempo disponível: 75 conteúdos para 75 aulas. Não considerando que isso o obriga a estar sempre "correndo" para poder completar o

programa, está claro que não terá possibilidade alguma para repassar, retomar, deter-se em questões que tenham despertado maior interesse, etc.

Muitas vezes, confundimos "entender" uma explicação com "aprender" o conteúdo explicado. Se somos bons comunicadores, poderemos fazer com que nossos alunos entendam com rapidez os conteúdos que lhes explicamos, mas isso não supõe que o tenham aprendido, isto é, que tenham integrado conceitos, informações ou práticas novas ao seu repertório de conhecimentos. Isso exige tempo e retomadas sucessivas sobre os assuntos estudados.

Com certeza, boa parte da informação recebida (e entendida, é claro) perde-se com rapidez. Por isso, é preciso revê-la para recuperar a informação perdida, melhorando sua qualidade.

Costumo comentar com meus alunos que o processo de aprender se parece com os antigos cilindros que se utilizavam para imprimir sobre argila. Na primeira passada, o rolinho deixava marcas pouco claras. Quando era passado pela segunda vez, as marcas melhoravam em nitidez e apareciam outras novas que não tinham sido gravadas na primeira vez. Eram necessárias três ou quatro vezes para que a impressão ficasse aceitável.

O mesmo ocorre com a aprendizagem. A primeira vez deixa marcas, sem dúvida: apreendemos as idéias principais e percebemos algumas variações. No entanto, é preciso sucessivas retomadas para perceber os diferentes aspectos, para o entendimento global, para o confrontamento das novas informações com outras já assimiladas e para, no final, tudo acabar por constituir um novo conhecimento sólido e bem-assimilado.

Por isso, o bom ensino não é linear, mas se dá em círculos progressivos, como se avançasse e se retrocedesse para continuar avançando. Alguns preferem compará-lo a uma dança: dois passos para a frente, um passo para trás.

Ademais, não se deve desconsiderar que a prática, como tarefa repetida, traz consigo alguns problemas, por exemplo, a *redundância* e a *perda de interesse*, os processos de fadiga e saturação por parte dos alunos (a falta de atenção ou a queda da produtividade que costumam aparecer na aprendizagem) e, com o tempo, a queda do envolvimento na tarefa. Por isso, o importante é buscar um nível adequado de repetição a fim de que a aprendizagem se consolide, mas é necessário evitar que essas retomadas sobre o conhecido acabem tornando o processo de aprendizagem tedioso.

O tempo disponível está também relacionado à possibilidade de *desfrutar* das aprendizagens já realizadas.

A pressão que há para que os programas sejam concluídos e para que as aprendizagens se estendam ao máximo (cultura da duração frente à intensidade) faz com que qualquer contratempo no processo nos pareça uma perda de tempo e optemos por eliminá-lo. Isso nos faz passar de um conteúdo para outro, de uma aprendizagem para a seguinte, sem deixar espaço para "saborear" o que acabamos de aprender e exercitar-nos nisso com a satisfação de quem aprendeu algo novo.

A pressa consegue transformar as aprendizagens em processos de esforço constante, com escassos momentos de repouso e prazer. Em geral, os alunos, ao menos aqueles que se empenharam muito no processo de domínio da habilidade ou do conhecimento proposto, terão sofrido para alcançar essa nova competência e, uma vez alcançada, em vez de desfrutarem da realização, passam de imediato para outra atividade que os levará, outra vez, a uma série de dias de esforço para conquistar um novo aprendizado e, assim, seguem de esforço em esforço, sem tempo para aproveitar as realizações que, através de cada esforço, alcançam.

O prazer das realizações intermediárias implica dispor de tempo, mas, na realidade, ele faz a diferença na aprendizagem, pois há muitos aspectos positivos, como o prazer pelo que se aprendeu, a possibilidade de experimentar a sensação de êxito e de repor energias, reforçando a motivação e auto-estima.

Enfim, a prática é um dos componentes importantes no desenvolvimento das atividades de ensino-aprendizagem. O projeto das metodologias didáticas e das condições do processo de aprendizagem deve ser elaborado sob a perspectiva dos efeitos que a prática exerce sobre elas.

- Em terceiro lugar, a aprendizagem tem estreita relação com a *percepção* que os estudantes têm *da tarefa e dos processos instrutivos*.

Vários fatores nesse âmbito foram se revelando como importantes condições de aprendizagem. O primeiro deles se refere à forma como os alunos "entendem" (no duplo sentido de "como entendem" e "como percebem que devem entender") o trabalho a ser realizado. Outra vez, voltamos ao tema das instruções ou explicações prévias sobre o sentido das tarefas de aprendizagem propostas.

Um famoso trabalho de Anderson (1984) traz conclusões interessantes em relação a isso. A autora observou, recolheu seus comentários e entrevistou alunos do ensino fundamental enquanto assistiam à aula. Segundo seus levantamentos, os alunos davam mais importância ao fato de "acabar a tarefa" do que ao fato de fazê-la com dedicação. O objetivo fundamental no pensamento dos alunos era "completar" o que o professor lhes pedia mais que o de "compreendê-lo". Os alunos que Anderson observou eram do ensino fundamental; todavia, o que poderíamos dizer se a observação fosse feita com alunos universitários? Essa é, sem dúvida, uma observação bastante comum na maior parte das salas de aula. Basta prestar atenção aos questionamentos dos alunos, ao que os preocupa na atividade a ser feita: "isto será cobrado no exame?"; "Quantas páginas deve ter o trabalho?; "Qual o prazo de entrega?".

É importante constatar na pesquisa de Anderson que existem nítidas diferenças quanto à "concepção" de determinada tarefa entre os melhores e os piores alunos (em nível de rendimento). Para os alunos com baixo rendimento, fazer uma tarefa era, com freqüência, usar, sem critérios, uma estratégia para concluí-la, não importando se isso fazia com que ela fosse adequadamente resolvida (tivesse "sentido"). Esses alunos demonstravam carecer de *estratégias metacognitivas* (habilidade e conhecimentos necessários para adequar o trabalho às características da tarefa e para avaliá-la). Eles seguem discretamente por longos trechos da atividade (como se tivessem assumido cognitiva e emocionalmente que a "falta de clareza na execução" fosse seu "companheiro inevitável de viagem"). Além disso, eram os alunos que menos ajuda pediam ao professor a fim de resolver as dificuldades que surgiam. Em contrapartida, as características dos alunos com alto rendimento eram questionar mais, ter mais capacidade de identificar uma situação-problema, enfrentando-a, pedindo ajuda ao professor.

Isso nos leva a considerar que a percepção dos alunos sobre o trabalho a ser feito influi na forma de resolvê-lo; se é assim, é evidente que nós, professores, temos de dar uma atenção especial à forma como essa "percepção" se constrói, visando "otimizar as condições de aprendizagem".

O meio como os estudantes concebem o trabalho e seu sentido não depende apenas deles; é, de fato, o resultado da ação combinada entre a intervenção do professor e as capacidades e experiências prévias de aprendizagem dos alunos. Sendo assim, é fundamental insistir no importante papel que nós, professores, desempenhamos na definição do processo de aprendizagem, tendo em vista que não estamos só comprometidos com o ensino (explicar os conteúdos de modo que os alunos os entendam e os coloquem em prática) como também com a aprendizagem (orientar o processo individual de aquisição e assimilação dos significados e das habilidades dos alunos).

Um dos aspectos imprescindíveis dessa condição de aprendizagem é o modo como os estudantes utilizam as estratégias cognitivas no processo de aprender. Outro aspecto seria aferir até que ponto os alunos são conscientes disso (isto é, quando as estratégias cognitivas se transformam em metacognitivas); aliás, os dois são fundamentais.

As pesquisas sobre os processos de aprendizagem tendem a confirmar que, em geral, os alunos não só têm consciência de seu peculiar processo de aprendizagem (é algo que podem relatar: como lidam com a atenção, que tipo de estratégia utilizaram para resolver um problema, o que fizeram em cada caso, etc.), como também têm consciência de que essas habilidades influem em seu rendimento.

Essa capacidade metacognitiva acompanha os alunos desde a educação infantil. Uma das rotinas nessa etapa é as crianças explicarem às suas professoras que caminho vão seguir para realizar uma determinada tarefa. Uma vez finalizada a atividade, voltam outra vez com o seu trabalho e contam o que fizeram, como fizeram e o que gostaram mais de fazer. Enfim, é o começo desse esforço metacognitivo. Nessa etapa, não se costuma ultrapassar, obviamente, o nível descritivo (embora, com freqüência, as crianças sejam capazes de explicar também o que não fizeram direito e como deveriam ter feito para que o resultado fosse melhor); contudo, à medida que vão ganhando experiência e capacidade analítica, os alunos são capazes de recorrer a critérios e julgar a pertinência ou não das estratégias empregadas.

Essa capacidade é (ou poderia ser) muito superior na universidade, mas, às vezes, isso não acontece, porque ela foi pouco explorada nos outros níveis educacionais, situação que é mantida na universidade. Em contrapartida, é, talvez, a principal aprendizagem e a mais duradoura que os alunos podem fazer em sua formação: ter claro, antes de iniciar uma atividade, a direção a ser seguida e as razões para isso; ter consciência, enquanto a realiza, dos passos que serão dados; ser capaz, ao finalizar uma atividade, de descrever as decisões adotadas, as ações realizadas e avaliar a pertinência delas.

Por último, apontaríamos que o grau de percepção dos estudantes e sua capacidade para relatar suas estratégias (isto é, o nível de consciência em relação às estratégias que põem em prática) se correlacionam positivamente com o rendimento obtido (Peterson e Swing, 1982; Peterson, Swing, Stark e Wass, 1983, p.481-491) e que a forma como os estudantes percebem as estratégias a serem utilizadas nem sempre coincide com a intenção dos professores ao organizarem a estratégia de aprendizagem: variações introduzidas pelo professor com a intenção de diversificar as operações mentais dos alunos podem ser percebidas pelos alunos como pertencentes a uma exigência específica e, ao contrário disso, exercícios que os professores pretendem que sejam semelhantes podem ser vistos pelos alunos como tarefas que exigem diferentes estratégias (Winne e Marx, 1982, 1983).

Não há dúvida de que nossos estudantes universitários têm uma idéia bastante clara sobre que tipo de estratégias utilizam para aprender, embora não costumem pensar muito sobre isso, o que dificulta a possibilidade de aprimorá-las. Säljö (1979) realizou um estudo que identificou várias concepções que os estudantes universitários têm sobre a aprendizagem. Em um estudo posterior, Marton, Dall'Alba e Beaty (1993, p.277-300) acrescentaram mais algumas concepções. Assim, para os estudantes universitários, a aprendizagem é:

– Um processo de *acumulação* de conhecimentos. Aprender é adquirir informação (saber muito ou saber mais). Ele se dá por meio de assimilação e armazenamento das informações obtidas com os professores, com livros ou com outras fontes.

– Um processo de *memorizar e reproduzir*. Aprender é memorizar informações (por meio de repetições) e ser capaz de relembrá-las e reproduzi-las (seja em exames, seja em uma atividade, etc.).

– A capacidade de *aplicação* de conhecimentos. Aprender é adquirir habilidades e mecanismos de ação que podem ser mantidas e aplicadas posteriormente quando for necessário.

– *Dar sentido e significado* a algo. Aprender é saber relacionar certas disciplinas com outras ou com a realidade.

– *Interpretar e entender* a realidade. Aprender é mudar os significados ou a compreensão que temos, reelaborando nossos conhecimentos prévios.

– Um processo de *desenvolvimento pessoal*. Aprender é desenvolver-se como pessoa, compreender o mundo de outra maneira e, como conseqüência, mudar a si mesmo (tornando-se responsável pelo próprio conhecimento e pelas próprias ações).

Chalmers e Fuller (1996) reúnem essas seis concepções atribuindo-lhes uma estrutura hierárquica. Esses autores apresentam-nas como uma espécie de taxonomia da aprendizagem. Situar-se em um certo nível implica conhecer e superar os níveis anteriores da aprendizagem e estar em condições de desenvolver uma visão mais elevada em relação às exigências do ato de aprender.

Por outro lado, mais importante que as concepções da aprendizagem dos estudantes são as *estratégias* que eles empregam a fim de aprender. A literatura especializada dedicou sua atenção aos *estilos de aprendizagem*. Entwistle e Ramsden (1983); Marton e Säljö (1984); Biggs (1987); Entwistle (1992), por exemplo, citam o superficial, o profundo e o estratégico.

- *Superficial*: a intenção é extrínseca ao propósito real da tarefa. O estudante encara a aprendizagem sem a intenção de entendê-la ou aprofundá-la (não há reflexão sobre o objetivo a ser alcançado ou sobre a melhor estratégia a ser utilizada), mas com a idéia de fingir ter interesse (ter um bom desempenho na prova ou completar a tarefa com o menor esforço possível). Aprende-se ou desenvolve-se o trabalho sem especial intensidade, sem crescimento, sem relacioná-lo com outras áreas. Esta é a aprendizagem reprodutiva, motivo pelo qual sua capacidade de aplicação em outros contextos seja baixa.

- *Profundo*: a intenção é enfrentar em profundidade a tarefa ou o conteúdo a ser aprendido. Há uma dedicação à tarefa utilizando capacidades cognitivas de alto nível (síntese, análise, comparações e confrontações, etc.) e buscando identificar os pontos fundamentais e os princípios subjacentes às questões apresentadas que servem para integrar as idéias. Recorre-se a conhecimentos e experiências já existentes sobre essa questão dada. No final, os estudantes são capazes de atribuir uma certa lógica pessoal ao que aprendem. Por isso, são capazes de superar uma aprendizagem meramente reprodutiva para alcançar um nível transformador e criativo.

- Estratégico (ou baseado na *realização*): a intenção é obter o máximo de rendimento ou as classificações acadêmicas mais altas não pelo fato de representarem um alto nível de aprendizagem, mas pelo valor intrínseco a essas classificações. Eis a razão pela qual o estudante se adaptará a qualquer condição que lhe for proposta: memorização, aplicação, abrangência de conteúdos, etc. Ele fará tudo aquilo que seus professores lhe pedirem, o que transfere a eles boa parte da responsabilidade sobre os méritos ou sobre os fracassos na aprendizagem (isso dependerá do tipo de proposição e exigências que os professores apresentem). Em geral, eles são bons estudantes, capazes de pôr em prática estratégias variadas para conseguir seu objetivo: tomam nota de tudo o que é dito (seus apontamentos costumam ser muito bons), organizam seu estudo centrando-se nas questões que serão avaliadas, cumprem as condições de trabalhos a serem realizados e prazos de entrega, etc. Se a pressão pelo objetivo é excessiva (quando se sentem muito pressionados para obter boas qualificações), a tensão pode tornar-se insuportável e dar lugar a comportamentos patológicos: competitividade com os colegas, estratégias para enganar o professor, fortes níveis de estresse e ansiedade pessoal, etc.

A esses modelos mais gerais, caberia acrescentar outras modalidades que Entwistle (1992b) denominou *patológicas,* tendo em vista que estão envolvidas por sentimentos e atitudes negativos, por uma forte desorganização no uso da informação e na compreensão, por bloqueios intelectuais, por hábitos difamatórios, etc.

Por fim, a importância desse fator perceptivo e a forma como condiciona o estilo de aprendizagem que cada estudante aplica para aprender deixam clara a necessidade de *elucidação* das tarefas de aprendizagem e a importância da *ação orientadora* do professor em relação ao processo cognitivo e metacognitivo que os estudantes realizam (Trillo, 1986).

Estamos novamente frente à questão central dessa história: o importante é um "novo" conceito de ensino que não reduza seu sentido à mera exposição-explicação do conteúdo.

- Em quarto lugar, a aprendizagem dos sujeitos está condicionada pela singular *negociação de expectativas* presente entre professores e alunos.

A obra de Rosenthal e Jacobson (1980), com seu *mito de Pigmaleão,* trouxe um importante desafio para teóricos e práticos do ensino. Acreditar na idéia de que tudo o que fizermos de nossos alunos resultará em uma "profecia", a qual é bastante provável que se cumpra (porque condiciona a forma como nos relacionamos com eles), não deixa, com certeza, de ser perturbador para qualquer profissional.

A tendência a rotular os estudantes de acordo com critérios irregulares está bastante arraigada em nossa cultura profissional. É por isso que Doyle (1977, p.51-55) aponta a tendência a *agrupar* como um dos mecanismos por meio dos quais nós, professores, tentamos neutralizar a complexidade e a diversidade presentes na sala de aula. Nesse agrupamento, imediatamente diferenciamos alunos brilhantes e atrasados, atentos e distraídos, obedientes e indisciplinados, o que não pode transparecer nas mensagens que lhes transmitimos.

Boa parte da literatura sobre a aprendizagem relatou o nível de expectativas dos estudantes e a percepção que têm sobre as expectativas dos professores em relação a eles (o ensino a partir do *interacionismo simbólico*).

Os alunos percebem, por exemplo, diferenças de tratamento por parte dos professores em função dos resultados escolares (ver Weinstein, 1983, p. 287-312, para uma revisão sobre essa questão): segundo os estudantes, os professores esperam mais e exigem mais dos estudantes com melhor desempenho acadêmico, a quem tratam de modo especial (concedendo-lhes certos privilégios).

> Crianças do ensino fundamental valorizam em si mesmas os aspectos que seus professores mais valorizam; o autoconhecimento sobre habilidade e capacidade de rendimento é construído a partir da informação explícita e implícita que os professores lhes dão. É difícil saber se essa capacidade de transferência da "percepção" do professor para a autopercepção dos alunos segue pelos anos seguintes, mas é claro que os estudantes de todas as idades valorizam mais neles mesmos aquelas competências relacionadas com as disciplinas em que têm mais êxito acadêmico. Não há dúvida de que o *feedback* que nós, professores universitários, passamos a nossos estudantes acaba marcando a auto-imagem deles.

A transmissão das expectativas nem sempre se sustenta em mensagens positivas ou negativas explícitas sobre a habilidade de cada estudante. Mesmo que costumemos elogiar em público os alunos que trabalham bem, felizmente poucos professores são tão insensíveis ao ponto de ridicularizar seus alunos em frente à turma. Contudo, mediante certas formas de tratamento, também são transmitidas expectativas e avaliações feitas por nós. São evidenciadas, por exemplo, claras diferenças na dimensão aprovação-desaprovação pessoal (consciente e inconsciente) nas mensagens que nós, professores, transmitimos aos alunos "preferidos" e àqueles que rotulamos como "problemáticos" (Álvarez Núñez, 1998).

Os efeitos desse jogo de expectativas são menos constantes na universidade, ao contrário do que ocorre em etapas anteriores da educação formal. Nossos estudantes são adultos e desenvolvem um processo de aprendizagem muito menos dependente do contexto (portanto, são menos dependentes dos vínculos estabelecidos com seus professores). Por outro lado, ser menos dependente não impede que as expectativas dos professores constituam importantes condicionantes da aprendizagem do aluno.

> Atualmente, é preocupante a progressiva generalização na universidade de uma imagem negativa em relação aos alunos: não vêm preparados, esforçam-se pouco, suas preocupações culturais são raras e superficiais, etc. Se é assim que os vimos, tal concepção, por conseguinte, ficará evidenciada no modo de tratá-los e no tipo de colocações que façamos. Com isso, entramos em um círculo vicioso no jogo de expectativas: esperamos pouco porque os consideramos pouco capazes; dessa forma, eles se sentem menos comprometidos e rendem menos por perceberem que esperamos pouco deles.

Em todo caso, as expectativas dos professores foram destacadas como um dos elementos que exercem uma influência muito especial no rendimento dos alunos. Essa influência é exercida através da interferência que a forma como os alunos vivem tais expectativas exerce sobre o processo de aprendizagem. Cooper (1979, p.389-410) descreveu essa influência por meio de dois fenômenos que ocorrem na relação entre professores e alunos: a transformação das expectativas em reforços e o reflexo disso no próprio comportamento.

Conforme o modelo de Cooper, os estudantes sobre os quais os professores mantêm um alto nível de expectativas recebem reforços positivos contingentes (isto é, coerentes, pertinentes, proporcionais) ao trabalho ou ao comportamento do aluno. Ou seja, a reação do professor às ações dos alunos sobre os quais têm expectativas altas, parece adequada e positiva. Os estudantes sobre os quais os professores têm baixos níveis de expectativas recebem menos reforços positivos e mais reforços negativos, podendo ainda não receber reforço algum ou reforços sem relação com seu esforço nas tarefas. Com eles, os esforços são canalizados, sobretudo, para a manutenção dos requisitos e das exigências de sala de aula ou de conteúdo. Veremos com mais detalhes esse tipo de efeito ao abordar a *atribuição*.

Em todo caso, essa é uma questão interessante, da qual poucas vezes temos consciência. Independentemente da razão, em um período mais longo ou mais curto, vamos construindo uma concepção de nossos alunos, vamos lhes atribuindo ou negando qualidades (inteligência, criatividade, preguiça, ambição, solidariedade, responsabilidade, dedicação, capacidade para superar dificuldades da disciplina). Quando os grupos são muito numerosos, muitos alunos ficam esquecidos, enquanto uns poucos aparecem em nosso campo de visão. Sobre eles, criamos uma série de expectativas, as quais expressam nossa relação, podendo afetar a aprendizagem.

Uma constatação importante em relação a essa troca de expectativas entre professores e alunos é que os efeitos sobre a aprendizagem têm um forte *sentido individual*; isto é, afetam mais o indivíduo (portanto, em função de relações didáticas professor-aluno) do que ao grupo (Wittrock, 1986). Em um mesmo grupo, os estudantes respondem de maneira muito diferente às expectativas do professor, ao seu modo de orientar a aprendizagem, aos reforços, etc. Isso quer dizer que os alunos processam, cada um a seu modo (em função da própria experiência anterior), as intervenções e as transações surgidas ao longo do processo de ensino (demandas mútuas, trocas verbais e não-verbais, sentimentos de simpatia ou de antipatia, apoio ou exigência, etc.). Os mesmos recursos dedicados pelo professor geram distintos processos. Dessa maneira, o ensino-aprendizagem transforma-se em aprendizagem mútua (professores e alunos avaliam uns aos outros e definem o tipo de relação com base em aproximações sucessivas).

Mesmo assim, esse sentido individual da influência não anula as muitas evidências empíricas sobre o tratamento diferenciado que os professores estabelecem com alguns estudantes (alto e baixo rendimento, conduta adaptada ou desadaptada, classe social, grupo étnico, opção sexual, etc.).

Um aspecto importante refere-se ao "conhecimento do aluno", condição que se apresenta de forma muito heterogênea na universidade. Para muitos professores, não é imprescindível conhecer seus alunos, ao menos conhecê-los pessoalmente. Em outros casos, essa possibilidade nem sequer existe, em especial nos casos de grupos muito numerosos. Os alunos transformam-se, assim, em "sujeitos invisíveis". Nesse caso, o problema já não é a expectativa criada em torno deles, mas o fato de que não existe expectativa alguma, pois não existe relação.

Nessas condições, desaparece a capacidade do professor de "orientar" seus alunos, ao menos individualmente. Nós, professores, podemos vencer tal situação de diversas maneiras, mas todas elas são deficitárias; por exemplo, criar uma "imagem tipo" sobre nossos estudantes. Essa costuma ser a tendência habitual dos professores: manter-se no exercício da docência como uma atividade "neutra" (despersonalizada, não dirigida a ninguém em especial, mas a um grupo cujas características, presumem-se, são mais ou menos homogêneas).

Essa "imagem tipo" é construída a partir de condições externas aos próprios sujeitos: o curso, a disciplina, as características predominantes, etc. Sendo assim, não é que não haja expectativas: o que acontece é que elas não correspondem a cada sujeito, mas às condições que "formalmente" deveriam caracterizar o grupo.

Outra possível forma de tentar "orientar" o aluno é transformar o grupo de estudantes em um "destinatário difuso", cujo lugar é secundário no processo. Isso acontece com grande freqüência no ensino médio e superior. A consideração do conteúdo e de sua lógica interna desbanca a consideração dos destinatários. O aspecto essencial da docência passa a residir nos conteúdos. O fato de que os destinatários sejam diferentes uns dos outros é considerado uma questão secundária.

Esse é um risco muito grande no ensino a distância. A própria distância e indefinição dos sujeitos a que se destina a mensagem didática faz com que não seja fácil identificar suas possíveis características, predominando a lógica interna dos conteúdos sobre qualquer outra consideração.

Ademais, fica difícil atender à dimensão individual em muitos dos processos de ensino quando os grupos são muito heterogêneos (devido à diferença de idade, formação, motivação, orientação dos estudos ou perfis profissionais, etc.). Alguns docentes tendem a resolver esse problema desconsiderando o grupo e suas condições, agindo como se não houvesse destinatário (ou criando um "destinatário virtual", ao qual é possível atribuir as características que nós consideramos oportunas).

A questão fundamental para o professor está em saber adotar um distanciamento crítico em relação a seus próprios padrões de vínculos com os alunos em sala de aula e, ao mesmo tempo, planejar (dentro de um limite mínimo em que uma relação é planejável) vínculos com os alunos como sujeitos individuais (processadores singulares de suas tentativas de influência na aprendizagem). As relações raramente são planejadas: seguem um certo rumo, cabendo a nós avaliá-las a fim de adaptá-las às características que desejamos lhes imprimir.

Em resumo, a aprendizagem, sob a perspectiva do aluno, constitui uma "negociação de expectativas" (Mead, 1972) que, muitas vezes, costuma falhar ("como esperam menos de mim, rendo menos e, ao render menos, confirmo que não se pode esperar muito de mim").

- Outro fator importante por sua influência na aprendizagem dos alunos é o que se refere aos *processos de atribuição*.

A dinâmica atribucional do processo de ensino-aprendizagem condiciona o seu desenvolvimento na medida em que a própria motivação para a participação e o rendimento adquirem "sentido" em função do êxito ou do fracasso atribuídos a eles.

Assim, simplificando muito os aspectos básicos desse modelo, os processos de atribuição assentam-se sobre três conceitos básicos: *habilidade, esforço e êxito*.

Durante os primeiros anos de sua escolaridade, as crianças não diferenciam os três aspectos, nem estabelecem relações de causa-efeito entre eles. Contudo, à medida que se vão desenvolvendo, são capazes de discriminar e estabelecer elos. Na universidade, deveria estar claro qual é a relação específica entre esses três vetores. Essas relações percebidas funcionam como um importante mediador cognitivo do rendimento escolar.

A experiência cotidiana coloca-nos diante de situações em que a atribuição está desempenhando um papel fundamental como elemento de explicação do que aconteceu. É o caso do menino ou da menina que não atingiu a média em uma prova e que está convencido de que foi por culpa do tipo de prova que foi feita (muito difícil ou pouco apropriada ao que fora trabalhado) ou de seu professor (que o persegue, "sem piedade", há bastante tempo). Existem outros que aceitam, resignados, seu fracasso, porque entendem que não servem para os estudos e que não seriam capazes de fazê-lo bem por mais que se esforçassem (vivem isso mais como uma questão de capacidade do que de esforço ou de estratégia de estudo). Outros, ao contrário, vêem nisso uma questão de boa ou má sorte (em todo caso, êxito ou fracasso é excluído de sua vinculação com as dimensões de habilidade e esforço).

Assim, os êxitos podem ser atribuídos à própria capacidade natural (a pessoa assume que não lhe custa um grande esforço aprender, porque é muito inteligente), ou ao esforço realizado (empenhou-se; por isso, teve êxito), ou à condescendência de seus professores (independentemente do que fizer, no final, me aprovam). Com a vivência do fracasso acontece o mesmo: nesse caso, posso atribuí-lo à capacidade natural (contra a qual nada posso fazer), ao fato de não ter me esforçado o suficiente (mas isso pode ser corrigido) ou às injustiças cometidas pelos outros (contra isso, pouco tenho a fazer, exceto protestar e justificar a mim mesmo).

Com a *teoria da atribuição,* foi lançada uma nova luz sobre diversos componentes das estratégias didáticas, como reforços, elogios, motivação e participação dos alunos, etc. O aluno precisa perceber as relações de causalidade entre habilidade e êxito, e entre esforço e êxito, para se sentir envolvido nas tarefas. Nem os esforços, nem os elogios, nem os êxitos exercem por si mesmos efeitos consideráveis na aprendizagem, mas sim efeitos mediados por "como" e "por que" são atribuídos ao aluno: se foi mérito próprio, se foram fatores casuais ou se foi uma ação sem critérios por parte do professor.

As linhas de pesquisa nesse âmbito, seja em torno do *locus of control*[3] como do *desamparo aprendido,*[4] definem mais ainda as conseqüências didáticas da atribuição. Costuma-se afirmar que, de acordo com o tipo de elos que os alunos estabeleçam entre os três elementos citados (*habilidade, esforço, êxito*), vivenciarão o processo de aprendizagem por completo e sentir-se-ão mais ou menos responsáveis pelas oscilações do processo de aprender. O principal é levá-los a uma leitura do processo de aprendizagem que o situe sob seu próprio controle, que atribua seu êxito ou seu fracasso mais ao esforço realizado (o que é variável) do que às habilidades ou à intervenção dos outros ou do acaso (elementos que não podem variar). Quanto mais o processo de aprendizagem ficar sob o controle do aluno, melhor será sua motivação e seu envolvimento nas tarefas que lhes são propostas.

Partindo de uma perspectiva cognitiva, a percepção da *contingência* (ou "causalidade" nos termos de Weiner, 1975) entre habilidade e esforço, por um lado, e resultados da aprendizagem (incluindo os resultados em si mesmos como efeito de elogios, reforços, etc.), pelo outro, surge como um elemento-chave. Wittrock (1986, p.304) destaca:

> Uma hipótese que surge nesse modelo atribucional e em outros relacionados a ele é que os estudantes sentir-se-ão bastante motivados a continuar na aprendizagem se atribuírem êxito ou fracasso a seu esforço (ou falta de esforço) em vez de focarem fatores sobre os quais eles não têm possibilidade de exercer controle, por exemplo, sua habilidade, sua sorte ou a influência de outra pessoa.

A importância desse aspecto como estrutura mediadora que gera ou impede o esforço, a motivação e a responsabilidade relativas às tarefas escolares é ambígua, já que, por um lado, há um grande impacto na aprendizagem (Nowicki e Strickland, 1973, p.148-154, afirmam que as medições de *locus of control* avaliam com mais eficiência o rendimento acadêmico do que as medições de inteligência); por outro, há interferências nos processos de atividade didática (importância de transmitir aos alunos a idéia de que eles são os autênticos protagonistas de seu trabalho, de negociar com eles o sentido do êxito ou do fracasso de seus resultados, de introduzir processos de metacomunicação para analisar que tipo de leitura está sendo feita sobre esforços, distribuição de tarefas, etc. que o professor realiza e assim sucessivamente). Autores como McCombs (1983), Wang (1983), entre outros, desenvolveram programas dirigidos a motivar nos estudantes a percepção de que são eles quem exercem o controle em sua aprendizagem (ou que os resultados alcançados dependem deles, e não de forças externas e incontroláveis) e dotá-los de técnicas adequadas para pôr realmente em prática tal aspecto (saber estabelecer objetivos realistas, saber controlar seu tempo de aprendizagem, ter estratégias de aprendizagem adequadas, desenvolver habilidades metacognitivas, etc.).

- Outro aspecto ao qual se tem atribuído grande importância nas tarefas de aprendizagem é a *atenção* (ou *envolvimento pessoal*).

A nenhum professor escapa a importância da atenção como condição fundamental para dar seqüência à aprendizagem. Ela é mais importante ainda quando se pretende que os alunos realizem processos de aprendizagem mais profundos e significativos.

Por outro lado, é interessante aproximar-se analiticamente do conceito de atenção e de sua repercussão na aprendizagem, pois se trata de um elemento em que se entrecruza um conjunto de fatores tanto internos (cognitivos, emocionais e de personalidade dos indivíduos) como externos (as condições do ambiente de aprendizagem, a forma de ensino utilizada, o tipo de conteúdos estudado, etc.). Por isso, em alguns casos, faz-se referência à "atenção", mas, em outros, prefere-se falar sobre "envolvimento pessoal" ou sobre motivação.

Na tradição didática, a atenção foi abordada sob diversos ângulos:

- Os modelos do *mastery learning* (Bloom, 1968; Carroll, 1963) e outros centrados no *tempo* que o aluno se entregava à tarefa (Berliner, 1979) utilizaram uma versão objetiva e externa da atenção (o tempo que o aluno permanecia "aparentemente" envolvido com a tarefa).

    Um princípio importante desses modelos foi o conhecido aforismo: "Qualquer coisa pode ser aprendida por qualquer pessoa, desde que ela disponha do tempo suficiente para isso". Dessa maneira, o fator *tempo* transformava-se em um componente fundamental dos processos de aprendizagem. As condições específicas dos sujeitos (o tão falado "nível") não são determinantes da aprendizagem possível, somente a condicionam no sentido de que, conforme sejam essas condições, o tempo necessário, para que a aprendizagem aconteça, deverá variar.

- Os modelos cognitivos aproximaram-se da atenção a partir de uma visão subjetiva e interna (a atenção como o *tempo "real"* que os sujeitos dizem ter dedicado às tarefas e como forma de abordagem dos dados ou das informações, isto é, como *estratégia cognitiva*).

    A tese, nesse caso, é que o tempo não interfere na aprendizagem em seu sentido de tempo "disponível" (como unidades de duração programadas para o desenvolvimento de uma certa aprendizagem), mas em seu sentido mais subjetivo e pessoal (o tempo que o aluno esteve efetivamente envolvido nas tarefas de aprendizagem). Não é o tempo "oferecido" que influi na aprendizagem, mas o tempo "utilizado".

- Atualmente estão surgindo outros enfoques mistos em que se integram as questões cognitivas com outras de orientação humanística. Ferre Laevers (1997, p.151-166) utilizou o critério de "envolvimento" e "bem-estar" para determinar até que ponto os alunos estão realmente envolvidos nas atividades que estão realizando. Esse autor desenvolveu uma escala (com cinco níveis de envolvimento) para observar o grau alcançado em ambas as dimensões, tanto por parte de cada aluno como por parte do ambiente das aulas.

Os sujeitos aprendem mais, diz Laevers, quando estão efetivamente envolvidos nas tarefas que estão realizando. Esse envolvimento torna-se visível por meio de uma série de indicadores: a *continuidade* na atividade, a *intensidade* na ação, o nível de *desafio cognitivo* que a tarefa exige, etc.

- Não podemos esquecer que a atenção pode ser abordada sob uma ótica externa, isto é, como qualidade dos estímulos apresentados à consideração dos sujeitos. A partir dessa perspectiva, muito importante para nós como docentes, a atenção não é somente a capacidade daqueles que aprendem: é, sobretudo, a qualidade dos conteúdos que estão sendo ensinados a eles (como foram planejados os materiais e codificada a informação) e da metodologia que utilizamos.

  Parece lógico supor que temáticas interessantes podem atrair mais a atenção dos alunos que outras mais "chatas", ou que uma metodologia ativa apresenta melhores possibilidades de provocar o envolvimento dos sujeitos do que situações nas quais eles se mantêm em uma posição receptiva. Também existem estratégias didáticas especialmente recomendáveis para atrair, centrar e manter a atenção. Discutiremos essa questão ao analisarmos a docência.

- Da mesma maneira, os estudos ambientais demonstraram a importância dos contextos como sistemas que regulam os comportamentos individuais. A atenção é igualmente subsidiária da qualidade do ambiente de aprendizagem.

  Em geral, o ensino universitário dá pouca atenção à forma como estão os ambientes de aprendizagem. As salas de aula são, com freqüência, ambientes pouco "hospitaleiros" para atrair a atenção: são frias, pouco estimulantes, desconfortáveis, etc. Acredito que se partiu da idéia de que a sala de aula é apenas "um lugar" e que, portanto, é um aspecto de importância secundária para a aprendizagem.

Muitos problemas de aprendizagem podem ser abordados sob a perspectiva da atenção. Na verdade, há os que se referem à falta de concentração, mas também há outros mais complexos, nos quais a dispersão é apenas um dos sintomas: a tendência à aprendizagem *superficial*, a redução do nível de dificuldade das *tarefas*, a dificuldade para fazer *construções pessoais* dos conteúdos abordados, preferência por memorizar informações ou por ter um nível de interpretação pessoal baixo, etc.

De qualquer forma, a atenção (no sentido de envolvimento real e significativo) aparece como uma nova estrutura (cognitiva e motivacional) de mediação que os alunos situam entre ensino e aprendizagem. Nós, docentes, não podemos desconsiderá-la. Em termos práticos, junto com estratégias cognitivas específicas que fazem parte de algumas técnicas de estudo, costumam ser verificadas as seguintes questões, como táticas concretas que podem melhorar a atenção dos alunos:

– Introdução de *perguntas* iniciais, intermediárias (durante a atividade) e finais (Fernández Huerta, 1974). As perguntas feitas no início e durante o processo facilitam a concentração nas questões relevantes da tarefa, enquanto as finais facilitam a compreensão global, incluindo a possibilidade de separar informação relevante e irrelevante (Boker, 1974, p.96-98).

As interrogações (como as exclamações e as interjeições) constituem apelos pessoais ao receptor. Este é um modo de envolver o aluno no desenvolvimento do discurso. Contudo, nem sempre funcionam (por exemplo, quando é demasiado evidente que se trata de perguntas retóricas, ou quando já se tornou habitual a presença de interrogações características do estilo docente, sendo tais recursos pouco eficazes).

Isso aconteceu ao professor Fernández Huerta ao elaborar as unidades didáticas que serviriam como material de estudo dos alunos da universidade a distância. Levando a sério seu próprio princípio da relevância das perguntas, ele as incorporou, em grande quantidade, aos diversos temas que abordava nos textos. No entanto, exagerou. Havia páginas inteiras de perguntas: "Você não acha que isto poderia ser definido como...?" "O que você pensaria se eu lhe dissesse que...?" "Como você interpretaria os seguintes dados...?", até configurar um estilo de exposição em que ia fazendo afirmações, mas em forma de perguntas, sempre deixando um pouco em suspenso se tratava de uma afirmação, de uma mera possibilidade ou de uma pergunta real. Os alunos aprenderam o truque e utilizavam-no igualmente nos exames. Diante das perguntas feitas, as repostas seguiam a mesma estratégia: "Você não acha que isso poderia ser colocado da seguinte maneira...?"

– Introdução de *referências pessoais*, alusões específicas a pessoas, etc. Em geral, a "humanização" do discurso facilita a atenção dos estudantes. Advém disso a importância de fazer referências a biografias, a atuações científicas, etc. Os discursos puramente educativos (dados, definições, explicação de processos, etc.) são mais conceituais e frios.

Frente aos discursos meramente denotativos, nos quais as idéias são tratadas como unidades informativas neutras, os discursos conotativos são mais motivadores. Os primeiros exigem um esforço de decodificação muito vinculado a estruturas conceituais e a conhecimentos prévios. Se esse mesmo tema ou assunto se situa em um contexto mais conotativo, os processos de decodificação adquirem uma dimensão mais pessoal, surgindo como informações que podem ser entendidas e interpretadas por analogia a elementos da própria experiência.

Por isso, dá-se tanta importância aos exemplos e às histórias. Entre ter de trabalhar um conceito como uma mera unidade informativa ou ter de relacioná-lo a uma pessoa (o modo como alguém chegou a apresentá-lo, a história do conceito, suas repercussões pessoais, etc.), existe uma grande diferença a favor desta última forma, ao menos no que se refere à aprendizagem.

- A indicação clara do *objetivo* almejado na tarefa é outro aspecto que facilita a atenção. Também são interessantes orientações que sirvam de "pistas de concentração" (auxílio para voltar aos assuntos centrais da questão ou do problema).

  Comprova-se que as orientações específicas são mais reforçadoras da atenção do que as mais genéricas e vagas. O mesmo acontece com as orientações relativas a aspectos objetivos da tarefa (como analisar, como fazer, como agir frente a uma situação específica). Essas indicações também são mais eficazes para reforçar a atenção real do que as relativas a critérios ou orientações complexos (importância de fazer algo, método geral, etc.).

- Outras estratégias, como apontar a idéia principal, sublinhar os pontos mais importantes, fazer resumos, copiar a tarefa, etc. também demonstraram ser eficazes no desenvolvimento da atenção como processo cognitivo (Weinstein e Mayer, 1986, p.315-327).

- Em geral, a incorporação dos *organizadores prévios* (Ausubel, 1963) ajuda a decodificar mais adequadamente a informação, a dar mais sentido ao que se aprende e a concentrar-se em seus aspectos importantes.

A função de um organizador consiste em proporcionar um molde ideal para a incorporação e retenção mais detalhada e diferenciada do conteúdo apresentado no processo de aprendizagem, assim como para o aumento do discernimento entre esse conteúdo e as idéias semelhantes ou ostensivamente contraditórias da estrutura cognitiva dos aprendizes. (Ausubel, 1976, p.179)

Para isso, é comum buscar diferentes tipos de organizadores. O próprio Ausubel aponta a existência de organizadores *proativos*, os quais antecedem a explicação; os *retroativos*, situados após o desenvolvimento da mensagem a fim de recuperar seus pontos principais e insistir neles; os *comparativos*, os quais utilizam conhecimentos já dominados pelos sujeitos ou quase dominados para explicar novos conceitos (para esclarecer o budismo a seus alunos, ele costumava recorrer aos conhecimentos prévios deles sobre o cristianismo); os *expositivos*, nos quais primeiro se utiliza uma definição geral para ir exemplificando-a posteriormente; os organizadores *de crescimento ou ampliação progressiva*, nos quais o novo material é introduzido em termos muito simples, com o objetivo de que todos possam entender, para ir progressivamente completando seus detalhes, suas variáveis, etc., apoiando cada novo detalhe ou cada novo nível de complexidade, incorporando-os aos elementos já existentes.

Em um trabalho anterior, identifiquei e propus aos professores quatro tipos de *organizadores* como dispositivos didáticos que podem melhorar suas aulas:

– *Estruturais*: especificam, por antecipação, o que vai ser tratado, as partes que irão compor a explicação ou a tarefa a ser realizada, como se relacionam entre si essas partes, etc. Esse organizador proporciona estrutura e sentido global ao que se pretende fazer e constitui um elemento substancial para a eficácia didática de nossas intervenções.

– *Semântico-conceituais*: servem para assinalar a idéia principal, os conceitos-chave, a serem tratados e o sentido dos termos a serem utilizados. Esse tipo de organizadores desempenha duas funções: identificar os núcleos fundamentais do tema e explicitar seu significado nesse contexto.

– *De sentido*: utilizados para indicar a aplicabilidade da nova informação, com o que ela se relaciona, etc. Também inclui as dicas necessárias para saber a partir de qual perspectiva o tema ou a questão são abordados (científica, política, pessoal, etc.).

– *Pessoais*: supõem um apelo ao envolvimento pessoal dos sujeitos na atividade a ser desenvolvida. Para isso, faz-se referência aos conhecimentos prévios, às experiências pessoais que se podem relacionar com a questão a ser discutida, etc. Na verdade, o objetivo é introduzir elementos pessoais que tenham conotação com os conteúdos conceituais ou práticos da atividade.

- *Importância do* feedback *nos processos de aprendizagem.*

O *feedback* pode ser dado pelo professor, pelos colegas, pelas famílias, etc. Ele tem um importante papel como reforço, tanto cognitivo como emocional, nos processos de aprendizagem. No âmbito cognitivo, serve como indicação do caminho a ser seguido, já que oferece informação sobre a atividade desenvolvida e sua pertinência. No domínio emocional, exerce também uma grande influência ao levar à vivência de sentimentos de êxito ou fracasso, sendo também a expressão da presença e do apoio alheio (muito importante no caso dos professores).

Existe também um tipo de *feedback* que surge da própria atividade desenvolvida. Os aprendizes vêem-se reforçados positiva ou negativamente conforme os efeitos da atividade desenvolvida. Nesse caso, não é preciso a interação com outras pessoas.

Hoje em dia, muitas aprendizagens de nossos alunos desenvolvem-se com base no reforço dado por eles mesmos. Por exemplo, os alunos de informática: meninos e meninas, inclusive muito jovens, podem ficar em frente de um computador ou de um videogame e, pouco a pouco, aprender seu uso até chegar a dominá-lo perfeitamente. Costumam dizer: "O negócio é ter paciência e ir experimentando as diversas possibilidades que o próprio programa oferece". Em todo caso, a diferença entre esse tipo de aprendizagem e outras mais complexas é que nessas busca-se descobrir um caminho que já está traçado e que, além disso, tem uma estrutura lógica. A questão está, então, em descobri-la.

Uma das expressões mais importantes dos reforços dados pelos docentes refere-se aos prêmios e aos castigos. A literatura especializada analisou profusamente os efeitos, com freqüência contraditórios, desse tipo de intervenção. Não entrarei aqui em sua análise, porque, na universidade, tem pouco sentido falar de prêmios e castigos (a não ser que entendamos assim as classificações). Gostaria, na verdade, de me referir, devido à sua particular significação e possibilidade de generalização, ao tema do *elogio* nos processos de aprendizagem.

Parece não haver dúvida sobre a peculiar influência que os sistemas de reforço, especialmente o elogio, exercem sobre a aprendizagem. No entanto, curiosamente, não é o reforço em si mesmo que causa a influência, e sim a influência que se vê mediada pelo particular processamento individual que os alunos fazem deles. De fato, os efeitos são alcançados ou não em função de como os alunos os percebam e lhes atribuam "sentido" pessoal.

No caso do *elogio,* há duas dimensões distintas: de *reforço* (o elogio atua como reforço positivo em relação às condutas que o professor valoriza) e *informativa* (o elogio atua também como informação para o sujeito elogiado e para os que o presenciam sobre qual é a resposta correta, a realização adequada ou a conduta esperada).

Na prática escolar, o elogio funciona mais como estrutura informativa (substituindo aprendizagens no grupo) do que como estrutura de reforço. Brophy (1981, p.5-32) fez um amplo estudo do funcionamento do elogio no processo de aprendizagem dos alunos. Sua conclusão é que pouco saberíamos sobre sua influência se apenas vinculamos os elogios observados com os resultados na aprendizagem (com freqüência, são escassos; outras vezes, são contraditórios e, em geral, variam de um caso para outro, etc.). Ao contrário disso, entender o elogio implica aprofundar o processo de *pensamento do aluno* através do qual ele compreende os elogios endereçados a ele ou a seus colegas.

A partir dessa perspectiva, o elogio (e também os demais reforços que o professor pode utilizar) ultrapassa seu puro sentido de recurso técnico: situa-se em um *contexto pessoal* e faz parte da *dinâmica relacional* em que decorre o processo de ensino.

Assim, a percepção e os efeitos dos elogios usados pelos professores dependem do nível intelectual e das habilidades dos sujeitos, de seu estilo cognitivo, de seu nível de rendimento, de suas atribuições, de sua idade e de seu desejo de agradar ao professor (Wittrock, 1986). Os elogios terão maior efeito na aprendizagem (farão com que se sintam melhor e com que participem mais nas atividades da aula) se os alunos identificarem como recebidos por mérito (Morine-Dershime, 1982, p.421-434).

CONCLUSÃO

Não gostaria de concluir esta reflexão sobre a aprendizagem sem fazer alguma referência ao sentido profundo e formativo que desempenham as disciplinas na formação dos estudantes universitários. O sentido do aprender não está na simples acumulação de informação, por mais especializada ou prática que seja, mas no desenvolvimento da capacidade para organizar essa informação e tirar proveito dela. Algumas citações de autores conhecidos falam com clareza sobre esse ponto:

> O conhecimento organiza-se através de um processo de ordenação da realidade. O que mais importa não são os conhecimentos em si mesmos como o método científico. (Astolfi apud Joshua, 1997, p. 128)

> A disciplina organizada do adulto e do especialista (...) representa a meta para a qual a educação deve avançar continuamente. (Dewey apud Gardner, 2000, p. 24)

> Prevejo alguns cidadãos do mundo muito instruídos, disciplinados, capazes de pensar de uma maneira crítica e criativa, conhecedores de uma gama de culturas, capazes de participar ativamente em discussões sobre novas descobertas e opções e dispostos a se arriscar por aquilo em que acreditam. (Gardner, 2000, p.27)

Nesse sentido, um dos aspectos interessantes nesta análise da aprendizagem refere-se à seguinte questão: como planejaremos o processo de ensino-aprendizagem na universidade de modo que seja possível alcançar essa mente disciplinada?; a forma como estão organizados nossos planos de estudo ajuda ou dificulta a execução desse objetivo?; é mais efetivo abordar muitas disciplinas ou reduzi-las para poder realizar aprendizagens mais profundas?

A tendência geral (tanto no ensino médio como na educação superior) baseou-se na direção da aproximação superficial aos mais diversos âmbitos. É como se não fosse possível deixar nada fora do currículo escolar. Os diversos grupos profissionais e sociais pressionam para que a escola se encarregue da formação em todos os aspectos que poderiam redundar em um maior crescimento cultural, tecnológico e científico dos estudantes. Assim, hipertrofia-se a oferta e condiciona-se a possibilidade de mergulhar mais profundamente nos diversos conteúdos disciplinares. Obviamente, essa decisão curricular afeta, de forma clara, as estratégias de aprendizagem que os alunos utilizam.

Frente a essa tendência geral para uma ampliação do número de disciplinas, apesar da conseqüência da superficialidade que impõe, a última obra de Gardner (2000, p. 137) é uma clara defesa da abordagem profunda e do incentivo à compreensão:

> O importante é que os alunos estudem a fundo temas essenciais de cada área disciplinar, e não *quais* disciplinas ou conteúdos específicos vão estudar. Não considero essencial examinar todas as ciências (...) ou dominar todas as provas de Euclides, cada fórmula algébrica ou trigonométrica; tam-

pouco é necessário estudar todas as formas da arte ou cada acontecimento da história.

O importante é que os estudantes explorem com suficiente profundidade um número razoável de *exemplos* para que possam ver como pensa e age um cientista, um matemático, um artista, um historiador. Esse objetivo pode ser alcançado mesmo que os estudantes só pesquisem uma arte, uma ciência ou um período histórico. Devo insistir em que o propósito desse mergulho *não* é fazer dos estudantes especialistas em escala reduzida em uma determina disciplina, mas conseguir que empreguem essas formas de pensamento para compreender seu próprio mundo.

Essa é a posição mais convincente. Acredito que as disciplinas são como deusas ciumentas: só são acessíveis a quem se apodera delas depois de insistir o suficiente. Desfrutar de uma disciplina, aproveitar suas potencialidades para decodificarmos e entendermos melhor o que nos rodeia ou para expressarmo-nos mediante sua linguagem implica dominá-la. Quando se passa de um conteúdo para outro sem se deter em nenhum, com a calma e a profundidade suficientes, não se ganha muito. Ficamos na superficialidade informativa. Desfrutar da arte, da música, da informática, da química, da literatura, de uma língua estrangeira, etc. implica ser capaz de utilizar seus mecanismos (lingüísticos, procedimentais, interpretativos, etc.) com certa desenvoltura e profundidade de conhecimentos. Se estamos sempre começando, se não passamos de considerações preliminares, de aprendizagens superficiais, mal nos ofertarão algo. Essa é a função formativa a que me referia ao falar dos *hábitos mentais*, da aquisição de *disciplina mental*.

> Nunca poderemos forjar uma mente disciplinada mediante o simples conhecimento de fatos: devemos mergulhar profundamente nos detalhes de casos específicos e desenvolver uma estrutura disciplinar mediante esse mergulho. (Gardner, 2000, p.145)

O problema está no estilo de aprendizagem que, por influência direta de nossa orientação e ajuda, ou indireta de nossa metodologia de trabalho, nossos estudantes vão consolidando. É muito freqüente ouvir queixas sobre a falta de motivação, de técnicas de estudo; as carências estratégicas para abordar as tarefas universitárias, etc. Na verdade, isso ocorre, mas devemos entender que somente em parte é uma questão que os alunos podem resolver por si mesmos. É difícil que *aprendam a aprender* se essa questão não é colocada como um dos objetivos formativos a ser desenvolvido, se não são auxiliados por seus professores na universidade.

NOTAS

1. Em sua passagem por nosso departamento como professor visitante, John Wilson, da Universidade de Edimburgo e agora da de Melbourne na Austrália, apontou-nos como as estratégias de seleção de futuros professores estão em alta em alguns países europeus e também na Austrália, pressionados pela falta de candidatos e pela necessidade de cobrir essa função social. Utilizam-se diversos meios publicitários, incluindo vídeos que descrevem a função dos professores e as possibilidades que a profissão oferece.
A qualidade dos futuros professores não depende apenas da qualidade dos programas. Parece óbvio que a existência de candidatos de qualidade é a condição básica para que bons resultados possam ser obtidos na formação.

2. Mesmo que se trate de um projeto instrutivo dirigido a outro nível escolar, talvez possa ser útil o sistema utilizado por minha equipe de trabalho em uma recente experiência de elaboração de materiais didáticos. Decidimos estabelecer três níveis de apoio nas diversas habilidades e procedimentos introduzidos na proposta formativa, hierarquizados em função da maior ou menor presença e intervenção direta do professor:

- Nível A: ajuda máxima. O professor realiza a atividade com a presença ativa do aluno, ou o aluno realiza-a com a presença ativa e constante do professor, o qual vai guiando seus passos.

- Nível B: ajuda média. A atividade é realizada pelo próprio aluno (individualmente ou em grupo) sob a vigilância e assessoria do professor, que intervém apenas para resolver problemas que lhe apresentem, sugerir novas possibilidades ou corrigir erros.

- Nível C: ajuda mínima. A atividade é realizada autonomamente pelo estudante ou grupo de trabalho (a quem se supõe já preparado para fazê-lo com desembaraço e segurança) em sua totalidade. Dependendo do tipo de atividade da qual se trate e, também, do tipo de competência alcançado pelos alunos, sua autonomia na execução pode incluir até o planejamento, a avaliação da atividade e a seleção dos recursos necessários para desenvolvê-la.

A idéia inicial era que qualquer atividade que se propusesse deveria ter explícito o nível de apoio que lhe era atribuída, dando por certo que nenhuma atividade ou processo poderia ser proposto em um nível B de ajuda se previamente não havia sido realizado em um nível A. A principal contribuição desse modelo é que os indivíduos vão avançando sem sobressaltos e sentindo-se seguros em cada novo desafio que devem assumir.

3. Neologismo para indicar em que o sujeito situa o controle de seu comportamento, se em si mesmo ou em fatores e condições externas a ele.

4. Expressão que indica um certo estilo de adaptação dos sujeitos a situações negativas ou de fracasso que atribuem a fatores alheios a si mesmos. É uma espécie de esquema útil para se autojustificar (faça o que fizer, não posso ter êxito) e evitar o compromisso pessoal.

Referências bibliográficas

AAVV. (1990): *Las jornadas nacionales de Didáctica Universitaria*. Madri. Consejo de Universidades. Secretaria Geral.
ABI-RAAB, M. (1997): "Rethinking Approaches to Teaching with Telecommunications technologies", em *Journal of lnformation Technology for Teaching Education*, vol. VI (2).
AINSCOW, M. (2001): *Desarrollo de escuelas inclusivas*. Madri. Narcea.
____ BERESFORD, J., HARRIS, A., HOPKINS, D. e WEST, M. (2001): *Crear condiciones para la mejora del trabajo en el aula*. Madri. Narcea.
____ HOPKINS, D., SOUTHWORTH, G. e West, M. (2001): *Hacia escuelas eficaces para todos*. Madri. Narcea.
ALLEN, R. e LAYER, G. (1995): *Credit-Based Systems as vehicles for Change in Universities and Colleges*. Londres. Kogan Page.
ALMAJANO, P. e BELTRÁN, E. (2000): "Formación de tutores de Universidad". Comunicação apresentada no *I Simposium Iberoamericano de Didáctica Universitaria: la calidad de la docencia en la Universidad*. Texto completo disponível na Internet: http://ccd.usc.es/actividades/almajano.htm
ÁLVAREZ NÚÑEZ, Q. e ZABALZA BERAZA, M. A. (1989): "La comunicación en las instituciones escolares", em Martín-Moreno, Q. (coord.): *Organizaciones Educativas*. Madri. UNED. P. 169-238.
____ (1998): "A pragmatica da comunicación e a interaccion professor-alumno na aula: análise e evolución do control relacinal". Tese de doutorado. Dep. de Didáctica y Organización Escolar. Univ. de Santiago de Compostela.
ANDERSON, E. (Ed.) (1993): *Campus Use of the Teaching Portfolio*. Washington, D. C. American Ass. for Higher Education.
____ (1984): *Time and School Learning*. Londres. Croom Helm.
ANOLLI, L. (1981): "Anche lo psicologo debe fari i conti con se stesso", em Selvini Palazzoli, M. e outros: *Sul Fronte dell'Organizzazione*. Milão. Feltrinelli.
ARCARO, J. S. (1995): *Quality in Education. An implementation handbook*. Delray Beach, F. L. St Lucie Press.
ARGYRIS, C. (1990): *Superare le difese organizzative*. Milão. Raffaello Cortina.

ASHCROFT, K. (1995): *The Lecture's Guide to Quality and Standars in Colleges and Universities*. Londres. Falmer Press.
ASHWORTH, A. e HARVEY, R. (1994): *Assessing Quality in Further and Higher Education*. Londres. Jessica Kingsley.
ASTIN, A. W. (1985): *Achieving Educational Excellence. A critical Assessment of Priorities and Practices in Higher Education*. Oxford. Jossey-Bass.
____. (1993): *Assessment for Excellence. Tire Philosophy and Practice of Assessment and Evaluation in Higher Education*. American Council on Education. Phoenix, A. A. Oryx Press.
ASTOLFI, J. P. (1997): *L'erreur, un outil pour enseigner*. Paris. ESF.
AUBRUN, S. e ORIFIAMMA, R. (1990): *Les competences de 3èm. Dimensión*. Paris. Conservatorio de Arts e Metiers.
AUSUBEL, D. P. (1963): "Cognitive Structure and the Facilitation on Meaningful Verbal Learning", *Journal of Teaching Education*, 14 (1963).
____. NOVAK, J. D. e HANESIAN, H. (1976): *Psicología Educativa: un punto de vista cognoscitivo*. México. Trillas.
BARGH, C., SCOTT, P. e SMITH, D. (1996): *Governing Universities. Changing the culture?* Buckingham. Open Univ. Press.
BARNES, J. e BARR, N. (1988): *Strategies for Higher Education. The alternative White Paper*. Aberdeen. Aberdeen University Press.
BARNETT, R. (1992): *Improving Higher Education: total quality care*. Buckingham. Open University.
____. (1994): *Academic Community. Discourse or Discord?* Londres. Jessica Kingsley Publishers.
____. (1994): *The Limits of Competence. Knowledge, Higher Education and Society*. Buckingham. SRHE e Open University. P. 3.
BATESON, G. (1975): *Verso un ecologia della mente*. Milão. Adelphi.
BAUME:, C. (Ed.) (1993): DCED Teacher Accreditation Year Book. Vol. I.
BAWDEN, R., BURKE, S. e DUFFY, G. (1979): *Teacher Conception of Reading and their Influences on Instruction*. Michigan. Michigan State University Press.
BEERNAERT, Y. (1995): "Life-long Learning as Contribution to Quality in Europe: a comparative study for european countries", em Longworth, N. & Beernaert, Y. (Ed.): *Lifelong Learning in Schools*. Edited by ELLI with the support of the European Commission, DGXXII. P. 17-25.
BENNETT, N. (1995): *Managing Professional Teachers: middle management in primary and secondary schools*. Londres. Paul Chapman.
BERENDT, B. (1998): "How to support and to bring about the shift from teaching to learning through academic staff development programmes: examples and perspectives", em *Higher Education in Europe*, Vol. XXIII (3).
BERGENDAL, G. (1985): "Higher Education: Impact of Society", em Husen, T. e Postlehwaite, T. N.: *International Encyclopedia of Education*. Oxford. Pergamon Press. P. 2220-2223.
BERLINER, D. C. (1979): "Tempus Educare", em Peterson, P. L. e Walberg, H. J. (Eds.): *Research on Teaching*. Berkeley. McCutchan.
BERTALANFY, L. V. (1976): *Teoría general de los sistemas*. México. F.C.E.
BIGGS, J. B. (1987): *Student Approaches to Learning and Studying*. Melbourne. Australian Council for Educational Research.

BIREAUD, A. (1990): "Pédagogie et méthodes pédagogiques dans l'enseignement supérieur", em *Revue Française de Pédagogie*, nº 91 (abril-junho, 1990). P. 13-23.
BLIGH, D. A. (1972): *What's the Use of Lectures?* Harmondsworth. Penguin.
BLOOM, B. S. (1968): "Learning for Mastering", em *Evaluation Comment*, 1 (2). UCLA-CSEIP.
BOK, D. (1986): *Higher Learning*. Londres. Harvard University Press.
BOKER, J. R. (1974): "Inmediat and delayed retention effects of inters-persing question in written instructional passages", em *Journal of Education of Educational Psychology*, 1966, p.96-98.
BOUD, D., KEOGH, R. e WALKER, D. (1998): *Reflection: turning experience into learning*. Londres. Kogan Page.
BOURNER, T. e FLOWERS, S. (1998): "Teaching and Learning Methods in Higher Education: a Glimpse of the Future". Londres. Society for Research into Higher Education.
BRADFORD, L. P. (1979): "La transación enseñar-aprender", em La Educación Hoy, 1 (1). P. 21-27.
BRANDES, D. e GINNIS, P. (1994): *A Guide to Student-centred Learning*. Herts, England. Simon and Schuster Education.
BREW, A. (1995): *Directions in Staff Development*. Buchingham. The Society for Research into Higher Education and Open University Press. P. 2-3.
BRICALL, J. M. (2000): *Universidad 2000*. Conferencia de Rectores de las Universidades Españolas (CRUE). Madri.
BROPHY, J. E. (1981): "Teacher Praise: a functional analysis", em *Review of Educational Research*, 51. P. 5-32.
BROWN, G. (1978): *Lecturing and Explaining*. Londres. Methuen.
____. e ATKINS, M. (1994, 4ª ed.): *Effective Teaching in Higher Education*. Londres. Routledge.
BROWN, G. I. (1972): *Human Teaching for Human Learning. An introduction to Confluent Education*. The Center for Gestalt Development. Highland, NY. Gestalt Journal Press.
BRUNET, L. (1992): "Clima de trabalho e eficácia da escola", em Novoa, A. (Coord.): *As organizações escolares em análise*. Lisboa. Instituto de Inovação Educativa. P. 121-138.
BUCKLEY, R. e CAPLE, J. (1991): *La formación: teoría y práctica*. Madri: Díaz de Santos.
BURKE, R., CHRISTENSEN, J., FESSLER, R., McDONNELL, J., PRICE, J. (1987): "The teacher career cycle: model development and research report". Paper presented at the annual meeting of the AERA. Washington, DC.
CAMPBELL., P. e SOUTHWORTH, G. (1992): "Rethinking Collegiality", em Bennet, N., Crawford, M. e Riches, C.: *Manning Change in Education. Individual and Organizational Perspectives*. Londres. Paul Chapman. P. 61-79.
CARROL, J. B. (1963): "A Model for School Learning", em *Teacher College Record*, 64 (8). P. 723-733.
CHALMERS, D. e FULLER, R. (1996): *Teaching for Learning at University. Theory and Practice*. Londres. Kogan Page.
CHANG, C. K e CHEN, G. D. (1997): "Constructing Collaborative Learning Activities for Distance CAL", *Journal of Computer Assisted Learning*, Vol. XIII (1).
COLL, C. (1987): *Psicología y Currículo*. Barcelona. Laia.

CONNELL, R. W. (2000): "Escuelas, mercados, justicia: la educación en un mundo fracturado", em *Kikiriki*, 55/56. P. 4-13.
COOK, T. D. e MAYER, R. E. (1983): "Reading strategy training for meaningful learning from prose", em Pressley, M. e Levin, J. (Eds.): *Cognitive Strategy Training*. New York. Springer-Verlag.
COOPER, H. (1979): "Pygmalion grows up: a model for teacher expectation communication and performance influence", em *Review of Educational Research*, 49. P. 389-410.
CORBETT, H. D., FIRESTONE, W. A. e ROSSMAN, G. B. (1987): "Resistance to Planned Change and the Sacred in School Cultures", em *Educational Administration Quarterly*, 32 (4). P. 36-59.
CORONEL, J. M., LÓPEZ YÁÑEZ, J., SÁNCHEZ MORENO, M. (1994): *Para comprender las Organizaciones Escolares*. Sevilha. Repiso.
COX, B. (1994): *Practical Pointers for University Teachers*. Londres. Kogan Page.
CRAFT, A. (Ed.) (1992): *Quality Assurance in Higher Education*. Proceedings of an International Conference. Hong Kong, 1991. Londres. Falmer Press.
CROZIER, M. e FRIEDBERG, E. (1978): *Attore sociale e sistema*. Milão. Etas Libri.
DAHLLÖF, U. et alii (1991): *Dimensions of Evaluation in Higher Education*. Londres. Jessica Kingsley.
DALOZ, L. A. (1986): *Effective Teaching and Mentoring*. São Francisco. Jossey Bass.
DAVIES, J. L. (1998): "The Shift from Teaching to Learning: Issues of Staffing Policy Arising for Universities in the Twenty-First Century", em *Higher Education in Europe*, vol. XXIII (3). P. 307-316.
DE LA TORRE, S. (1993): *Aprender de los errores*. Madri. Escuela Española.
____. (2000): "El error como estrategia didáctica", em De la Torre, S. e Barrios, O. (Coords.): *Estrategias didácticas innovadoras*. Octaedro. Barcelona, p.221-228.
DE RITA, G. (2000): "Nuove frontiere della cultura e dell'educazione", Conferência no Congresso Nacional da SIPED (Società Italiana di Pedagogia) ocorrido em Bolonha (29 junho a 01 julho de 2000).
DE VRIES, K. e MILLER, D. (1984): *L'organizzazione nevrotiva*. Milão. Rafaello Cortina.
DEESE, J. e DEESE, E. K. (1994): *How to Study. An other skills for success in College*. Londres. McGraw-Hill, Inc.
DEVELAY M. (1991): *De l'apprentissage à l'enseignement*. Paris. ESF.
DEWEY, J. (1938): *Experience and Education*. New York. McMillan.
DOMÍNGUEZ, G. e MESANZA, J. (1996): *Manual de organización de instituciones escolares*. Madri. Escuela Española.
DONNAY, J. e ROMAINVILLE, M. (Eds.) (1996): *Enseigner à l'Universitè. Un metier qui s'apprend?* Bruxelas. De Boeck.
DOYLE, W. (1977): "Learning the Classroom Environment: an ecological analysis", em *Journal of Teacher Education*, 28 (6). P. 51-55.
DUFFY, F. M. (1996): *Designing High-Performance Schools. A practical guide to organizational reengineering*. Delray Beach, F. L. St. Lucie Press.
DUKE, Ch. (1992): *The Learning University. Towards a New Paradigm?* Buckingham. Open Univ. Press.
DUNKIN, M. J. & BARNES, J. (1986): "Research on Teaching in Higher Education", em Wittrock, M. C. (Ed.): *Handbook of Research on Teaching (Third Edition)*, New York. MacMillan Publishing Company.
EBLE, K. E. (1988): *The Craft of Teaching*. São Francisco. Jossey-Bass.

ELMORE, R. F. (1987): "Reform and the Culture of Authority in Schools", em *Educational Administration Quarterly*, 23 (4). P. 60-78.
ENTWISTLE, N. (1992): *The impact of Teaching on Learning Outcomes in Higher Education. A literature review.* Center for Research on Learning and Instruction. University of Edinburgh.
____. (1992b): "Student learning and Study Strategies", em B. R. Clark e G. Neace (Eds.): *The Encyclopedia of Higher Education*. Oxford. Pergamon Press.
____. e RAMSDEN, P. (1983): *Understanding Student Learning*. Londres. Croom Helm.
____. e TAIT, H. (1990): "Approaches to learning, evaluations of teaching and preferences for contrasting academic environments", em *Higher Education*, 19. P. 169-194.
ERICKSON, F. (1987): "Conceptions of School Culture: an overview", em *Educational Administration Quarterly* 23 (4). P. 11-24.
ESTEBARANZ, A. (1994): *Didáctica e Innovación Curricular*. Servicio Publicaciones. Universidad de Sevilla.
EVANS, B. e HONOUR, L. (1997): "Getting Inside Knowledge: the application of Entwistle's model of surface/deep processing in producing open learning materials", *Educational Psychology*, vol. XVII (1-2).
EVANS, L. e ABBOT, I. (1998): *Teaching and Learning in Higher Education*. Casell Education. Londres.
FEINIAN, S, e FLODEN, R. E. (1981): "A consumer' guide to teacher development", Document. East Lasing. Institute for Teaching. Michigan State University.
FELDMAN, K. A. (1976): "The superior college's teacher from the students' view", em *Research in Higher Education*, 5. P. 243-288.
FERNÁNDEZ HUERTA, J. (1974): *Didáctica*. Madri. UNED.
FERNÁNDEZ PÉREZ, M. (1977): "Programación". Em Fernández Pérez, M., Gimeno, J. e Zabalza, M. A.: *Programación, Métodos y Evaluación*. Madri. UNED.
____. (1989): *Así enseña nuestra Universidad*. Madri. Servicio de Publicaciones Univ. Complutense.
FERRÁNDEZ, A. (1989): "La formación de base como fundamento de la formación profesional", em *Herramientas*, n. 72. P. 44-52.
FERRER PÉREZ, L. (1988): *Desarrollo organizativo*. México D. F. Trillas.
FESSLER, R. (1995): "Dynamics of Teacher Career Stages", em Guskey, Th. R. e Huberman, M.: *Professional Development in Education: new paradigms and practives*. Londres. Teacher College. P. 162-171.
FLAVELL, J. H. et alii (1970): "Development Changes in Memorization Processes", em *Cognitive Psychology*, 1. P. 887-897.
FORMOSINHO, J. (2000): "O desenvolvimento profissional das educadoras de infância: entre os saberes e a paixão", palestra apresentada no II Congresso Paulista de Educação Infantil. Águas de Lindóia, SP. Outubro, 2000.
FORSYTH, I., JOLLIFFE, A. e STEVENS., D. (1997): *"Evaluating a Course. Practical strategies for teachers, lectures and trainers"*. Londres. Kogan Page.
FOX, R. (1973): *School climate improvement: a challenge to the school administrator*. Charles F. Kettering. Denver, Co.
FULLAN, M. (1993): *Change Forces*. Londres. The Falmer Press.
____. (1982): "The Meaning of Educational Change". Toronto. OISE Press.
GAGE, N. (1987): "Competing visions of what educational researchers should do", em *Educational Researcher*, Vol. 26 (4).

GALINON-MELÉNEC, B. (1996): "L'enseignant-chercheur au sein d'une situation complexe et contingente encore insuffisanment analysée", em Donai, J. e Romainville, M. (eds.): *Enseigner à l'Université. Un métier qui s'apprend?* Bruxelas. De Boeck.
GARDNER, H. (2000): *La educación de la mente y el conocimiento de las disciplinas.* Barcelona. Paidós.
GHILARDI, F. (1988): *Guida del dirigente scolástico.* Roma. Riuniti.
GIBBS, G. (1992): *Improving the Quality of Student Learning,* Oxford Center for Staff Development.
____. (1996): "Promoting Excellent Teachers at Oxford Brookers University: from profiles to peer review", em Aylett, R. e Gregory, K.: *Evaluating Teacher Quality in Higher Education.* Londres. Falmer Press. P. 42-60.
____. (2001): "La formación de profesores universitarios: un panorama de las prácticas internacionales. Resultados y tendencias", em *Boletín de la Red Estatal de Docencia Universitaria,* vol 1 (1). P. 7-14.
____. e Jenkins, A. (1992): *Teaching large classes in Higher Education (How to maintain quality with reduced resources).* Londres. Kogan Page.
GLOVER, D. C., GLEESON, D., GOUGH, G. e JOHNSON, M. (1998): "The meaning of management: the development needs of middle managers in secondary schools", em *Educational Management and Administration* 26 (3). P. 279-292.
GOODLAD, S. (1995): *The Quest for Quality. Sixteen forms of heresy in Higher Education.* Bukingham. SRHE and Open University. P. 82.
GRAY, J. (1990): "The quality of schooling: frameworks for judgment", *British Journal of Educational Studies,* vol. 38 (3). P. 204-223.
GREEN, D. (Ed.) (1994): *What is Quality in Higher Education?* Buckingham. Open Univ. Press.
GREGORC, A. F. (1973): "Developing Plans for Professional Growth", NASSP *Bulletin,* n. 57, p.1-8.
HALSEY, A. H. (1995): *Decline of Donnis Dominion.* Oxford. Claredon Press.
HELLREIGER, D. e SLOCUM, J. (1974): *Organizational climate: measures, research and contingencies,* em *Academy of Management Journal,* 17. P. 255-280.
HILL, A., JENNINGS, M., MADGWICK, B. (1992): "Initiating a Mentorship Training Programme", em Wilkin, M. (edit.): *Mentoring in Schools.* Londres. Kogan Page.
HOPKINS, D. et al. (2001): *Crear las condiciones para mejora del trabajo en el aula. Manual para la formación del profesorado.* Narcea. Madrid.
HUBERMAN, M. (1995): "Professional Careers and Professional Development", em Guskey, Th. R. e Huberman, M.: *Professional Development in Education: new paradigms and practices.* Londres. Teacher College. P. 172-199.
JENKINS, A. e WALKER, L. (1994): *Developing Student Capability Through Modular Courses.* Londres. Kogan Page.
JOINT DECLARATION of the European Ministers of Education Convened in Bologna on the 19th of June 1999.
JONES, M., SIRAJ-BALTCHFORD, J., ASHCROFT, K. (1997): *Researching into Student Learning and Support. In Colleges and Universities.* Londres. Kogan Page.
JONHSON, N. (1994): "Dons in decline", em *Twentieth Century British History,* 5. Págs. 470-485 (citado por Evans, L. e Abbot I., *opus cit.* P. 13).
JOYCE, B. e CALHOUN, E. (1998): "The Conduct of Inquiry on Teaching: the search for models more effective than the recitation", em Hargreaves, A., Lieberman,

A., Fullan, M. e Hopkins, D.: *International Handbook of Educational Change*. Kluwer Academic Publishers. Londres. T II. P. 1216-1241.
KATZ, L. G. (1972): "Development stages of preschool teachers", *Elementary School Journal*, n. 3, p.50-54.
KNOX, W. E., LINDSAY, P., KOLB, M. N. (1993): *Does College Make a Difference? Long Term Changes in Activities and Attitudes*. Londres. Greenwood Press.
KOGAN, M., MOSES, I. e EL-KHAWAS, E. (1994): *Staffing Higher Education. Meeting New Challenges*. Report of the IMHE Project on Policies for Academic Staffing in Higher Education. Londres. Jessica Kingsley.
KORNHAUSER, A. W. (1993): *How to Study. Suggestions for High School and College Students*. The University of Chicago Press.
KINERT, K. (1979): *Planificación docente: el curriculum*. Oriens. Madri.
LAEVERS, F. (1997): "Assessing the Quality of Childcare Provision: "Involvement" as Criterion", em *Researching Early Childhood*, Vol. 3 (1997). Goteborg University. P. 151-166.
LEITNER, E. (1998): "The Pedagogical Qualification of the Academic Teaching Staff and the Quality of Teaching and Learning", em *Higher Education in Europe*, vol. XXIII (3). P. 339-349.
LEWIN, K., LIPPIT, R. e WHITE, R. K. (1993): "Patterns of aggressive behavior in experimentally created social climates", *Journal of Social Psychology*, 10 P. 271-299.
LEWIS, R. G., SMITH, D. H. (1977): *Total Quality in Higher Education*. Delray Beach, FL. St. Lucie Press.
LIGHT, P. e LIGHT, V. (1977): "Computer mediated Support for Conventional University Courses", *Journal of Computer Assisted Learning*, XIII (4).
LONGWORTH, N. (s/d): "Lifelong Learning and the Schools: into tire 21st. Century", em Longworth, N. & Beernaert, Y. (Eds.): *Lifelong Learning in Schools: an exploration into the impact of Lifelong Learning on the Schools Sector and on its implications for the Lifelong Learning needs of Teachers*. ELLI (European Lifelong Learning Initiative). Bruxelas. p.4-16.
LORENZO DELGADO, M., SÁENZ BARRIO, O. (1993): *Organización Escolar: una perspectiva ecológica*. Alcoy. Marfil.
LYSONS, A, (1990): "Dimensions and domains of organizational effectiveness in Australian higher education", em *Higher Education*, 20, p.287-300.
MAASSEN, P. M. e POTMAN, H. P. (1990): "Strategic decision making in higher education", em *Higher Education* (20), p. 393-410.
MAGER, R. F. (1974): Formulación operativa de los objetivo didáctico. Madri. Marova.
MARSH, H. W. (1987): "Students' evaluations of university teaching' research methods, methodological issues, and directions for future research", em *International Journal of Educational Research*, 11 (3). Número completo.
MARTINNEN, M. (1997): "Argumentative Course by Electronic Mail", *Scandinavia Journal of Educational Research*, vol. XLI (1).
MARTON, F e SÄLJÖ, R. (1984): "Approaches to Learning", em F. Marton, D. J. Hounsell e N. Entwistle (Eds.): *The Experience of Learning*. Edinburgh. Scottish Academic Press.
____. DALL'ALBA, G. e BEATY, E. (1993): "Conceptions of Learning", *International Journal of Educational Research*, 19. P. 277-300.

McCOMBS, B. L. (1983): "Motivational skills training: helping students to adapt by talking personal responsibility and positive self-control". Montreal. Paper. AERA Annual Meeting.

McDERMOTT, R. P. (1977): "Social relationships as context for learning", *Harvard Educational Review* 47 (2). P. 198-213.

McKEACHIE, W. J., CHISM, N., MENGES, R., SVINICKI, M., WEINSTEIN, C. E. (1994): *Teaching Tips. Strategies, research and theory for college and university teachers.* (9ª ed.) Toronto. Heath and Company.

McLAUGHLIN, C. (1999): *"Counseling in Schools: looking back and looking forward",* em British Journal of Guidance and Counseling", Vol. 27 (1). P. 13-22.

MEAD, G. H. (1972): *Espíritu, Persona, Sociedad.* Paidós. Buenos Aires.

MENZE, C. (1981): "Formación", em Speck, J. e Wehle, G. (coord.) *Conceptos fundamentales de Pedagogía.* Barcelona. Herder. P. 267-297.

MICHAVILLA, F. (2000): "¿Soplan vientos de cambios universitarios?", em *Boletín de la Red Estatal de Docencia Universitaria,* vol. l, n. 1. P. 4-7.

MINTZBERG, H. (1979): *The structuring of organization.* Englewood Cliffs, N. J. Prentice Hall.

____. (1983): *Structure in fives: designing effective organizations.* Englewood. Prentice Hall.

MONREAL, M. A. (2000): "La tutoría como soporte de la educación: la tutoría en la Universidad a Distancia". Comunicação apresentada no *I Symposium Iberoamericano de Didáctica Universitaria: la calidad de la docencia en la Universidad.* Santiago de Compostela. Dezembro de 1999. Texto completo disponível na Internet: http: //ccd.usc.es/actividades/monreal5b.htm

MOOS, R. H. (1979): "Educational Climates", en Walberg, H. J. (ed.): *Educational climates and effects.* Berkeley. McCutchan. P. 70-100.

____. e INSEL, P. (1974): *Preliminary Manual for the Work Environment Scale.* Palo Alto Ca. Consulting Psychologist Press.

MORIN, E. (1981): *El método. La naturaleza de la naturaleza.* Madri. Cátedra.

MORINE-DERSHIME, G. (1982): "Pupils perception of teacher praise", em *Elementary School Journal*, 62, p.421-434.

MOSES, I. (1985): "High quality teaching in a university: ldentification and description", em *Studies in Higher Education,* 10, 3. P. 301-313.

MUÑOZ-REPISO, M. e outros (1995): *Calidad de la educación y eficacia de la escuela.* Madri. MEC/CIDE.

NASR, R. et alii (1996): "The relationships between university lecturers' qualifications in teaching and students ratings of their teaching performance". Paper. Finland. International Consortium for Educational Development in Higher Education Conference. VASA.

NEWBLE, D. e CANNON, R. (1989): *A Handbook for Teachers in Universities and Colleges. A guide to improving leaching methods.* Londres. Kogan Page.

NIAS, D. J. (1987): "Learning from Difference: a collegial approach to change", em Smyth, W. J. (Ed.): *Educating Teachers: changing the nature of Pedagogical Knowledge.* Lewes. Falmer Press.

NIGHTNGALE, P. e O'NEIL, M. (1977): *Achieving Quality Learning in Higher Education.* Londres. Kogan Page.

NOWICKI, S. Jr. e STRICKLAND, B. R. (1973): "A locus of control scale for children", em *Journal of Consulting and Clinical Psychology,* 40. P. 148-154.

OUTON, M. e YSUNZA, M. (1995): "Diseño Curricular en la UAM-Xochimilco", Documento Mimeografado. México DF. UAM.
PADFIELD, C. J. (1997): "The role of Research and Reflection in Learning from Experience", *Industry and Higher Education* 11, 2.
PELIKAN, J. (1992): *The Idea of the University. A reexamination*. Londres. Yale University Press.
PELLEREY, M. (1981): "Cultura de Educazione nella Scuola Elementare: ricerca di una mediazione", em Gozzer, G.: *Oroscopo per la Scuola Primaria*. Roma. Armando. P. 98-125.
PETERSON, M. C., MARX, R. W. e CLARK, C. M. (1978): "Teacher Planning, Teacher Behavior and Student Achievement", *American Educational Research Journal*, 15. P. 417-432.
PETERSON, P. L. et alii (1983): "Students' reports of their thought processes during direct instruction", em *Elementary School Journal*, 82, p. 481-491.
PETERSON, P. L. e SWING, S. R. (1982): "Beyond time on task: students' reports of their cognitive processes and affective thought during classroom instruction". Paper. Montreal. Annual Meeting of AERA.
PICARDO, C. (1993): "Introduzione all'edizione italiana" da obra de Argyris, C.: *Superare le difese organizative: strategie vincenti per facilitare l'aprendimento nelle organizzazioni*. Milão. Rafaello Cortina. P. XI-XVIII.
PIPER, Th. R., GENTILE, M. C., DALOZ, Sh. (1993): *Can Ethics Be Taught?* Boston, M. A. Harvard Business School.
POLLARD, A. (1992): "Teachers' responses to the reshaping of Primary Education", em Arnot, M. e Barton, L.: *Voicing Concerns: sociological perspectives on contemporary education reforms*. Wallingford. Triangle.
PRITCHARD, R. D. e KARASICK, B. (1973): "The effects of organizational climate on managerial job performance and job satisfaction", em *Organizational and Human Performance*, n. 9. P. 110-119.
PUJOL e FONS (1981): *Los métodos en la enseñanza universitaria*. Pamplona. Eunsa.
PURKEY, S. e SMITH, M. (1983): "Effective Schools: a review", *The Elementary School Journal*, Vol. 83, n. 4. P. 426-452.
RAMSDEN, P. (1992): *Learning to Teach in Higher Education*. Londres. Routledge.
RAY, W. (2001): *Diferencias individuales en el aprendizaje*. Madri. Narcea.
RIAL, A. (1997): *La formación profesional: introducción histórica, diseño del currículo y evaluación*. Santiago de Compostela. Tórculo. P. 97-102.
ROBBINS, L. (1963): *Higher Education. Report of the Commitee*. London. HMSO Cmnd 2154.
RODRÍGUEZ DIÉGUEZ, J. L. (1978): *Funciones de la imagen en la enseñanza*. Barcelona. Gustavo Gili.
ROMÁN, J. M., MUSITU, G. e PASTOR, E. (1980): *Métodos activos para enseñanzas medias y universitarias*. Madri. Cincel Kapelusz.
ROSENTHAL, R. e JACOBSON, L. (1980): *Pygmalion en la escuela. Expectativas del maestro y desarrollo intelectual del alumno*. Madri. Marova.
SÁENZ DE MIERA. *El País*, p.36, 5 mar. 2001.
SÄLJÖ, R. (1979): "Learning in the Learner's Perspective: some commonsense conceptions", *Reports of the Institute of Education*, n. 76. University of Gotenbörg.
____. (1984): "Learning from Reading", em F. Marton, D. Hounsell e N. J. Entwistle (Eds.): *The experience of Learning*. Edinburgh. Scottish Academic Press.

SAMMONS, P., THOMAS, S. e MORTIMORE, P. (1997): *Forging links, effective schools and effective departments*. Londres. Paul Chapman.
SARDO, D. (1982): "Teaches Planning Styles on the Middle School". Paper. Nova Iorque. Eastern Educational Research Ass. Ellenville.
SAWYER, R. M., PRICHARD, K. W. e HOSTETLLER, K. D. (1992): *The Art and Politics of College Teaching. A practical guide for the beginning professor*. Londres. Peter Lang.
SCHÖN, D. (1983): *The Reflective Practitioner*. Nova Iorque. Basic Books.
____. (1987): *Educating the Reflective Practitioner*. Londres. Jossey-Bass.
SCHRAMM, W. (1981): "How Communication Works", em De Vito (Ed.): *Communication: concepts and processes*. Nova Jersey. Prentice Hall.
SCHORÖDER, H. (1979): *Comunicazione, informazione, instruzione*. Roma. Armando.
SCHWARTZ, L. (coord.) (1987): *Où va l'Univertisé?* Rapport du Comité National d'Évaluation. Paris. Gallimard.
SCHWARTZ, P. e WEBB, G. (1987): *Cases Studies on Teaching in Higher Education*. Kogan Page. Londres.
SELDIN, P. (1992): *The Teaching Portfolio*. Boston, MA. Anker Publishing Company.
SHAVELSON, R. J., CADWELL, J. e IZU, J. (1977): "Teachers Sensitivity to the Reliability of Information in Making Pedagogical Decisions", *American Educational Research Journal* 14. P. 83-97.
SHEA, G. F. (1992): *Mentoring*. Kogan Page. Londres.
SHULMAN, L. S. (1986): "Paradigms and Research Programs in the Study of Teaching: a contemporary perspective", em Wittrock, M. C.: *Handbook of Research on Teaching*. Londres. Collier MacMillan. P. 25.
SIERA, B. e FERNÁNDEZ BELLESTEROS, R. (1983): "Estudio factorial sobre la percepción del ambiente escolar", em Fernández Ballesteros, R. (Ed.): *Evaluación de contextos*. I Reunión Nacional de Intervención Psicológica. Murcia. P. 9-49.
SILVER, H. e SILVER P. (1997): *Students. Changing roles, changing lives*. Buckingham. Open Univ. Press.
SLOTNIK, H. B., PELTON, M. H., FULLER, M. L., TABOR, L. (1993): *Adult Learners on Campus*. Londres. Falmer Press.
SMITH, B. (1985): "Problem-based learning: the social work experience", em Bopud, D.: *Problem-based learning in Education for the Professions*. Sydney. Higher Education Research and Development Society for Australasia.
____ e BROWN, S. (1995): *Research Teaching and Learning in Higher Education*. Londres. Kogan Page.
SPIRAK, M. (1973): "Archetypal Place", *Rev. Architectural Forum*, n. 140. P. 44-49.
STENHOUSE, L. (1991): *Investigación y desarrollo del currículum*. Morata. Madri.
STIRES, L. (1980): "The Effect of Classroom Setting Location on Student Grades and Attitudes: environment or self-selection", *Environment & Behavior* 12 (2). P. 543-550.
STONES, E. (1992): *Quality Teaching: a sample of cases*. Nova Iorque. Routledge.
TASK FORCE RESOURCE ALLOCATION (1994): *Undergraduate Teaching, research and community service: What are the functional interactions? A literature review*. Toronto. Ontario Council for University Affairs.
TEJADA, J. (2001): "Planificación de acciones de formación ocupacional: estrategias metodológicas". Documento Mimeografado. Dpto. de Pedagogia y Didactica. Universidad Autónoma de Barcelona.

TEWEL, K. J. (1995): *New Schools for a New Century. A leader's Guide to High School Reform.* Delray Beach, Florida. St. Lucie Press.
THORNDIKE, E. L. (1932): *The Fundamental of Learning.* Teachers College Press. Columbia Univ.
TIERNEY, W. G. (1989): *Curricular Landscapes, Democratic Vistas. Tansformative leaders-hip in Higher Education.* Londres. Praeger.
TOOMEY, R. (1977): "Teachers Approaches to Currículo Planning", *Currículo Inquiry*, 7. P. 121-129.
TORRES, J. (1990): *El currículo oculto.* Madri. Morata.
TRILLO, F. (1986): "Análisis del fracaso escolar: autoestima, atribución y desamparo aprendido". Tese de doutorado. Dpto. de Didáctica y Organización Escolar: Univ. de Santiago de Compostela.
____. e PORTO CURRÁS, M. (1999): "La percepción de los estudiantes sobre su evaluación en la Universidad. Un estudio en la Facultad de Ciencias de la Educación", em *Revista de Innovación Educativa*, n. 9. P. 55-75.
UGAZIO, V. (1981): "Lo psicologo e il problema del livelli gerarchici. Organigrama e programma", em Selvini Palazzoli, M. e outros: *Sul Fronte dell'Organizzazione.* Milão. Feltrinelli. P. 192-204.
UNITED KINGDON COUNCIL FOR GRADUATE EDUCATION (1997): *Practice Based Doctorate in the Creative and Performing Arts.* UK Council for Graduate Education. Coventry.
UNRUH, A. e TURNER, H. E. (1970): *Supervision for change and innovation.* Boston. Houghton Mifflin.
VANDENBERGHE, R. (1986): "Le rôle de l'enseignant dans l'innovation en éducation", em *Revue Française de Pédagogie*, n. 75 (abril-junho, 1986). P. 17-26.
VILLAR ANGULO, L. M. (1984): *Calidad de enseñanza y supervisión instruccional.* ICE. Unv. de Sevilla. Vol. I.
VILLASEÑOR, G. (1994): *La Universidad Pública Alternativa.* Servicio Publicaciones de la Universidad Atónoma Metropolitana. México.
VOLPI, C. (1981): "Socializzazione e Scuola di base", em Grozzer, G.: *Oroscopo per la Scuola Primaria.* Roma. Armando. P. 76-98.
VONK, J. H. (1989): "Becoming a teacher, brace yourself". Unpublished paper. Amsterdam. Vrije University.
WALBERG, H. J. (1969): "Social environments as mediator of classroom learning", em *Journal Educational Psychology*, 60. P. 443-448.
____. (1969): "Psychical and Psychological Distance in the Classroom", em *School Review* 77 (1). P. 64-70.
WANG, M. G. (1983): "Development and consequences of student's sense of personal control", em Levine, J. e Wang, M. C. (Eds.): *Teachers and Students Perceptions: implications for learning.* New Jersey. Lawrence Erlbaum.
____. (2000): *Atención a la diversidad del alumnado.* 3ª ed. Madri. Narcea.
WATSON, D. (1989): *Managing the Modular Course. Perspectives from Oxford Polytechnic.* Buckinghan. Open University Press.
WEINER, B. (1975): "A theory of motivation for somme classroom experiences", em *Journal of Educational Psychology*, n. 71. P. 3-25.
WEINSTEIN, C. E. e MAYER, R. E. (1986) "The Teaching of Learning Strategies", em Wittrock, M. C. (Dir.): *Handbook of Research on Teaching.* Nova Iorque. McMillan. P. 315-327.

WEINSTEIN, C. S. (1981): "Classroom Design as an External Condition for Learning", *Educational Technology*, Agosto. P. 13.
WEINSTEIN, R. S. (1983): "Student Perception of Schooling", em *Elementary School Journal*, 83 (4). P. 287-312.
WHITE, S. (1965): "Evidence for a hierarchical arrangement of Learning processes", em Pipssit, L. P. e Spiker, C. (Eds.): *Advances in Child Development and Behavior*. Vol. 2. Nova Iorque. Academic Press.
WHITEHEAD, A. N. (1967): *The Aims of Education and Other Essays*. Nova Iorque. Free Press.
WINNE, P. H. e MARX, R. W. (1982): "Students' and Teachers' views of thinking processes for classroom learning", em *Elementary School Journal*, 82. P. 493-518.
____. (1983): *Students cognitive processes while learning from teaching*. British Columbia. Simon Frases Univ. Burnaby.
WITTROCK, M. C. (1986): "Students' Thought Processes", em M. C. Wittrock (Dir.): *Handbook of Research on Teaching*. 3rd Edition. Nova Iorque. MacMillan.
WOOLBRIDG, A. (1994): "Universities: towers of babble", em *The Economist*, 25-XII to 7-I, 1994. P. 54-56.
WRIGHT, A. (1994): "Successful Faculty Development: strategies to improve university teaching", em *Teaching Improvement Practices: international perpectives*. Boston, Mass. Auker Publis. Co.
YELLAD, R. (2000): "Supranational Organizations and Transnational Education", em *Higher Education in Europe*, vol. XXV (3). P. 297-307.
ZABALZA BERAZA, M. A. (1999, 8ª ed.): *Diseño y desarrollo curricular*. Madri. Narcea.
____. (1998): "El currículo escolar", publicado na Unidad Didáctica: "Diseño, desarrollo e innovación del currículo" para o curso de Psicopedagogia. Universitat Oberta.
____. (1990): "Teoría de las prácticas", em Zabalza, M. A. (Coord.): *La formación práctica de los profesores*. Atas do *II Symposium sobre Prácticas Escolares*. Poio (Pontevedra) p.25-27, Set. 1989. Ed. Dpto. Didáctica y Organización Escolar. Universidad de Santiago.
____. (1991): *La dimensión pedagógica de los itinerarios culturales europeos*. Estrasburgo. Dossiê para o Conselho da Europa.
____. (1996): "El 'clima institucional': conceptos, tipos, influencia del clima e intervención sobre el mismo", en Domínguez, G. e Mesanza, I. (coords.): *Manual de Organización de Instituciones Educativas*. Madri. Escuela Española. P. 263-302.
____. (1996): "Reflexiones en torno a la selectividad", em *Enseñanza Universitaria*, n. 1.
____. (1997): "Evaluación continua", em Amador, L. e Domínguez, G.: *Evaluación y calidad de la enseñanza*. UNED-Sevilla. P. 113-130.
____. (1997): "La Evaluación en la reforma", em Domínguez, G. e Amador, L.: *El Proyecto Curricular de Centro: una cultura de calidad educativa*. Sevilha. Cientifico-Técnica. P. 241-270.
____. (1999): "El papel de los departamentos en la mejora de la calidad de la docencia en la Universidad", comunicação apresentada no *I Symposium Iberoamericano de Didáctica Universitaria*. Santiago de Compostela, de 2 a 4 de dezembro.
____. (2000): "El papel de los departamentos en la mejora de la calidad de la docencia universitaria", em *Revista Interuniversitaria de Formación del Profesorado*.
____. (2000): "El prácticum y las prácticas en empresas en la formación universitaria", palestra apresentada no *1er Congreso Internacional: "Docencia Universitaria e Inno-*

vación", ocorrido em Barcelona nos dias 26, 27 e 28 de junho de 2000, organizado pelos ICEs das Universidades Autónoma de Barcelona, Universidad de Barcelona e Universidad Politécnica de Cataluña. Textos disponíveis em CD-ROM.

____. (1991): "Criterios didácticos para elaborar Planes de Estudios" palestra apresentada nas *III Jornadas Nacionales de Didáctica Universitaria*. ICE Univ. de Las Palmas. Las Palmas de Gran Canaria. Set. 1991.

____. (1998): "El prácticum en la formación de los maestros", em Rodríguez Marcos, A., Sanz Lobo, E. e Sotomayor, M. V. (Coords.): *La formación de los maestros en los Países de la Unión Europea*. Madri. Narcea. P. 169-212.

____. e CID, A. (1998): "El tutor de prácticas: un perfil profesional", em Zabalza, M. A. (Ed.): Los tutores en el prácticum: funciones, formación, compromiso institucional. Pontevedra. Diputación Provincial de Pontevedra. P. 17-64.

ZAHORIK, J. A. (1970): "The effects of planning on teaching", *Elementary School Journal*, 71. P. 143-151.

ZEITH, G. (1983): "Structural and individual determinants of organizational morale and satisfaction", em *Social Forces*, n. 61. P. 1088-1108.